BPMN 2.0 –
Business Process Model and Notation
4. Auflage

Thomas Allweyer

BPMN 2.0
Business Process
Model and Notation

Einführung in den
Standard für die
Geschäftsprozessmodellierung

4. Auflage

Prof. Dr. Thomas Allweyer

thomas@allweyer.de

Bibliographische Information der Deutschen Nationalbibliothek:
Die Deutsche Nationalbibliothek verzeichnet diese Publikation in der Deutschen
Nationalbibliographie. Detaillierte bibliographische Daten sind im Internet über
http://dnb.d-nb.de abrufbar.

© 2020 Thomas Allweyer

Herstellung und Verlag:
BOD – Books on Demand, Norderstedt

ISBN: 978-3-7504-3526-1

Inhalt

1 BPMN – Ein Standard für die Geschäftsprozessmodellierung

1.1 Wozu eine Notation?

Wer Geschäftsprozesse managen will, muss sie beschreiben und dokumentieren. Hierzu gibt es verschiedene Möglichkeiten. Im einfachsten Fall werden textuelle oder tabellarische Beschreibungen verwendet. Häufig werden Präsentations- oder Grafikprogramme genutzt, um einfache Ablaufdiagramme zu erstellen. Sie bestehen meist aus Kästchen und Pfeilen, wobei keiner bestimmten Methodik gefolgt wird.

Zur genauen Darstellung komplexerer Prozesse mit allen relevanten Aspekten, wie Verzweigungsregeln, Ereignissen, ausführenden Organisationseinheiten, Datenflüssen usw., genügt dies nicht. Hierfür werden geeignete Notationen benötigt. Eine Notation für die grafische Geschäftsprozessmodellierung legt unter anderem fest, mit welchen Symbolen die verschiedenen Elemente von Prozessen dargestellt werden, was sie genau bedeuten und wie sie miteinander kombiniert werden können.

Eine solche Notation ist also eine einheitliche Sprache zur Beschreibung von Geschäftsprozessen. Jeder, der diese Sprache beherrscht, ist in der Lage, die von anderen Modellierern erstellten Diagramme zu verstehen. Eine einheitliche Darstellungsweise ermöglicht es auch, Prozesse systematisch zu analysieren oder ihr dynamisches Verhalten zu simulieren.

Auch das zunehmend relevante Thema „Governance, Risk and Compliance" (GRC) erfordert den Aufbau und die einheitliche und vollständige Dokumentation geeigneter Prozesse, mit denen sichergestellt wird, dass alle gesetzlichen und branchenspezifischen Anforderungen bzgl. Risikomanagement, Qualitätsmanagement, Sicherheit usw. erfüllt werden.

Schließlich dienen Modelle auch als Grundlage für die Entwicklung von Informationssystemen zur Abwicklung und Unterstützung der Geschäftsprozesse. Auch hierfür muss sichergestellt werden, dass die Modelle einheitlich aufgebaut sind und alle für die Systementwicklung relevanten Informationen beinhalten.

Zunehmend werden für die Ausführung von Prozessen Business Process Management-Systeme (BPMS) eingesetzt. Ein BPMS enthält eine Process Engine, die die Abläufe direkt anhand geeigneter Prozessmodelle oder formaler Prozessbeschreibungen steuert. Hierfür müssen die Modelle ganz besonders strikten Anforderungen genügen, da sie ja nicht von Menschen in ein Computerprogramm umgesetzt, sondern direkt von einer Maschine abgearbeitet werden.

Im Laufe der Zeit entstanden verschiedene Notationen zur Prozessmodellierung. Häufig handelte es sich um proprietäre Notationen spezieller Modellierungstools oder Workflow Management-Systeme. Im Bereich der durch BPMS ausführbaren Prozessbeschreibungen wurden Standards entwickelt, wie z. B. BPEL (Business Process Execution Language) [OASIS 2007]. BPEL definiert eine textbasierte XML-Beschreibung ohne grafische Darstellungen und ist auch nur auf die Definition automatisch ausführbarer Prozesse beschränkt.

Im Bereich der fachlich orientierten Geschäftsprozessmodellierung wird häufig noch die Notation der Ereignisgesteuerten Prozesskette (EPK) eingesetzt, die vor der Entwicklung des BPMN-Standards eine starke Verbreitung erfuhr. Dabei handelt es sich jedoch nicht um einen Standard, und mittlerweile wird die EPK vielerorts von BPMN abgelöst. Die meisten EPK-Modellierungswerkzeuge erlauben heute auch die Prozessmodellierung mit BPMN.

Andere Standards, wie z. B. die Aktivitätsdiagramme der Unified Modeling Language (UML), konnten sich in der Praxis nicht für die Geschäftsprozessmodellierung durchsetzen. Ihr Einsatz blieb weitgehend auf den Bereich des objektorientierten Software-Entwurfs beschränkt, wo die UML der akzeptierte Standard ist.

BPMN (Business Process Model and Notation) hat sich in den vergangenen Jahren als Standard für die Prozessmodellierung auf breiter Basis durchgesetzt. BPMN ist die Prozessmodellierungsnotation, die von den meisten Modellierungstools unterstützt wird, wie eine Marktanalysen zeigt [Lübbe und Schnägelberger 2016]. Auf der Webseite *www.bpmn.org* findet sich eine Liste mit über 60 Tools, die die BPMN-Modellierung unterstützen. Eine zunehmende Zahl von Webseiten, Weblogs und Veröffentlichungen zeigt das große Interesse an dieser Notation (z. B. [Debevoise und Taylor 2014], [Freund und Rücker 2019], [Göpfert und Lindenbach 2012], [Herrera 2015], [Silver 2012]). Es ist sogar ein Roman zur Prozessmodellierung mit BPMN erschienen [Grosskopf et al. 2009]. Eine Auswahl interessanter Internet-Quellen ist im Anhang dieses Buches aufgeführt.

Viele Organisationen bilden ihre im Prozessmanagement tätigen Mitarbeiter in BPMN-Modellierung aus und rollen BPMN als unternehmensweiten Modellierungsstandard aus. So wird etwa in den Schweizer eGovernment-Standards die Verwendung von BPMN als einheitliche Notation empfohlen [Fischli et al. 2016]. Ähnliche Modellierungsrichtlinien wurden unter anderem von den Regierungen der kanadischen Provinz British Columbia und des australischen Bundesstaats Queensland veröffentlicht [Lindner et al. 2016], [Queensland Government Chief Information Office 2016]. In einer Umfrage unter Anwendern von Modellierungstools war BPMN die am häufigsten eingesetzte Prozessmodellierungsnotation [Lübbe und Schnägelberger 2015].

1.2 Entwicklung der BPMN

Entwickelt wurde die BPMN ursprünglich von der Business Process Management Initiative (BPMI), einem Konsortium, das hauptsächlich aus Vertretern von Software-Unternehmen bestand. Der Zweck bestand zunächst darin, eine grafische Notation zur Darstellung von Prozessbeschreibungen der BPML (Business Process Modeling Language) bereitzustellen. BPML diente zur Spezifikation von Prozessbeschreibungen, die durch ein BPMS ausgeführt werden können, vergleichbar BPEL. Die Entwicklung der BPML wird nicht mehr fortgeführt, sie wurde zugunsten von BPEL aufgegeben.

Die erste Version der BPMN-Spezifikation wurde unter Federführung von Stephen A. White von IBM erstellt und im Jahr 2004 veröffentlicht. Zwischenzeitlich ist die BPMI in der Object Management Group (OMG) aufgegangen. Diese Organisation ist durch Standards im Softwarebereich bekannt geworden, wie die bereits erwähnte UML (Unified Modeling Language).

Im Jahr 2006 wurde die BPMN in der Version 1.0 offiziell als OMG-Standard angenommen. Nach eher kleinen Erweiterungen in den Versionen 1.1 und 1.2 brachte die 2011 erschienene Version 2.0 umfangreiche Änderungen und Weiterentwicklungen. Die aktuelle Version des Spezifikationsdokuments aus dem Jahr 2013 trägt die Nummer 2.0.2 [OMG 2013]. Sie enthält lediglich minimale Korrekturen am Text, aber keine inhaltlichen Änderungen gegenüber BPMN 2.0. Seit 2013 ist BPMN auch offizieller ISO-Standard [ISO 2013].

Die jeweils aktuelle Version der BPMN-Spezifikation findet sich unter

www.omg.org/spec/BPMN

1.3 Inhalte der BPMN 2.0

Für die meisten BPMN-Anwender dürfte die grafische Darstellung der Prozesse das Wichtigste sein. Hierzu bietet BPMN insgesamt drei Diagrammtypen:

1. *Prozess- bzw. Kollaborationsdiagramm:* Damit lässt sich der Prozessablauf mit den einzelnen Aktivitäten, Verzweigungen usw. darstellen. Außerdem können Kollaborationen von zwei oder mehr Prozessen modelliert werden. Das Zusammenspiel der Prozesse erfolgt über ausgetauschte Nachrichten. Bei Prozess- und Kollaborationsdiagramm handelt es sich um denselben Diagrammtyp. Ein Diagramm mit nur einem Prozess wird meist als Prozessdiagramm bezeichnet, eines mit mehreren interagierenden Prozessen als Kollaborationsdiagramm.

2. *Choreographiediagramm:* Ähnlich wie bei Kollaborationen geht es hier um den Nachrichtenaustausch zwischen verschiedenen Partnern. Doch werden nicht mehr die einzelnen Prozesse der beteiligten Partner modelliert, sondern nur noch ihr Zusammenspiel. Jeder Nachrichtenaustausch wird als eigene Aktivität dargestellt,

und man kann auch für die Reihenfolge der Nachrichtenaustausche Verzweigungen, Schleifen u. ä. modellieren und somit komplexere Austauschprotokolle zwischen Prozessen abbilden.

3. *Konversationsdiagramm:* Hierbei handelt es sich um eine Übersichtsdarstellung mehrerer Partner mit ihren Kommunikationsbeziehungen.

Am häufigsten werden Prozess- bzw. Kollaborationsdiagramme eingesetzt. Teilweise beschränken sich BPMN-Werkzeuge und -Bücher auch nur auf diesen Diagrammtyp. Auch wenn er zweifellos am wichtigsten ist, gibt es doch auch Einsatzmöglichkeiten für die beiden anderen Diagrammtypen, weshalb sie im vorliegenden Buch ebenfalls beschrieben werden.

Die BPMN-Spezifikation erläutert die verschiedenen grafischen Notationselemente und Regeln zur Modellierung nicht nur verbal, sondern definiert sie auch in Form eines Metamodells. Mit Hilfe von UML-Klassendiagrammen werden die verschiedenen BPMN-Konstrukte und ihre Beziehungen zueinander beschrieben. Ein solches Metamodell ist exakter und eindeutiger als rein verbale Beschreibungen. Hinzu kommt, dass in dem Metamodell zusätzliche Sprachkonstrukte enthalten sind, die in den grafischen Modellen gar nicht dargestellt werden. Sie werden beispielsweise von Process Engines benötigt, um für die Prozessausführung erforderliche Zusatzinformationen erfassen zu können.

Als gewöhnlicher Modellierer muss man sich nicht mit dem Metamodell auseinandersetzen. In der Regel wird man eine Modellierungssoftware verwenden, die dafür sorgt, dass man nur Modelle erstellen kann, die der Spezifikation und damit dem Metamodell entsprechen. Hauptadressaten des Metamodells sind somit eher die Hersteller von Modellierungswerkzeugen, Process Engines und ähnlicher Software.

Das Metamodell ist auch die Basis eines Austauschformats für BPMN-Modelle. Früher war es bis auf wenige Ausnahmen nicht möglich, die in einem Werkzeug erstellten BPMN-Modelle in ein anderes Werkzeug zu übertragen. Seit Version 2.0 steht ein standardisiertes Austauschformat zur Verfügung. Eine Reihe von Toolherstellern unterstützt dieses Standardformat, so dass man BPMN-Modelle zwischen unterschiedlichen Modellierungstools und z. B. auch zwischen einem Modellierungstool und einem BPMS austauschen kann. In der Praxis sind die Implementierungen dieses Austauschformats bislang jedoch noch nicht immer ganz einheitlich, so dass es beim Austausch von Modellen gelegentlich zu gewissen Schwierigkeiten oder Verlusten mancher Details kommen kann.

Sollen mit BPMN modellierte Prozesse mit Hilfe einer Process Engine automatisiert werden, so muss festgelegt werden, wie die verschiedenen Modellierungskonstrukte ausgeführt werden sollen. Auch diese Ausführungssemantik ist in der Spezifikation festgelegt. Damit soll erreicht werden, dass ein und dasselbe Modell von verschiedenen Process Engines gleich interpretiert und damit auf die gleiche Weise ausgeführt wird. Auch die BPMN-Ausführungssemantik wurde nicht von allen BPMS-Herstellern komplett einheitlich implementiert, so dass es bei der Ausführung ein und desselben Modells auf verschiedenen Process Engines ebenfalls gewisse Unterschiede geben kann.

Doch trotz der teilweise anzutreffenden Abweichungen sind sowohl das Austauschformat als auch die Ausführungssemantik sehr nützlich, da ansonsten überhaupt kein herstellerübergreifender Modellaustausch möglich wäre und bei der Prozessausführung wesentlich größere Unterschiede auftreten würden.

In der ersten Version stand die Abkürzung BPMN noch für „Business Process Modeling Notation". Mit Version 2.0 wurde dies zu „Business Process Model and Notation" geändert. Damit wird ausgedrückt, dass BPMN nicht nur die grafische Notation umfasst, sondern auch das Metamodell, das Austauschformat und die Ausführungssemantik. Streng genommen dürfte man im Deutschen damit auch nicht mehr *„die* BPMN" sagen, da es zwar *„die* Notation", aber *„das* Modell" heißt. Der Einfachheit halber wird in diesem Buch aber weiterhin *„die* BPMN" geschrieben.

1.4 Fachliche und ausführbare Modelle

Die BPMN entstand ursprünglich im Umfeld von Prozessbeschreibungen, die von der Process Engine eines Workflow- oder Business Process Management-Systems (BPMS) ausgeführt werden können. Die Entwickler der BPMN haben aber den Anspruch, dass man mit dieser Notation sowohl technische als auch fachlich ausgerichtete Modelle erstellen kann. BPMN soll eine gemeinsame Sprache von betriebswirtschaftlich ausgerichteten Fachexperten und IT-Experten darstellen.

Und in der Tat wird BPMN sowohl für die rein fachliche Prozessmodellierung als auch für die ausführungsnahe Modellierung verwendet. So handelt es sich bei den in [Lübbe und Schnägelberger 2016] aufgeführten Modellierungstools, die mehrheitlich BPMN als Prozessmodellierungsnotation anbieten, um vorwiegend fachlich ausgerichtete Werkzeuge. Ausführbare Prozesse stehen hingegen bei den in [Adam et al. 2014] untersuchten BPM-Systemen im Vordergrund. Hier kommt bei der Mehrzahl der Tools ebenfalls BPMN zum Einsatz.

Trotz Verwendung einer gemeinsamen Notation unterscheiden sich fachliche und technische Modelle in der Praxis sehr deutlich voneinander. Bei fachlichen Modellen steht das Verständnis des grundlegenden Prozessablaufs im Vordergrund. Deshalb wird darauf verzichtet, zu viele Details darzustellen. So werden etwa Bedingungen an Verzweigungen eher im Klartext als in Form exakter logischer Ausdrücke formuliert. Ausnahmen und selten auftretende Fälle werden oft nicht ausmodelliert, sondern mit Hilfe von Anmerkungen und Beschreibungen erläutert.

Die Herkunft einiger BPMN-Konstrukte liegt ganz deutlich im Bereich ausführbarer Prozess-Spezifikationen. So finden sich in der BPMN u. a. spezielle Schleifen-Konstrukte, Ausnahmebehandlungen und Transaktionen. Programmierern und IT-Fachleuten sind diese Themen vertraut. In fachlichen Prozessmodellen findet man derartiges normalerweise nicht. Entsprechend wird in der fachlichen Modellierung zumeist nur ein Teil der gesamten Notation angewandt.

Einige BPMN-Experten sind der Ansicht, dass manche dieser eher dem technischen Bereich entstammenden Konstrukte auch für die fachliche Modellierung angewandt werden sollten, um z. B. aus fachlicher Sicht relevante Ausnahmen und ihre Behandlung im Prozess darstellen zu können. So weist Silver auf die bekannte 80-20-Regel hin. Seiner Einschätzung nach werden 80% der Kosten, Verzögerungen und Fehler von 20% aller Fälle verursacht, nämlich den Ausnahmen. Beispiele sind Stornierungen, vergriffene Waren oder nicht eingehaltene Zeitlimits [Silver 2012].

Wer die BPMN zur fachlichen Prozessmodellierung einsetzen möchte, sollte sich daher im Vorfeld entscheiden, welche Konstrukte verwendet und wie bestimmte Sachverhalte damit dargestellt werden sollen. Es ist sinnvoll, derartige Entscheidungen in Form von Modellierungskonventionen festzuschreiben. Sollen die auf fachlicher Ebene modellierten Prozesse anschließend durch eine Process Engine automatisiert werden, so ist weiterhin festzulegen, wie die fachlichen Modelle in ausführungsnahe Modelle überführt werden, d. h. wie notwendige Ergänzungen, Umstrukturierungen und Detaillierungen durchgeführt werden.

Mit dem Übergang von der fachlichen zur ausführbaren Prozessmodellierung beschäftigen sich u. a. [Allweyer 2014a] und [Stiehl 2013].

1.5 Über dieses Buch

Das vorliegende Buch bietet eine Einführung in die grafische Notation der BPMN 2.0. Ausgehend von einem kleinen Beispielprozess werden zunächst die elementaren BPMN-Elemente zur einfachen Ablaufmodellierung erläutert. Nach und nach werden dann die verschiedenen Konzepte der BPMN eingeführt und anhand von Beispielen erklärt. Hierbei werden allgemein verständliche, fachliche Beispiele verwendet, so dass für das Verständnis kein IT-Know-how erforderlich ist. Lediglich bei der Erläuterung einiger in der BPMN enthaltenen technischen Details wird auf die Ausführung eines Prozesses durch eine Process Engine Bezug genommen.

Da der Schwerpunkt auf der fachlichen Modellierung liegt, wird bewusst darauf verzichtet, das Metamodell zu erläutern. Auch die Ausführungssemantik wird nicht behandelt. Eine ausführliche Diskussion der Ausführungssemantik findet sich in [Kosak et al. 2014].

Es wird der gesamte Sprachumfang der Notation vorgestellt. Auch wenn wie oben beschrieben nicht für jeden Anwendungsfall alle BPMN-Elemente erforderlich sind, sollten

Modellierungsexperten doch die gesamte BPMN kennen, um gezielt auswählen zu können, was davon für den eigenen Gebrauch sinnvoll ist.

Bei der Vorstellung der verschiedenen BPMN-Konzepte wurde auf eine größtmögliche Übereinstimmung mit der offiziellen BPMN-Spezifikation geachtet. An der einen oder anderen Stelle war es dabei nötig, die Beschreibungen in der Spezifikation geeignet auszulegen. Von daher handelt es sich bei den Darstellungen in diesem Buch immer auch um die Deutungen des Autors, der für Hinweise auf Fehler und für Verbesserungsvorschläge dankbar ist.

Das Buch stellt eine Einführung in den BPMN-Standard dar. Zwar werden an einigen Stellen Empfehlungen für die Anwendung bestimmter Konstrukte gegeben, doch werden keine speziellen Modellierungskonventionen zugrunde gelegt. Einige Vorschläge finden sich z. B. in [Allweyer 2012], [Silver 2012] sowie [Freund und Rücker 2019].

Auch die in Kapitel 14 vorgestellten Modellierungsmuster können als Anregungen dienen. Dabei handelt es sich um bewährte Vorschläge, wie bestimmte immer wieder auftretende Sachverhalte einheitlich modelliert werden können. Ein Großteil dieser Muster entstand in Zusammenarbeit mit BPMN-Trainern der Firma AXON IVY AG.

In der vierten Auflage wurden einige Aktualisierungen sowie kleinere Verbesserungen und Überarbeitungen vorgenommen.

Die Website zum Buch ist erreichbar unter

www.kurze-prozesse.de/bpmn-buch

Dort finden sich aktuelle Ergänzungen, Informationen über die Weiterentwicklung der Notation sowie weitere Links und Hinweise zur BPMN.

2 BPMN am Beispiel

2.1 Ein erstes BPMN-Modell

Zur Einführung wird ein einfaches BPMN-Prozessdiagramm betrachtet. Das in Abbildung 1 dargestellte Modell einer Stellenausschreibung ist für die meisten Menschen unmittelbar verständlich, die sich bereits mit irgendeiner Art der Ablaufmodellierung beschäftigt haben. Die Darstellung ähnelt bekannten Flussdiagrammen und Programmablaufplänen.

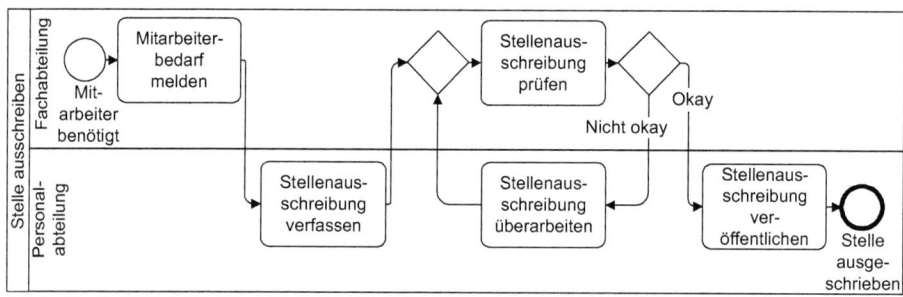

Abbildung 1: Ein einfaches BPMN-Modell

An dem Prozess „Stelle ausschreiben" sind eine Fachabteilung und die Personalabteilung beteiligt. Er beginnt, wenn ein Mitarbeiter benötigt wird. Die Fachabteilung meldet diesen aufgetretenen Mitarbeiterbedarf. Daraufhin verfasst die Personalabteilung eine Stellenausschreibung. Die Fachabteilung prüft diese Stellenausschreibung.

Hierbei gibt es zwei Möglichkeiten: Entweder die Stellenausschreibung ist okay, oder sie ist nicht okay. Ist sie nicht okay, wird sie von der Personalabteilung überarbeitet. Hierauf folgt erneut die Prüfung durch die Fachabteilung, wobei das Ergebnis wiederum okay oder nicht okay sein kann. Es kann also vorkommen, dass die Stellenausschreibung mehrfach überarbeitet werden muss. Ist die Stellenausschreibung okay, so wird sie von der Personalabteilung veröffentlicht. Damit ist die Stelle ausgeschrieben, womit das Ende des Prozesses erreicht ist.

In der Praxis kann der Ablauf zur Erstellung und Veröffentlichung einer Stellenanzeige wesentlich komplexer und umfangreicher sein. Das dargestellte Modell stellt – wie alle Beispiele in diesem Buch – eine starke Vereinfachung dar, um übersichtliche Modelle zu erhalten, an denen sich die verschiedenen Elemente der BPMN gut erläutern lassen.

2.2 Verwendete Konstrukte der BPMN

Im Folgenden werden die einzelnen Elemente des Modells aus Abbildung 1 näher betrachtet.

Der gesamte Ablauf befindet sich in einem sogenannten „Pool". Hierbei handelt es sich ganz allgemein um eine Art „Behälter" für einen kompletten, abgeschlossenen Prozess. Im Beispiel ist der Pool mit dem Namen des enthaltenen Prozesses bezeichnet.

Ein Prozess befindet sich prinzipiell innerhalb eines Pools. Ist dieser jedoch für das Verständnis des Prozesses nicht von Bedeutung, kann man darauf verzichten, ihn in der Grafik darzustellen. Ist in einem Prozessdiagramm also kein Pool eingezeichnet, befindet sich der gesamte Prozess in einem unsichtbaren, „impliziten" Pool.

Interessant werden Pools vor allem dann, wenn mehrere Pools verwendet werden, um eine „Kollaboration" zu modellieren, also das Zusammenspiel von Prozessen mehrerer Partner. Dann werden die Prozesse der verschiedenen Partner in unterschiedlichen Pools dargestellt. Dies wird in Kapitel 5 beschrieben.

Der Pool aus Abbildung 1 ist in zwei Bahnen unterteilt. Eine Bahn (engl. „Lane") kann beispielsweise verwendet werden, um – wie hier – die Zuordnung zu einzelnen Organisationseinheiten vorzunehmen, oder innerhalb eines technischen Systems die Aufgaben einzelner Komponenten darzustellen.

Im betrachteten Beispiel wird mit Hilfe der Bahnen dargestellt, welche Aktivitäten des Prozesses von der Fachabteilung und welche von der Personalabteilung durchgeführt werden.

Pools und Bahnen werden auch „Swimlanes" („Schwimmbahnen") genannt. Dies erinnert an die Unterteilung von Schwimmbecken in einzelne Bahnen, wobei sich jeder Wettkampfteilnehmer nur innerhalb seiner Bahn bewegt.

Der Ablauf selbst beginnt mit dem Startereignis (engl. „Start Event") „Mitarbeiter benötigt". Prozesse beginnen im Normalfall mit einem solchen Startereignis. Dieses wird durch einen einfachen Kreis dargestellt. Meist ist es auch sinnvoll, genau ein Startereignis zu verwenden, und nicht mehrere.

Ein Rechteck mit abgerundeten Ecken stellt eine Aktivität (engl. „Activity") dar. In einer Aktivität wird etwas getan. Dies kommt in den Bezeichnungen zum Ausdruck, z. B. „Mitarbeiterbedarf melden" oder „Stellenausschreibung prüfen".

Die Verbindungspfeile oder Kanten werden zur Modellierung des Sequenzflusses (engl. „Sequence Flow") verwendet. Sie stellen dar, in welcher Reihenfolge oder Sequenz die verschiedenen Ereignisse, Aktivitäten und weiteren Elemente durchlaufen werden. Häufig wird dies als Kontrollfluss bezeichnet, doch gibt es in der BPMN auch noch Nachrichtenflüsse (engl. „Message Flow"), die z. T. ebenfalls den Ablauf beeinflussen und somit ebenfalls zum Kontrollfluss gezählt werden können. Daher wurde der neue Begriff „Sequenzfluss" geschaffen. Zur Unterscheidung von anderen Flüssen und Kanten ist es auch wichtig, Sequenzflüsse mit durchgehenden Linien und ausgefüllten Pfeilspitzen zu zeichnen.

In dem Prozess „Stelle ausschreiben" gibt es eine Verzweigung: Auf die Aktivität „Stellenausschreibung prüfen" folgt ein „Gateway". Eine leere Raute bezeichnet dabei einen exklusiven Gateway (engl. „Exclusive Gateway"). Dies bedeutet, dass von mehreren ausgehenden Sequenzflüssen immer genau einer gewählt werden muss. Jedes Mal, wenn im Rahmen der Stellenausschreibung der in der Abbildung rechts dargestellte Gateway erreicht wird, muss also entschieden werden, ob dem Sequenzfluss nach rechts zur Aktivität „Stellenausschreibung veröffentlichen" oder dem nach links zur Aktivität „Stellenausschreibung überarbeiten" gefolgt wird. Beides gleichzeitig ist nicht möglich.

Die Logik einer solchen Entscheidung wird auch als „exklusives Oder" bezeichnet, abgekürzt „XOR". Welchem der ausgehenden Pfade gefolgt wird, wird mit Hilfe von Bedingungen (engl. „Condition") an den ausgehenden Sequenzflüssen bestimmt. Wenn man ein Modellierungstool verwendet und der Prozess von einer Software simuliert oder ausgeführt werden soll, dann können Bedingungen zumeist ganz exakt mit Hilfe einer formalen Beschreibung oder einer Programmiersprache in spezielle Attribute der Sequenzflüsse geschrieben werden. Dient das Modell hingegen nur dazu, den Prozess anderen Menschen verständlich zu machen, empfiehlt es sich, die Bedingungen im Klartext an die Sequenzflüsse zu schreiben. „Okay" und „Nicht okay" im Anschluss an die Aktivität „Stellenausschreibung prüfen" ist für Menschen unmittelbar verständlich – eine Software könnte damit wenig anfangen.

Auch zur Zusammenführung alternativer Pfade werden Gateways verwendet. Im Beispielprozess führt der links von der Aktivität „Stellenausschreibung prüfen" gezeigte Gateway die beiden eingehenden Sequenzflüsse zusammen. Es handelt sich wiederum um einen exklusiven Gateway. Dieser erwartet, dass im Prozess vorher entweder die Aktivität „Stellenausschreibung verfassen" oder „Stellenausschreibung überarbeiten" durchgeführt wird – nicht jedoch beide zugleich. Es sollte darauf geachtet werden, dass man einen Gateway immer nur entweder als Verzweigung oder als Zusammenführung verwendet, nicht jedoch als Kombination aus beiden.

Das letzte Element des betrachteten Prozesses ist das Endereignis (engl. „End Event"). Es wird wie das Startereignis als Kreis dargestellt – allerdings mit einem dicken Rand.

2.3 Logik des Sequenzflusses

Die Ablauflogik des obigen Stellenausschreibungsprozesses ist recht leicht verständlich. Bei komplizierteren Prozessmodellen tauchen aber gelegentlich Unklarheiten auf, wie eine bestimmte modellierte Struktur genau zu verstehen ist. Es ist daher hilfreich, wenn die Bedeutung der im Sequenzfluss verwendeten Elemente möglichst eindeutig definiert ist.

Die Logik des Sequenzflusses in einem Prozessdiagramm lässt sich mit Hilfe von „Marken" (engl. „Token") erklären. Wie bei einem Gesellschaftsspiel Spielmarken entsprechend den Spielregeln über den Spielplan geschoben werden, kann man gedanklich Marken nach den Regeln der BPMN durch ein Prozessmodell schieben.

Jedes Mal wenn der Prozess gestartet wird, erzeugt das Startereignis eine Marke (vgl. Abbildung 2). Da der Stellenausschreibungsprozess öfter durchgeführt wird, können im Laufe der Zeit ganz viele Marken erzeugt werden. Dabei kann es vorkommen, dass der Prozess für die eine Stellenausschreibung noch gar nicht beendet ist, wenn der Prozess für die Ausschreibung einer anderen Stelle startet. Jede Marke durchläuft den Prozess völlig unabhängig von den anderen Marken.

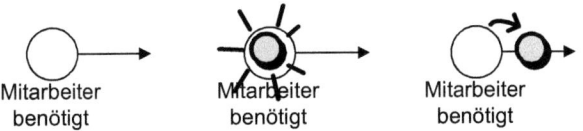

Abbildung 2: Ein Startereignis erzeugt eine Marke.

Die vom Startereignis erzeugte Marke wandert über den Sequenzfluss zur ersten Aktivität. Diese nimmt die über den eingehenden Sequenzfluss ankommende Marke entgegen, führt ihre Aufgabe aus (in diesem Fall „Mitarbeiterbedarf melden") und gibt anschließend über den ausgehenden Sequenzfluss wieder eine Marke aus (vgl. Abbildung 3).

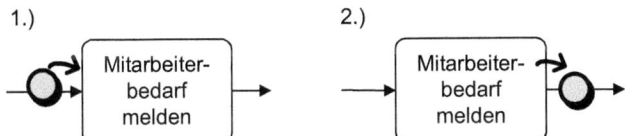

Abbildung 3: Eine Aktivität nimmt eine Marke entgegen und gibt anschließend wieder eine Marke aus.

Auch die folgende Aktivität gibt eine Marke weiter. Sie gelangt dann zum zusammenführenden exklusiven Gateway. Die Aufgabe dieses Gateways ist einfach: Er nimmt lediglich eine Marke entgegen, die über einen beliebigen eingehenden Sequenzfluss ankommt, und gibt diese Marke über den ausgehenden Sequenzfluss weiter. Dies ist in Abbildung 4 dargestellt. Im Fall A kommt eine Marke von links an, im Fall B von unten. In beiden Fällen wird diese Marke über den rechten Sequenzfluss wieder ausgegeben.

Interessanter ist die Aufgabe des verzweigenden exklusiven Gateways. Er nimmt eine ankommende Marke entgegen und entscheidet nun aufgrund der Bedingungen, über welchen der ausgehenden Sequenzflüsse er eine Marke ausgibt. Abbildung 5 zeigt oben den Fall, dass die Bedingung „Okay" zutrifft, d. h. dass die vorangehende Prüfung ein positives Ergebnis erbracht hat. In diesem Fall wird die Marke über den rechten

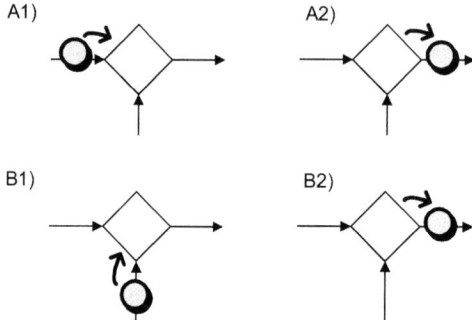

Abbildung 4: Weitergabe einer Marke durch einen zusammenführenden exklusiven Gateway

Sequenzfluss ausgegeben. Ansonsten, wenn die Bedingung „Nicht okay" zutrifft, wird die Marke entsprechend über den unteren Sequenzfluss ausgegeben.

Der Modellierer muss die Bedingungen so aufstellen, dass immer nur genau eine der beiden Bedingungen zutrifft. Wie Bedingungen formuliert werden und wie überprüft wird, welche Bedingung zutrifft, wird in der BPMN-Spezifikation nicht geregelt. Da der betrachtete Prozess nicht von einer Software ausgeführt werden soll, genügen die hier gewählten, recht einfachen Angaben. Ansonsten müsste man die Bedingungen nach den Erfordernissen und Regeln der verwendeten Software formulieren.

Schließlich gelangt die Marke – ggf. nach mehrfachem Durchlaufen der Schleife zur Überarbeitung der Stellenausschreibung – zum Endereignis. Dieses verschluckt einfach jede ankommende Marke und beendet damit die Durchführung des Prozesses (Abbildung 6).

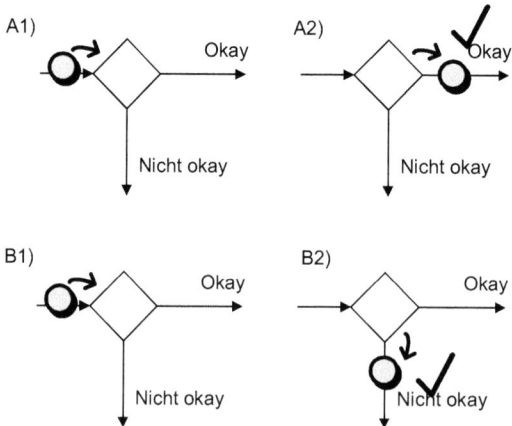

Abbildung 5: Weitergabe einer Marke durch einen verzweigenden exklusiven Gateway

Abbildung 6: Ein Endereignis verschluckt eine ankommende Marke.

Der Sequenzfluss jedes Prozessdiagramms lässt sich auf diese Weise mit Hilfe des Markenflusses durchspielen. Hierdurch kann man beispielsweise überprüfen, ob die Ablauflogik eines bestimmten Prozesses korrekt modelliert wurde.

Bei der Marke handelt es sich übrigens nicht um ein Datenobjekt, Dokument oder dergleichen. Bei dem Stellenausschreibungs-Prozess könnte man sich vorstellen, ein Dokument „Stellenausschreibung" durch den Prozess wandern zu lassen, das dann auch die ganzen Daten enthielte, wie z. B. ein Attribut für das Ergebnis der Aktivität „Stellenausschreibung prüfen". Die Entscheidung des verzweigenden Gateways könnte dann mit Hilfe dieses Attributwertes gefällt werden. Der BPMN-Sequenzfluss beschränkt sich aber auf die reine Ausführungsreihenfolge, die Marken selbst tragen somit keine Informationen – abgesehen von einem eindeutigen Identifizierer, um die Marken unterscheiden zu können. Für Datenobjekte gibt es eigene BPMN-Konstrukte, die in Kapitel 10 vorgestellt werden.

2.4 Darstellungsmöglichkeiten

Meist werden Pools horizontal dargestellt. Damit verlaufen die Sequenzflüsse vorrangig von links nach rechts. Es ist aber genauso möglich, vertikale Pools zu verwenden und die Sequenzflüsse von oben nach unten laufen zu lassen, wie im Beispiel der Abbildung 7.

Es ist sinnvoll, sich auf eine Variante – horizontal oder vertikal – festzulegen. Allerdings gibt es Modellierungstools, die von Vornherein nur die horizontale Modellierung unterstützen.

Abbildung 7 zeigt außerdem ein Beispiel für verschachtelte Bahnen (engl. „Nested Lanes"). Die Bahn „Vertrieb" ist selbst wieder in die zwei Bahnen „Außendienst" und „Auftragsabwicklung" unterteilt. Prinzipiell lassen sich Bahnen beliebig tief verschachteln, auch wenn dies sicherlich nur bis zu einer gewissen Ebene sinnvoll ist.

Wo und wie die Namen der Pools und Bahnen angegeben werden, ist übrigens nicht vorgeschrieben. Meist sieht man jedoch die in Abbildung 1 und Abbildung 7 gewählten Varianten, wo die Namen links neben bzw. bei vertikaler Darstellung über den Pools bzw. Bahnen dargestellt werden. Die Bezeichnung eines Pools wird meist durch eine Linie abgetrennt. Dagegen stehen die Bezeichnungen von Bahnen direkt in den Bahnen. Eine Trennlinie wird bei der Bezeichnung einer Bahn nur verwendet, wenn diese noch weiter unterteilt ist.

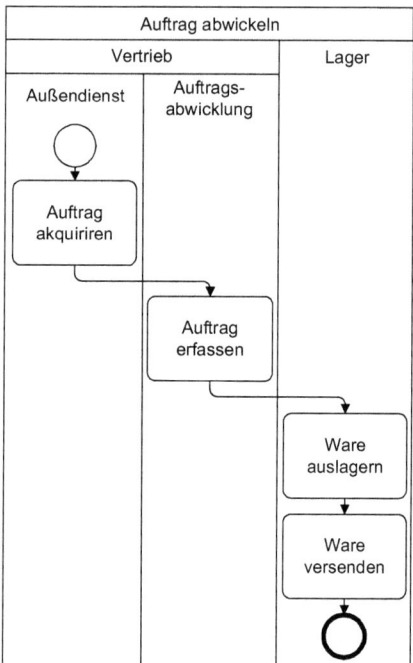

Abbildung 7: Vertikale Swimlanes und verschachtelte Bahnen

Bahnen können auch in Form einer Matrix dargestellt werden. So durchläuft der Beschaffungsprozess aus Abbildung 8 einen Fachbereich und die Einkaufsabteilung, wobei sich beide Abteilungen über die Niederlassung und die Unternehmenszentrale erstrecken. Tritt im Fachbereich einer Niederlassung ein Bedarf für eine größere Beschaffung auf, so erfasst dieser den Bedarf. Anschließend wird die Beschaffung im gleichen Fachbereich in der Zentrale genehmigt. Der zentrale Einkauf schließt dann einen Vertrag mit einem Lieferanten ab, worauf der Einkauf in der Niederlassung die Beschaffung vor Ort abwickelt.

Obwohl die BPMN-Spezifikation explizit auf die Möglichkeit einer solchen Matrixdarstellung hinweist, wird bisher so gut wie kein Gebrauch davon gemacht. Wahrscheinlich ist diese Darstellung kaum jemandem bekannt, und auch verbreitete BPMN-Modellierungstools ermöglichen sie nicht. In vielen Fällen würde die Matrixstruktur aber gute und übersichtliche Visualisierungsmöglichkeiten bieten.

Bahnen können nicht nur Organisationseinheiten oder Rollen repräsentieren. Sie können dazu verwendet werden, die Aktivitäten eines Prozesses nach beliebigen Kriterien einzuteilen. In Abbildung 9 wurde der eingangs vorgestellte Stellenausschreibungsprozess nicht wie bisher nach Organisationseinheiten, sondern nach den für die einzelnen Aktivitäten verwendeten Informationssystemen unterteilt.

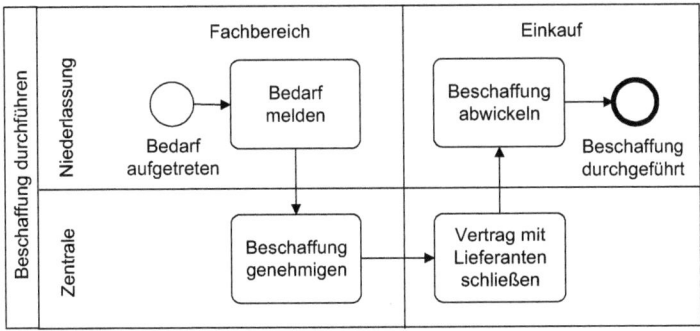

Abbildung 8: Bahnen in Matrixdarstellung

In der BPMN-Spezifikation sind – wie im vorliegenden Buch auch – alle Elemente schwarzweiß dargestellt. Die Modelle dürfen aber auch beliebig eingefärbt werden. Dies kann genutzt werden, um optisch ansprechendere Modelle zu erstellen. Außerdem lassen sich Farben gezielt einsetzen, um Elemente nach bestimmten Kriterien zu klassifizieren. So können etwa besonders wichtige Elemente optisch hervorgehoben werden. Kritische Elemente könnten z. B. rot eingefärbt werden.

Auch andere grafische Erweiterungen sind möglich, beispielsweise können unterschiedliche Arten von Aktivitäten mit Hilfe einprägsamer Symbole gekennzeichnet werden. Erlaubt sind alle Veränderungen, die die Standardsymbole der BPMN in ihrem Wesen nicht verändern. So wäre es beispielsweise nicht zulässig, einen Kreis als Symbol für eine Aktivität zu verwenden, da diese dann nicht mehr als solche erkennbar wäre. Fügt man hingegen ein Symbol in ein abgerundetes Rechteck ein, so wird jeder BPMN-Kenner nach wie vor erkennen, dass es sich um eine Aktivität handelt.

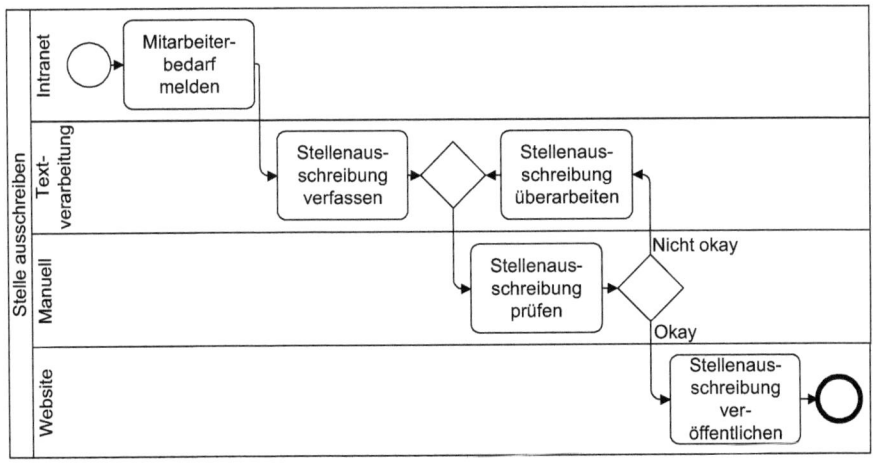

Abbildung 9: Hier stehen die Bahnen für die verwendeten Informationssysteme.

23

2.5 Hinterlegung von Zusatzinformationen

Die in BPMN-Modellen verwendeten Elemente sind nicht nur grafische Symbole. Sie lassen sich auch mit zusätzlichen Informationen versehen. Hierbei kann es sich um einfache Attribute oder aber weitere BPMN-Elemente handeln, die jedoch nicht in der Grafik angezeigt werden. Die BPMN-Spezifikation definiert über das Metamodell für alle Typen von Elementen eine Reihe von möglichen Zusatzinformationen. Diese sind zum großen Teil recht technisch und beziehen sich vor allem auf die Ausführung durch eine Process Engine. So kann man z. B. Sequenzflüsse mit formalen Ausdrücken versehen. Hiermit lassen sich Bedingungen formulieren, mit denen etwa bestimmt wird, welcher aus einem Gateway ausgehende Sequenzfluss gewählt wird. Dadurch wird die ausführende Process Engine in die Lage versetzt, die Bedingung auszuwerten und den richtigen Ausgang zu wählen.

In Abbildung 10 sind solche Bedingungen für die aus dem Gateway ausgehenden Sequenzflüsse in Form von Anmerkungen (engl. „Annotations") dargestellt. Eine Anmerkung wird in der BPMN hinter einer öffnenden eckigen Klammer eingetragen, die über eine gepunktete Linie mit dem betreffenden Element verbunden wird. Bei Verwendung eines Modellierungstools werden Attributwerte und sonstige Zusatzinformationen in der Regel nicht in der Grafik angezeigt. Stattdessen kann man meist für jedes Element einen Dialog öffnen, in dem diese Informationen angezeigt und bearbeitet werden können.

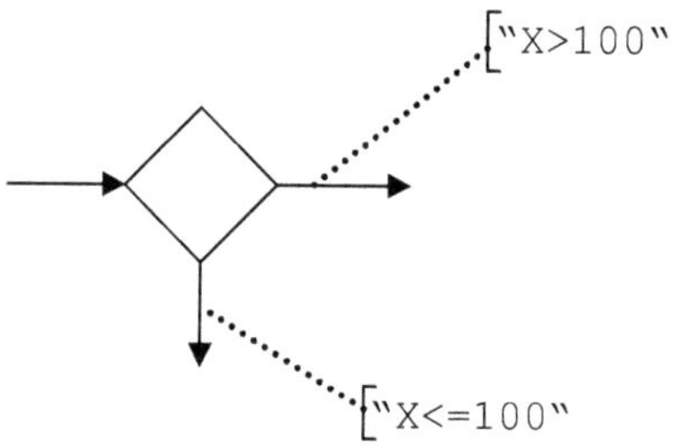

Abbildung 10: BPMN-Elemente können mit Zusatzinformationen versehen werden.

Wer aus anderen Modellierungsnotationen Attribute kennt, die für fachliche Informationen gedacht sind, wird in der Spezifikation jedoch nicht fündig. Attribute für Zeiten, Kostensätze, Kapazitäten usw. sind nicht vorgesehen. Es besteht aber die Möglichkeit, eigene Erweiterungen zu BPMN-Elementen zu definieren. Allerdings sind die selbst erstellten Eigenschaften nicht standardisiert, was die Vergleichbarkeit von Modellen erschwert. Welche Erweiterungsmöglichkeiten im praktischen Einsatz zur Verfügung stehen, hängt außerdem stark vom Funktionsumfang des verwendeten Modellierungstools ab.

3 Gateways: Verzweigungen und Zusammenführungen

Gateways werden für die Verzweigung und Zusammenführung von Sequenzflüssen verwendet. Neben dem bereits in Kapitel 2 verwendeten exklusiven Gateway gibt es noch weitere Typen von Gateways: Den parallelen Gateway, mit dem mehrere parallel ausgeführte Pfade modelliert werden können, den inklusiven Gateway, der ein oder mehrere Pfade auswählt, und den komplexen Gateway, der bei komplizierteren Regeln für Verzweigungen oder Zusammenführungen genutzt wird.

3.1 Exklusiver Gateway

Der exklusive Gateway dient zur Modellierung alternativer Pfade. Er wird als Verzweigung (engl. „Split") oder Zusammenführung (engl. „Merge") verwendet. Wie Abbildung 11 zeigt, gibt es zwei Symbole für den exklusiven Gateway: Eine leere Raute und eine mit einem großen „X" versehene Raute. Hier sollte man sich sinnvollerweise für eine Variante entscheiden. In diesem Buch wird die leere Raute verwendet.

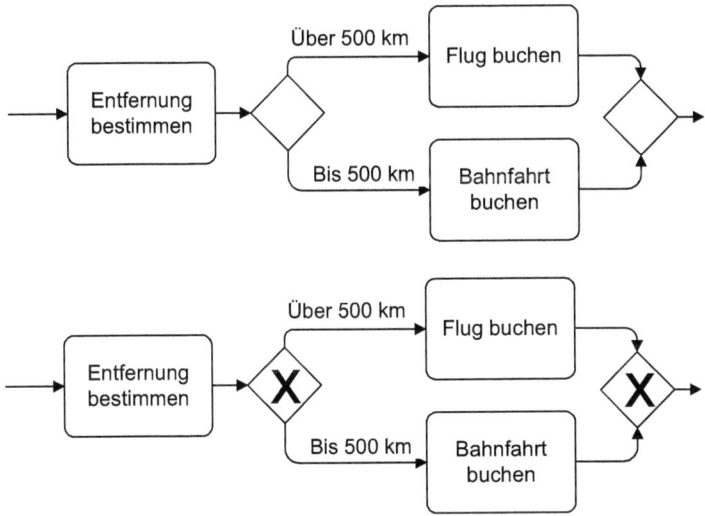

Abbildung 11: Für den exklusiven Gateway gibt es zwei verschiedene Symbole.

Es ist erlaubt, in einen Gateway sowohl mehrere Sequenzflüsse eingehen als auch mehrere Sequenzflüsse daraus ausgehen zu lassen. Allerdings führt eine solche Kombination von Verzweigungen und Zusammenführungen leicht zu Missverständnissen. Dies kann daher nicht empfohlen werden. Besser ist es, Zusammenführung und Verzweigung zu trennen (vgl. Abbildung 12). Dies gilt auch für die im Weiteren vorgestellten anderen Typen von Gateways, nicht nur für den exklusiven Gateway.

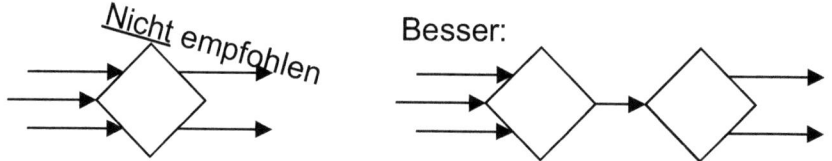

Abbildung 12: Ein Gateway sollte nicht gleichzeitig Zusammenführung und Verzweigung sein.

Weiterhin ist zu beachten, dass ein Gateway nur Logik darstellt, d. h. es wird keine Tätigkeit durchgeführt, und es vergeht auch keine Zeit beim Durchlaufen eines Gateways. Auch dies gilt für alle Gateways. Soll der Vorgang modelliert werden, in dem eine Entscheidung getroffen, so wird dies in Form einer Aktivität mit nachfolgendem exklusivem Gateway abgebildet (vgl. Abbildung 13). Eine andere Möglichkeit, diesen Sachverhalt zu modellieren, wird in Abschnitt 4.1 vorgestellt.

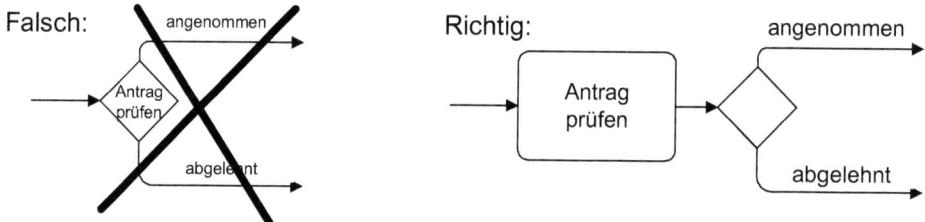

Abbildung 13: Ein Gateway stellt nur Logik dar, keine Aktivität.

Ein verzweigender exklusiver Gateway kann beliebig viele Ausgänge haben, zwischen denen eine Entscheidung getroffen wird. Die Bedingungen werden entweder im Klartext oder in Form von logischen Ausdrücken an den ausgehenden Sequenzflüssen notiert bzw. für Process Engines in Attributen gespeichert.

In vielen Flowcharts findet sich eine Darstellung wie in Abbildung 14, wo die zu entscheidende Frage im Gateway-Symbol angeordnet ist, und an den Sequenzflüssen nur noch die Antworten „ja" und „nein" stehen. Die BPMN-Spezifikation äußert sich nicht explizit zu dieser Darstellung. Da man in der Spezifikation aber einige Abbildungen mit dieser Art der Modellierung findet, kann man sie zumindest für fachliche Modelle als kompakte Darstellung verwenden. Falls der Text zu umfangreich ist oder man das Symbol mit dem „X" verwendet, kann man die Frage auch neben das Gateway-Symbol schreiben.

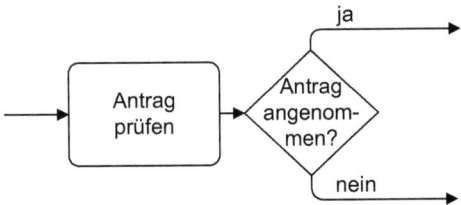

Abbildung 14: Frage im Gateway-Symbol

Wie bereits erwähnt, erfordert die XOR-Logik dieses Gateway-Typs, dass immer genau eine Bedingung zutrifft. Würde man in Abbildung 15 am untersten Sequenzfluss statt „Summe bis zu 100 €" die Bedingung „Summe bis zu 200 €" angeben, so wäre dies ein Verstoß gegen diese Regel, da für Summen zwischen 100 € und 200 € sowohl der unterste als auch der darüber liegende Ausgang gewählt werden müsste.

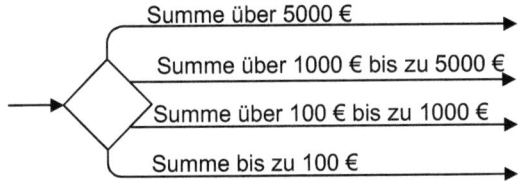

Abbildung 15: Ein Gateway kann beliebig viele Ausgänge haben.

Zur Vereinfachung kann man einen der Ausgänge auch zum Standard (engl „Default") bestimmen. Der Standard-Ausgang wird immer dann gewählt, wenn keine Bedingung der anderen Ausgänge zutrifft. Er wird mit einem kleinen Schrägstrich gekennzeichnet. Das Beispiel aus Abbildung 15 kann daher auch wie in Abbildung 16 modelliert werden.

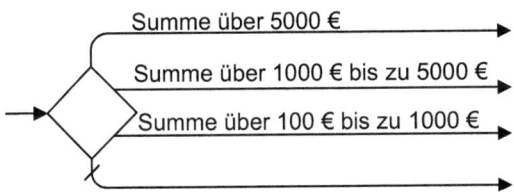

Abbildung 16: Der untere Ausgang ist als Standard-Ausgang gekennzeichnet.

Verwendet man einen exklusiven Gateway wie in Abbildung 17 als Zusammenführung, so muss sichergestellt werden, dass immer nur über genau einen Eingang eine Marke kommen kann. Dies wird dadurch erreicht, dass man die vorangehende Verzweigung ebenfalls mit einem exklusiven Gateway modelliert.

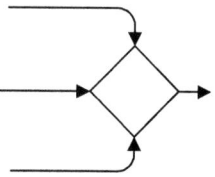

Abbildung 17: Zusammenführender exklusiver Gateway

Der verzweigende exklusive Gateway wählt den Ausgang aufgrund von Daten aus. Er wird daher auch als datenbasierter exklusiver Gateway (engl. „Data-Based Exclusive Gateway") bezeichnet. Daneben gibt es noch einen ereignisbasierten exklusiven Gateway (engl. „Event-Based Exclusive Gateway). Er wird in Kapitel 6 vorgestellt.

3.2 Paralleler Gateway

Mit einem parallelen Gateway (engl. „Parallel Gateway") kann ein Sequenzfluss in zwei oder mehr parallel zu durchlaufende Pfade aufgeteilt werden. Dies entspricht einem logischen „UND". Zusammengeführt werden parallele Pfade ebenfalls mit einem parallelen Gateway. Er wird durch eine Raute mit einem Pluszeichen dargestellt.

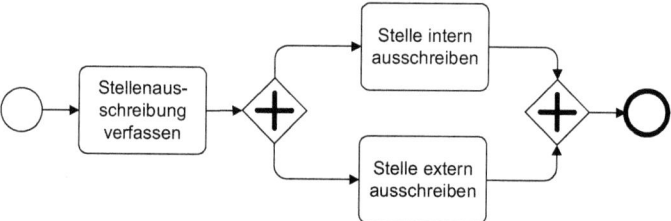

Abbildung 18: Verwendung von parallelen Gateways

Im Abbildung 18 wird zunächst eine Stellenausschreibung verfasst. Anschließend soll die Stelle sowohl intern als auch extern ausgeschrieben werden. Die Aktivitäten „Stelle intern ausschreiben" und „Stelle extern ausschreiben" müssen also beide durchgeführt werden. Allerdings gibt es keine bestimmte Reihenfolge, d. h. es kann erst die interne und dann die externe Ausschreibung erfolgen, oder umgekehrt – oder aber die beiden Aktivitäten werden zeitgleich durchgeführt.

Auch die Logik eines parallelen Gateways lässt sich mit dem Fluss von Marken veranschaulichen. Kommt eine Marke an einen verzweigenden parallelen Gateway, so wird die Marke vervielfältigt. Es wird über jeden ausgehenden Sequenzfluss eine Marke ausgegeben (vgl. Abbildung 19).

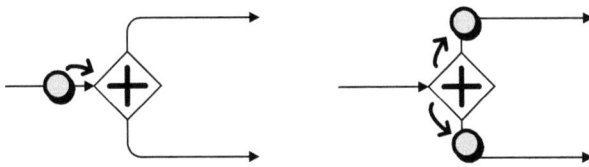

Abbildung 19: Ein verzweigender paralleler Gateway dupliziert die Marken.

Abbildung 20 stellt die Logik eines zusammenführenden parallelen Gateways („Join") dar. Kommt eine Marke über einen der eingehenden Sequenzflüsse an, so wird diese zunächst nicht weitergeleitet (links). Stattdessen wird gewartet, bis auf jedem der eingehenden Sequenzflüsse eine Marke angekommen ist (Mitte). Erst dann werden die Marken aller Eingänge verarbeitet. Sie werden wieder zu einer einzigen Marke verschmolzen, die dann über den einzigen Ausgang weitergeleitet wird (rechts).

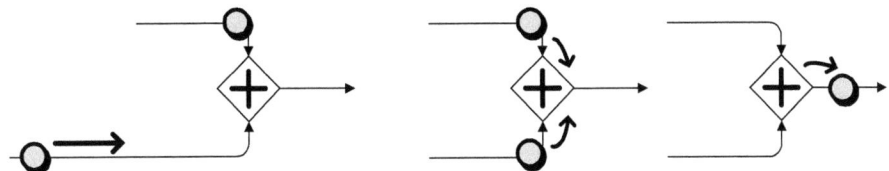

Abbildung 20: Ein zusammenführender paralleler Gateway wartet auf alle eingehenden Marken und verschmilzt diese dann.

3.3 Verschiedene Prozessinstanzen an einer parallelen Zusammenführung

Mit Hilfe des Beispiels aus Abbildung 18 lässt sich das Prinzip unterschiedlicher Prozessinstanzen gut nachvollziehen. Eine Prozessinstanz ist ein einzelner Durchlauf eines Prozesses. Das Modell aus Abbildung 18 stellt eine Prozessdefinition dar. Hier wird festgelegt, wie eine Stellenausschreibung ganz allgemein erstellt wird. Erfolgt nun eine konkrete Stellenausschreibung für die Stelle des „Einkäufers IT", handelt es sich bei dem einzelnen Ablauf um eine Prozessinstanz.

Bezogen auf die Idee des Markenflusses: Jedes Mal, wenn ein Startereignis eine neue Marke produziert, wird eine neue Prozessinstanz erzeugt. Eine Marke repräsentiert also zunächst eine Prozessinstanz. Wird eine Marke durch einen parallelen Gateway dupliziert, so gehören die zwei oder mehr Marken nach wie vor zur selben Prozessinstanz, es handelt sich sozusagen um Teilmarken der ursprünglichen Marke, die an einem zusammenführenden parallelen Gateway wieder miteinander zu dieser ursprünglichen Marke verschmolzen werden.

Beim zusammenführenden parallelen Gateway genügt es dabei nicht, dass über jeden Eingang irgendeine beliebige Marke kommt. Es muss sich vielmehr um zueinander gehörende Teilmarken handeln. Dies ist dann von Bedeutung, wenn mehrere Prozess-instanzen zugleich ablaufen, im vorliegenden Fall also zugleich mehrere Stellenanzeigen erstellt werden. Dies wird im folgenden Beispiel dargestellt.

In Abbildung 21 wird zunächst eine Marke „M1" erzeugt (oben). Diese wird am pa-rallelen Gateway dupliziert, die entstehenden Marken sind mit „M1.1" und „M1.2" be-zeichnet (Mitte). Nun wird zunächst die Stelle extern ausgeschrieben, die interne Aus-schreibung wird noch nicht durchgeführt. Die Marke M1.2 befindet sich damit am zusammenführenden parallelen Gateway, wo noch auf die Marke M1.1 gewartet wer-den muss.

In dieser Situation wird nun eine zweite Instanz desselben Prozesses angelegt, weil eine weitere Stelle ausgeschrieben werden soll. Dies zeigt Abbildung 22: Es wird eine zweite Marke „M2" angelegt (oben). Diese Marke wird am verzweigenden parallelen Gateway ebenfalls dupliziert, es entstehen die Marken M2.1 und M2.2 (Mitte). Diese zweite Stelle wird nun zuerst intern ausgeschrieben, auf die externe Ausschreibung wird noch gewar-tet. Zugleich wurde die erste Stelle – aus welchen Gründen auch immer – noch nicht intern ausgeschrieben. Die Marke M1.1 befindet sich daher nach wie vor am Eingang der

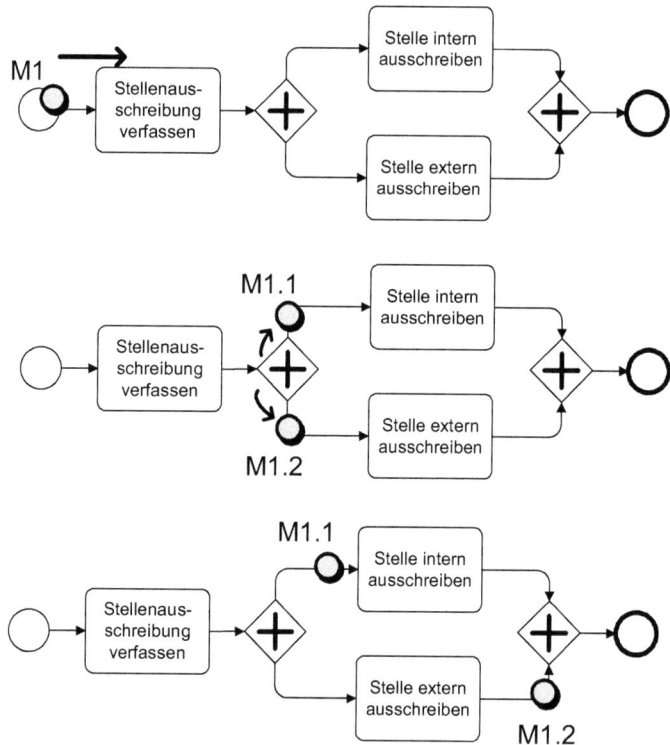

Abbildung 21: Eine erste Prozessinstanz wird bearbeitet.

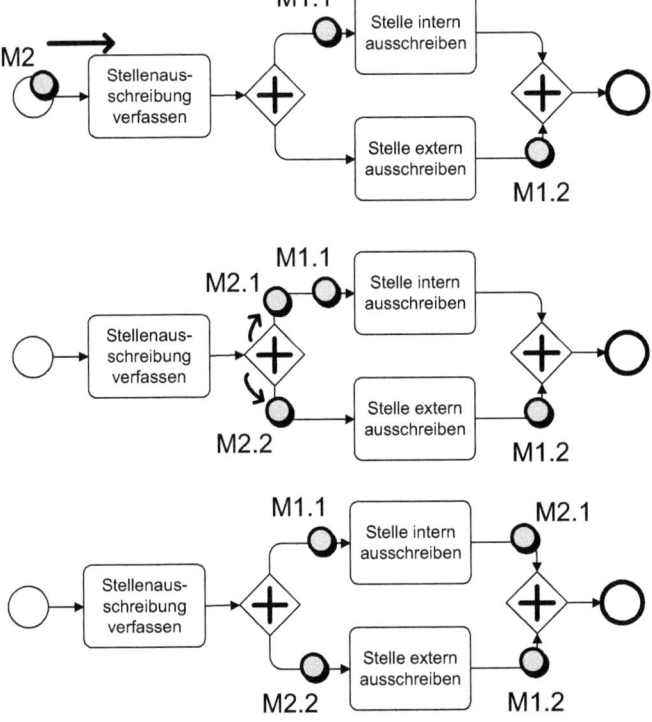

Abbildung 22: Eine zweite Prozessinstanz wird angelegt.

Aktivität „Stelle intern ausschreiben". Die Marke M2.1 hat dagegen den zusammenführenden parallelen Gateway erreicht (unten).

Nun sind an beiden Eingängen des parallelen Gateways Marken vorhanden. Dennoch werden diese Marken nicht verschmolzen und weitergeleitet. Schließlich handelt es sich um Teilmarken, die zu unterschiedlichen Prozessinstanzen gehören. In unserem Beispiel beziehen sie sich auf unterschiedliche Stellenausschreibungen.

Abbildung 23 zeigt den nächsten Schritt: Nun wird endlich die erste Stelle intern ausgeschrieben, d. h. Marke M1.1 rückt zum parallelen Gateway vor. Jetzt befinden sich also beide Teilmarken M1.1 und M1.2 derselben Prozessinstanz M1 am parallelen Gateway (oben). Sie werden nun wieder zur Marke M1 verschmolzen, die dann zum Endereignis weitergeleitet wird (unten). Marke M2.1 wartet nach wie vor auf Marke M2.2, bevor diese beiden Teilmarken ebenfalls wieder verschmolzen und weitergeleitet werden.

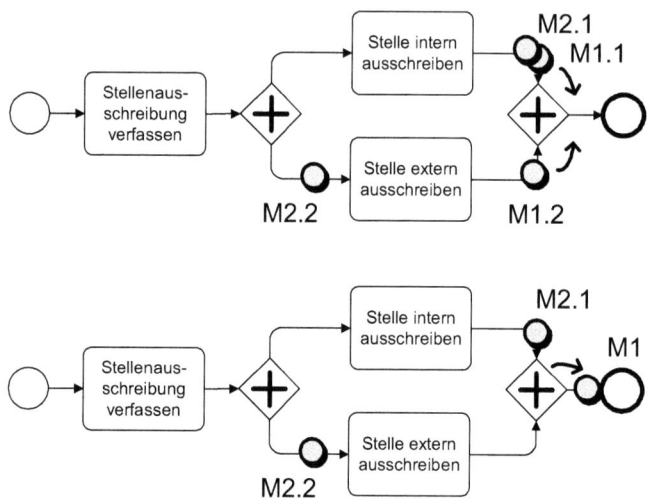

Abbildung 23: Erst wenn alle zusammengehörigen Teilmarken ankommen, wird der Ablauf fortgesetzt.

3.4 Inklusiver Gateway

Bei einem inklusiven Gateway (engl. „Inclusive Gateway") werden ein oder mehrere Pfade ausgewählt bzw. zusammengeführt. In Abbildung 24 geht es darum, die Medien auszuwählen, in denen eine Stellenanzeige erscheinen soll. Zur Auswahl stehen die Homepage des Unternehmens, die Zeitung und eine Internet-Stellenbörse. Es können beliebig viele dieser Optionen gewählt werden – mindestens aber eine, denn sonst würde die Stellenanzeige überhaupt nicht veröffentlicht. Ein inklusiver Gateway realisiert somit die Logik eines (inklusiven) ODER.

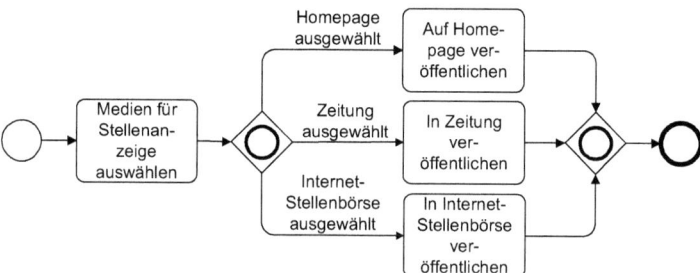

Abbildung 24: Beim inklusiven Gateway werden ein oder mehrere Sequenzflüsse ausgewählt.

Bei der Zusammenführung mittels eines inklusiven Gateways („Merge") wird auf so viele zusammengehörende Marken gewartet, wie dort aufgrund der vorangehenden Sequenzflusslogik noch ankommen können. Wird beim verzweigenden inklusiven Gateway nur ein Sequenzfluss gewählt, also beispielsweise nur die Homepage oder nur die Zeitung, so kann beim zusammenführenden Gateway nur eine Marke ankommen. Er gibt deswegen sofort eine Marke weiter, wenn diese eine Marke angekommen ist (Abbildung 25). In diesem Fall verhält sich der zusammenführende inklusive Gateway so wie ein exklusiver Gateway, der ebenfalls beim Eintreffen einer einzigen Marke eine Marke ausgibt.

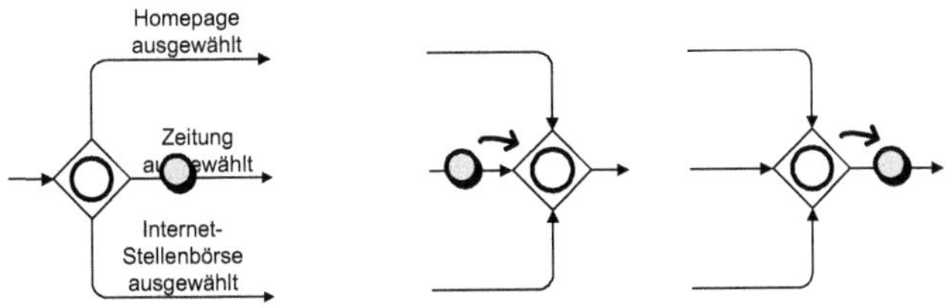

Abbildung 25: Inklusiver Gateway - ein Pfad gewählt

Werden jedoch an der Verzweigung zwei oder drei Sequenzflüsse gewählt, so wäre das Verhalten des exklusiven Gateways unpassend, denn dieser würde beim Eintreffen jeder Marke selbst wieder eine Marke ausgeben, so dass gar keine Zusammenführung dieser Marken erfolgte und stattdessen nacheinander zwei bzw. drei Marken weitergeleitet würden.

Werden am verzweigenden inklusiven Gateway alle ausgehenden Sequenzflüsse gewählt, so muss sich der zusammenführende inklusive Gateway wie ein paralleler Gateway verhalten, denn er darf erst dann eine Marke weitergeben, wenn über alle eingehenden Sequenzflüsse jeweils eine Marke eingetroffen ist. In Abbildung 26 sind im zweiten und dritten Bild nur ein bzw. zwei Marken an der Zusammenführung angekommen. Der Gateway wartet bis zum Eintreffen der dritten und letzten Marke. Erst dann konsumiert er diese drei Marken und gibt eine Marke aus.

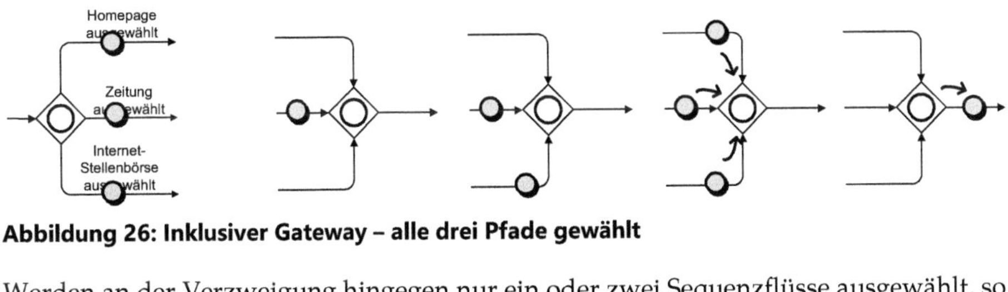

Abbildung 26: Inklusiver Gateway – alle drei Pfade gewählt

Werden an der Verzweigung hingegen nur ein oder zwei Sequenzflüsse ausgewählt, so würde ein paralleler Gateway an der Zusammenführung zu einer Blockade führen, denn dieser schaltet ja erst, wenn Marken über alle drei Sequenzflüsse angekommen sind. Dies wird aber nie der Fall sein, wenn nur ein oder zwei Marken losgeschickt wurden.

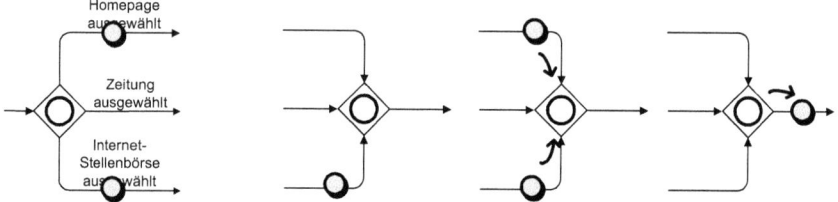

Abbildung 27: Inklusiver Gateway – zwei von drei Pfaden gewählt

Abbildung 27 zeigt einen Fall, in dem zwei Sequenzflüsse gewählt wurden. Hier schaltet der inklusive Gateway, wenn alle beiden an der Verzweigung losgeschickten Marken angekommen sind. Der inklusive Gateway weiß also immer, wie viele und welche Sequenzflüsse gewählt wurden, damit er entscheiden kann, wann alle zu erwartenden Marken eingetroffen sind, und er eine Marke ausgeben kann.

Das Beispiel in Abbildung 28 ist etwas abgewandelt. Hier führt einer der Sequenzflüsse aus dem verzweigenden inklusiven Gateway zu einem Endereignis. Die betreffende Marke kommt also nicht beim zusammenführenden Gateway an. Das Modell ist trotzdem richtig. Ein zusammenführender inklusiver Gateway wartet nämlich auf alle zusammengehörigen Marken, die bei ihm ankommen können. Da eine Marke im obersten Zweig vom Endereignis geschluckt wird und somit nicht an der Zusammenführung ankommen kann, wird auch nicht auf sie gewartet.

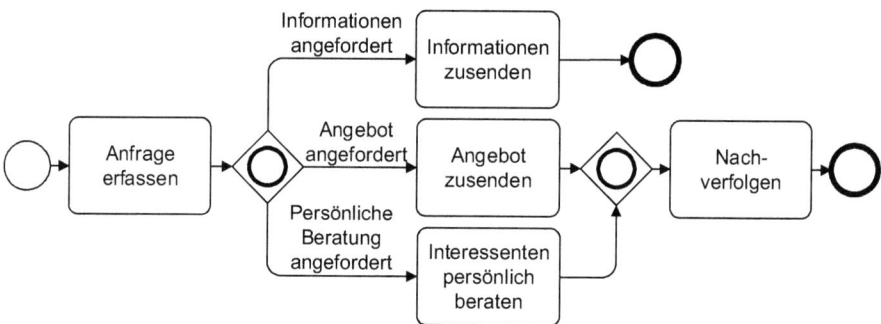

Abbildung 28: Nicht alle Marken können beim zusammenführenden inklusiven Gateway ankommen.

Sind in der Anfrage nur Informationen angefordert, so werden diese zugesendet, und der Prozess ist beendet. Werden ein Angebot oder eine persönliche Beratung oder beides angefordert, so wird die jeweils betreffende Aktivität durchgeführt, und der zusammenführende inklusive Gateway wartet auf eine oder zwei Marken. Werden parallel zum Angebot oder zur persönlichen Beratung – oder beidem – noch Informationen angefordert, so ändert dies nichts am Verhalten der Zusammenführung. Da vom Anfordern der Informationen kein Pfad zur Zusammenführung verläuft, wird trotzdem nur auf die eine bzw. zwei Marken von den unteren beiden Pfaden gewartet.

Wie beim exklusiven Gateway werden beim verzweigenden inklusiven Gateway die ausgehenden Sequenzflüsse mit Bedingungen versehen. Im Gegensatz zum exklusiven Gateway ist es hier nicht mehr erforderlich, dass immer *genau* eine Bedingung zutrifft, sondern nur, dass immer *mindestens* eine Bedingung zutrifft. Es können also auch zwei oder mehr Bedingungen zugleich zutreffen.

Ein inklusiver Gateway kann daher prinzipiell auch dazu verwendet werden, Sequenzflüsse zusammenzuführen, die aus verzweigenden exklusiven oder parallelen Gateways stammen. Allerdings ist dies kein guter Modellierungsstil. Wenn es sich um alternative oder parallel durchlaufene Sequenzflüsse handelt, sollte auch der entsprechende Gateway verwendet werden.

Sinnvoll kann dagegen die Zusammenführung von Sequenzflüssen sein, die über Kombinationen verschiedener Gateways entstanden sind. Natürlich kann man in Abbildung 29 die zur Verzweigung genutzte Kombination aus exklusivem und parallelem Gateway in umgekehrter Reihenfolge auch zur Zusammenführung benutzen. Die Verwendung eines inklusiven Gateways macht dagegen die Darstellung etwas kompakter. Welche Variante man wählt, ist eine Frage des Modellierungsstils.

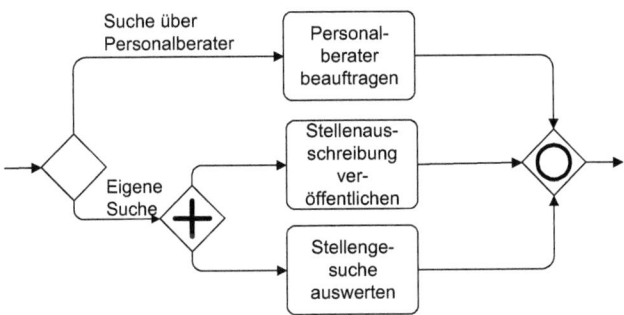

Abbildung 29: Inklusiver Gateway zur Zusammenführung nach kombinierten Gateways

Wie beim exklusiven Gateway kann man auch beim inklusiven Gateway einen Ausgang mit Hilfe eines kleinen Schrägstrichs als Standard- oder Default-Sequenzfluss kennzeichnen (vgl. Abbildung 30). Dieser wird automatisch gewählt, wenn keine der Bedingungen an den anderen Sequenzflüssen zutrifft. Damit lässt sich sicherstellen, dass tatsächlich immer mindestens ein Sequenzfluss gewählt wird.

Im Gegensatz zu den anderen Sequenzflüssen kann der Standardsequenzfluss nicht in Kombination mit weiteren Sequenzflüssen gewählt werden, da der Standard ja nur gewählt wird, wenn *keine* der anderen Bedingungen zutrifft. Im Beispiel aus Abbildung 30 kann also entweder ein beliebiger einzelner Sequenzfluss gewählt werden, oder es werden die beiden oberen Sequenzflüsse gewählt. Es ist aber nicht möglich, den unteren Sequenzfluss zugleich mit einem oder beiden der oberen Sequenzflüsse auszuwählen. Diese Logik ist für den dargestellten Inhalt geeignet. Entweder fehlt nichts bei der Bewerbung, dann wird der Bewerber eingeladen. Oder aber es müssen Zeugnisse, fehlende Angaben oder beides angefordert werden. Wenn etwas angefordert werden muss, wird der Bewerber jedoch nicht zugleich eingeladen.

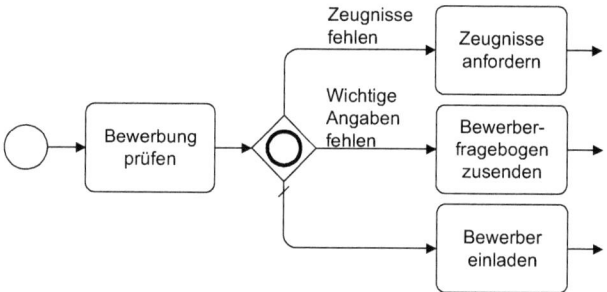

Abbildung 30: Standard-Sequenzfluss am inklusiven Gateway

Man hätte dieses Beispiel ohne Markierung eines Standardsequenzflusses auch mit einem vorgeschalteten exklusiven Gateway modellieren können, wie in Abbildung 31. Allerdings ist die Darstellung etwas komplexer und damit weniger leicht verständlich. Außerdem entsprechen die modellierten Entscheidungen sicherlich nicht der in der Praxis durchgeführten Entscheidungsreihenfolge. Man wird kaum hingehen und zunächst entscheiden, ob die Bewerbung vollständig ist (wozu man ja prüfen muss, ob weder Zeugnisse noch wichtige Angaben fehlen), um bei unvollständiger Bewerbung anschließend noch einmal zu entscheiden, welche der beiden Inhalte fehlen. Stattdessen wird man die gesamte Auswahl in einer Entscheidung treffen, wie dies mit Hilfe des Standardsequenzflusses in Abbildung 30 ganz gut ausgedrückt wird.

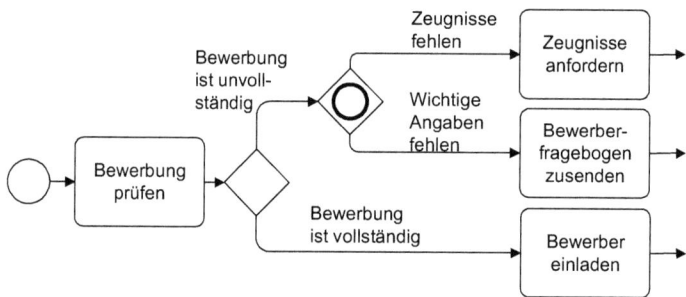

Abbildung 31: Modellierung ohne Standardsequenzfluss

3.5 Komplexer Gateway

In Abbildung 32 wird der Sequenzfluss eines Bewerbungsprozesses über einen parallelen Gateway in drei parallele Flüsse aufgeteilt. In jedem der drei Zweige wird eine Referenz für den Bewerber eingeholt, zwei von verschiedenen Arbeitgebern und eine von einem Hochschulprofessor. An und für sich werden nur zwei Referenzen benötigt.

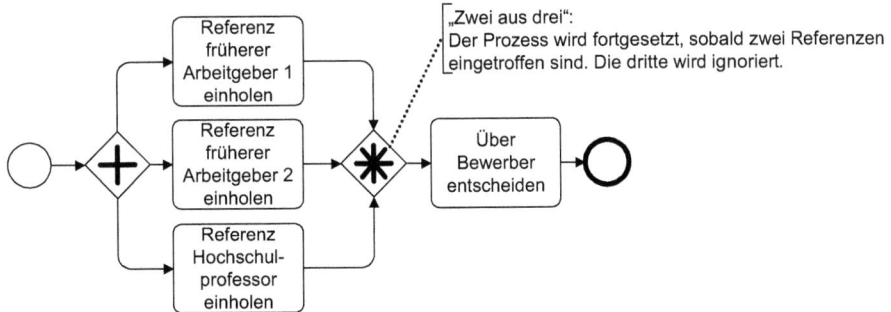

Abbildung 32: Komplexer Gateway zur Zusammenführung

Da es jedoch manchmal etwas länger dauert, bis eine der angefragten Personen antwortet, werden vorsichtshalber drei Referenzen eingeholt. Sobald zwei Referenzen eingetroffen sind, wird der Prozess fortgesetzt. Die zuletzt eintreffende Referenz wird ignoriert, d. h. die betreffende Marke wird einfach konsumiert ohne dass eine Marke weitergeleitet wird.

Eine derartige komplexe Logik lässt sich mit Hilfe der bisher vorgestellten Gateways nicht sinnvoll darstellen. Daher wird der mit einem Stern gekennzeichnete komplexe Gateway (engl. „Complex Gateway") für die Zusammenführung eingesetzt. Ein komplexer Gateway kann beliebige Regeln umfassen, nach denen er die eingehenden Marken verarbeitet. In Abbildung 32 ist die hier verwendete Regel in Form einer Anmerkung dargestellt. Verwendet man Softwarewerkzeuge für die Modellierung, wird eine solche Regel häufig auch in einem Attribut des komplexen Gateways gespeichert.

Wie die anderen Typen von Gateways können auch komplexe Gateways nicht nur zur Zusammenführung, sondern auch zur Verzweigung von Sequenzflüssen eingesetzt werden.

Generell gehört der komplexe Gateway zu den vergleichsweise selten eingesetzten BPMN-Elementen. Treten wirklich einmal sehr komplexe Sequenzflussregeln auf, so kann er durchaus hilfreich sein. Ein komplexer Gateway mit einer verständlich formulierten Regel macht ein Modell wesentlich besser lesbar als eine komplizierte Kombination mehrerer anderer Gateways.

4 Verzweigungen und Zusammenführungen ohne Gateways

In den bisherigen Beispielen hatten die Aktivitäten stets einen eingehenden und einen ausgehenden Sequenzfluss. Die Aufsplittung und Zusammenführung von Sequenzflüssen erfolgte mit Hilfe von Gateways. In vielen Fällen ist es aber auch möglich, mehrere Sequenzflüsse direkt in eine Aktivität münden zu lassen oder mehrere Sequenzflüsse aus einer Aktivität herauszuführen. Hierdurch können Gateways ersetzt werden, was zu einer kompakteren Darstellung führt.

4.1 Verzweigungen ohne Gateways

Abbildung 33 zeigt zwei Möglichkeiten, eine inklusive Verzweigung zu modellieren: Oben ist die bekannte Darstellung mit einem inklusiven Gateway. In der unteren Variante hat die vorangehende Aktivität selbst mehrere Ausgänge. Bei den Sequenzflüssen, die aus der Aktivität „Medien für Stellenanzeige auswählen" herausgehen, handelt es sich um bedingte Sequenzflüsse (engl. „Conditional Sequence Flow"). Sie sind jeweils mit einer kleinen Bedingungsraute an ihrem Beginn gekennzeichnet. Dies bedeutet, sie müssen mit einer Bedingung versehen sein. Wenn die Aktivität beendet ist, werden diejenigen bedingten Sequenzflüsse aktiviert, deren Bedingung zutrifft.

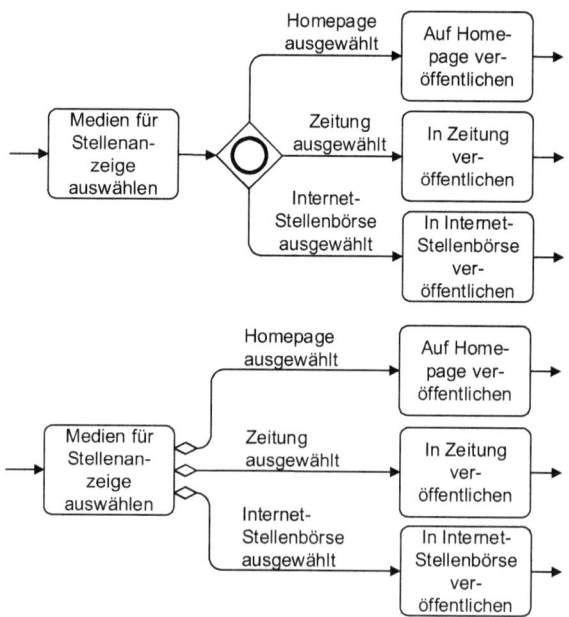

Abbildung 33: Inklusive Verzweigung mit und ohne Gateway

Da mehrere Bedingungen zugleich erfüllt sein können, können auch mehrere Sequenzflüsse zugleich aktiviert werden. Der Modellierer ist dafür zuständig, die Bedingungen so zu formulieren, dass immer mindestens eine Bedingung zutrifft. Die Logik entspricht also exakt der des inklusiven Gateways.

Bedingungsrauten werden nur an den Ausgängen einer Aktivität dargestellt. Die Ausgänge von inklusiven Gateways sind automatisch bedingte Sequenzflüsse, weshalb keine weitere Kennzeichnung erfolgt.

Ein exklusiver verzweigender Gateway lässt sich auf die gleiche Weise durch bedingte Sequenzflüsse ersetzen. Abbildung 34 zeigt die gleiche exklusive Verzweigung einmal mit und einmal ohne Gateway. Im Unterschied zur inklusiven Verzweigung sind die Bedingungen nun so formuliert, dass immer nur genau eine Bedingung zutrifft.

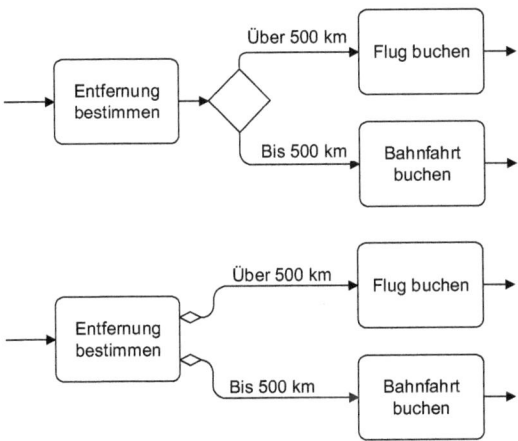

Abbildung 34: Exklusive Verzweigung mit und ohne Gateway

Im zweiten Fall ist der Modellierer – anders als bei der Verwendung eines exklusiven Gateways – aber nicht dazu verpflichtet, sich gegenseitig ausschließende Bedingungen zu verwenden. Würde man im oberen Teil von Abbildung 34 die zweite Bedingung „Bis 500 km" in „Bis 600 km" ändern, so wäre dies ein Modellierungsfehler, da für Entfernungen zwischen 500 und 600 km beide Bedingungen wahr wären, so dass die beiden Sequenzflüssen nicht mehr exklusiv wären.

Im unteren Teil von Abbildung 34 wäre dies ohne weiteres erlaubt. Die exklusive Verzweigung würde so zur inklusiven Verzweigung. Letztlich handelt es sich bei der Verwendung bedingter Sequenzflüsse an Aktivitäten also immer um die Logik von inklusiven Gateways. Schließlich kann man auch an inklusiven Gateways sich gegenseitig ausschließende Bedingungen verwenden und hierdurch exklusive Verzweigungen erstellen. Allerdings erkennt man die Exklusivität der Verzweigung im Modell nicht so deutlich, da man erst die Bedingungen untersuchen muss. Das grafische Modell verliert also an Aussagekraft, Modellierungsfehler werden leichter übersehen. Das gilt somit auch für die Modellierung mit bedingten Sequenzflüssen, da es eine exakt gleichbedeutende Darstellung zum exklusiven Gateway nicht gibt.

Auch bei der Verwendung bedingter Sequenzflüsse an Aktivitäten kann einer der Sequenzflüsse als Standardfluss („Default"-Fluss) gekennzeichnet werden. Er wird automatisch gewählt, wenn keine Bedingung der anderen Sequenzflüsse zutrifft (vgl. Abbildung 35).

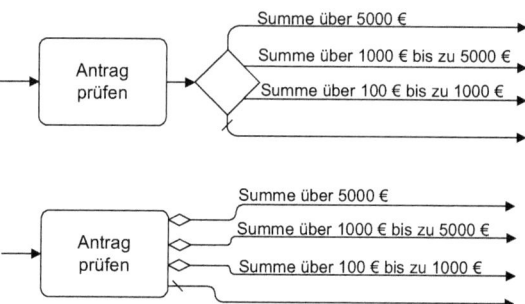

Abbildung 35: Standard-Sequenzfluss beim Gateway und bei der Aktivität

Gehen zwei oder mehr gewöhnliche Sequenzflüsse ohne Bedingungsraute aus einer Aktivität heraus, so werden nach Abschluss der Aktivität alle ausgehenden Sequenzflüsse aktiviert. Es wird also für jeden Ausgang eine Marke erzeugt. Dies ist somit gleichbedeutend mit der Verwendung eines parallelen Gateways. Abbildung 36 zeigt die gleiche parallele Verzweigung einmal mit und einmal ohne Gateway.

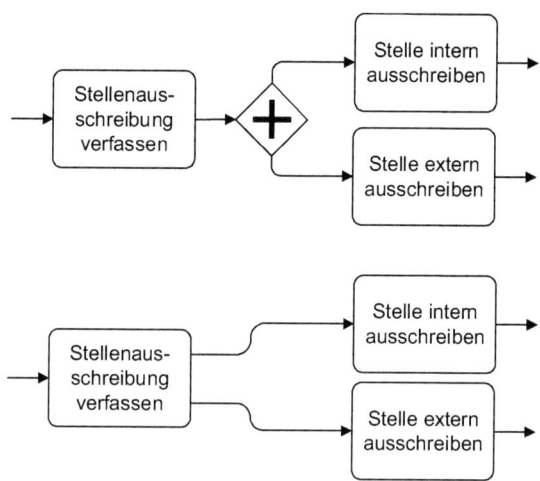

Abbildung 36: Parallele Verzweigung mit und ohne Gateway

Man kann gewöhnliche und bedingte Sequenzflüsse auch gemeinsam aus einer Aktivität herausgehen lassen. Über die Sequenzflüsse ohne Bedingungsraute wird dann immer eine Marke ausgegeben – über die anderen nur, wenn deren Bedingungen wahr sind. Falls auch noch einer der Ausgänge als Standardfluss markiert ist, erhält dieser eine Marke, wenn keiner der bedingten Sequenzflüsse gewählt ist. Die Sequenzflüsse ohne Bedingungen, die immer Marken erhalten, spielen für den Standardausgang keine Rolle.

4.2 Zusammenführungen ohne Gateways

Die Zusammenführung alternativer Pfade kann ebenfalls ohne Gateway modelliert werden. Im unteren Teil der Abbildung 37 ist neben der Verzweigung auch der zusammenführende exklusive Gateway ersetzt worden. Hierbei gehen die alternativen Sequenzflüsse direkt in die Folge-Aktivität ein. Jede einzelne Marke, die über einen beliebigen Eingang an eine Aktivität gelangt, wird von dieser Aktivität direkt verarbeitet. Es wird also nicht auf andere Marken gewartet, und es findet auch keine Verschmelzung von Marken statt. Dieses Verhalten eignet sich damit für die Zusammenführung exklusiver Sequenzflüsse, wo ja nur jeweils über einen Sequenzfluss eine Marke ankommen kann.

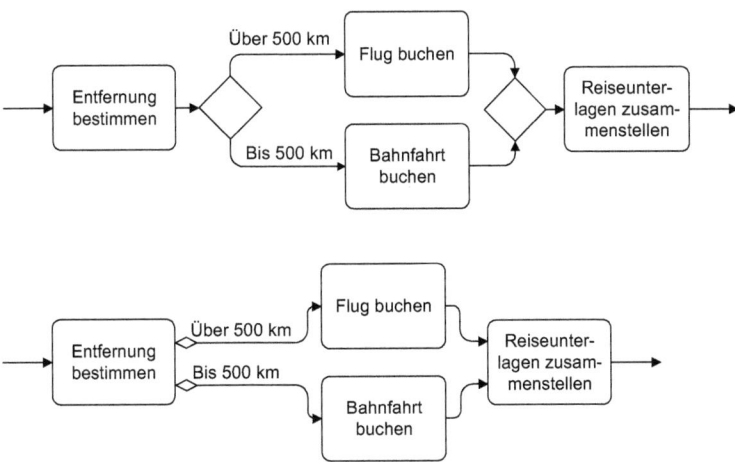

Abbildung 37: Zusammenführung exklusiver Pfade mit und ohne Gateway

Selbstverständlich lassen sich Verzweigungen und Zusammenführungen mit und ohne Gateway auch miteinander kombinieren. Man kann also z. B. mehrere bedingte Sequenzflüsse ohne Gateway aus einer Aktivität herausführen und diese später wieder mit einem exklusiven Gateway zusammenführen (vgl. Abbildung 38, oben). Hierbei muss man darauf achten, dass sich die an den bedingten Sequenzflüssen formulierten Bedingungen gegenseitig ausschließen, so dass tatsächlich immer nur einer einzige Marke am exklusiven Gateway ankommen kann. Ebenso können Sequenzflüsse, die einem verzweigenden exklusiven Gateway entstammen, ohne Gateway zusammengeführt werden (vgl. Abbildung 38, unten).

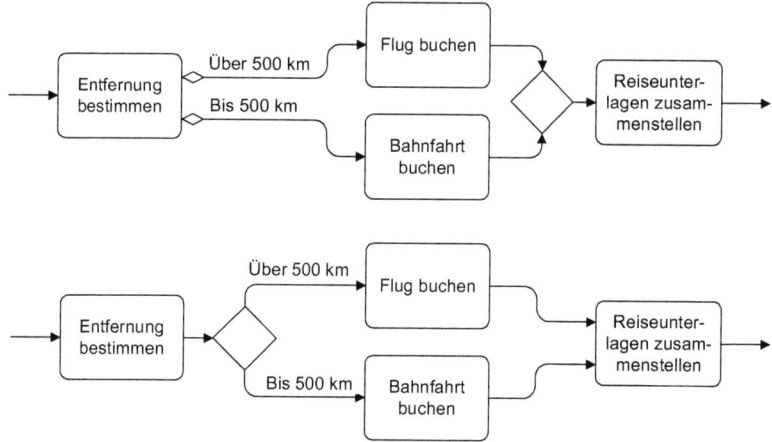

Abbildung 38: Verzweigung und Zusammenführung mit und ohne Gateway kombiniert

Die Zusammenführung nicht-exklusiver Pfade kann hingegen nicht ohne Gateway modelliert werden. Die Modellierung gemäß Abbildung 39 ist nicht korrekt. Wird die Aktivität „Stellenausschreibung verfassen" beendet, so gibt sie wie ein paralleler Gateway zwei zusammengehörige Marken aus, eine pro ausgehendem Sequenzfluss.

Die Zusammenführung an der Aktivität „Bewerber auswählen" verhält sich jedoch wie oben beschrieben: Jedes Mal, wenn eine Marke eintrifft, wird die Aktivität „Bewerber auswählen" ausgeführt. Insgesamt wird diese Aktivität also zweimal durchgeführt: Einmal beim Eintreffen der Marke vom oberen Sequenzfluss, das andere Mal, wenn die Marke vom unteren Sequenzfluss ankommt.

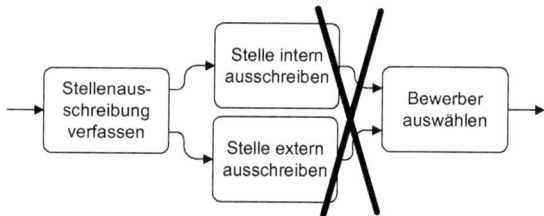

Abbildung 39: Nicht-exklusive Pfade können nicht ohne Gateway zusammengeführt werden.

Damit ergibt sich ein Verhalten wie in Abbildung 40 gezeigt. Hier passiert im oberen und im unteren Modell das Gleiche: Sowohl nach Abschluss der Aktivität „Stelle intern ausschreiben" als auch nach Abschluss der parallel durchgeführten Aktivität „Stelle extern ausschreiben" wird die Aktivität „Bewerber auswählen" gestartet. Dies entspricht also nicht der Zusammenführung durch einen parallelen oder inklusiven Gateway, der auf alle zusammengehörenden Marken wartet, und sie anschließend zu einer einzigen Marke verschmilzt, so dass die Folge-Aktivität „Bewerber auswählen" nur einmal ausgeführt wird.

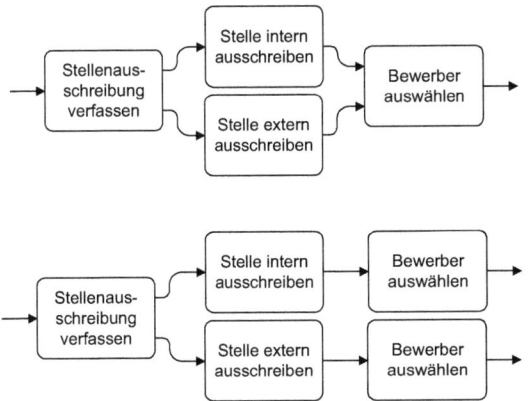

Abbildung 40: Wenn mehrere nicht-exklusive Pfade in eine Aktivität münden, wird diese mehrfach aktiviert.

In speziellen Fällen mag das Verhalten gemäß Abbildung 40 gewünscht sein. Dann könnte man aus Vereinfachungsgründen die obere Darstellung wählen. Es läuft dann jede Marke für sich bis zum Endereignis. Im Gegensatz zur unteren Darstellung, wo später noch ein zusammenführender Gateway folgen könnte, ist es im oberen Fall nämlich nicht mehr so einfach möglich, die beiden zusammengehörenden Marken wieder miteinander zu verschmelzen. Der Anwendungsbereich für eine Modellierung gemäß der oberen Darstellung wird also recht beschränkt sein.

Die normale Zusammenführung paralleler Pfade mit Verschmelzung der Marken muss somit – unabhängig davon, ob sie aus einem parallelen Gateway oder aus einer Aktivität mit mehreren Ausgängen entstanden sind – durch einen parallelen oder einen inklusiven Gateway erfolgen (vgl. Abbildung 41). Allerdings ist aus Gründen der besseren Verständlichkeit der parallele Gateway vorzuziehen, da bei diesem unmittelbar klar ist, dass immer über jeden eingehenden Sequenzfluss eine Marke kommen muss.

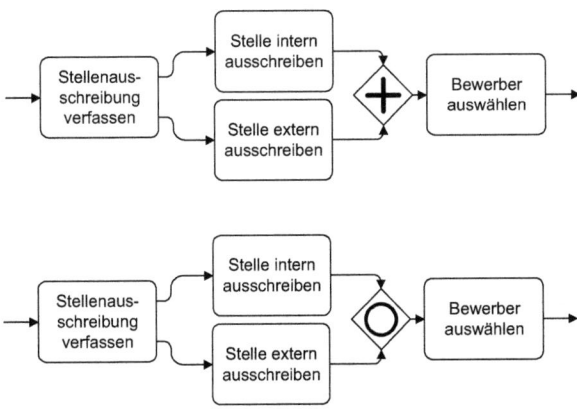

Abbildung 41: Korrekte Zusammenführung paralleler Pfade

Nicht-exklusive Pfade entstehen auch durch inklusive Verzweigungen. Diese können außer durch verzweigende inklusive Gateways auch dadurch modelliert werden, dass mehrere bedingte Sequenzflüsse aus einer Aktivität herausführen, und sich die Bedingungen nicht gegenseitig ausschließen.

Auch die inklusiven Pfade in Abbildung 42 können nicht ohne Gateway zusammengeführt werden (es sei denn, es wird wie oben eine Mehrfachaktivierung der Folgeaktivität gewünscht), da hier ebenfalls mehr als eine Marke an der Zusammenführung ankommen kann. In diesem Fall kann ausschließlich ein zusammenführender inklusiver Gateway verwendet werden.

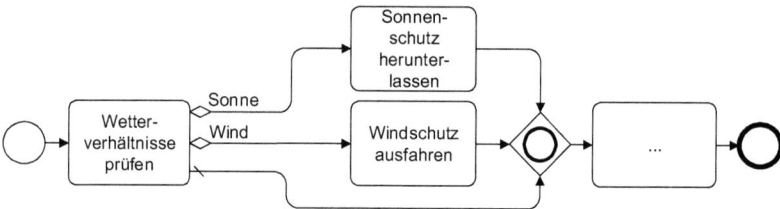

Abbildung 42: Die Zusammenführung inklusiver Pfade erfordert einen inklusiven Gateway.

Das Verhalten bei mehreren aus einer Aktivität ausgehenden Sequenzflüssen und das bei mehreren in eine Aktivität eingehenden Sequenzflüssen ist *nicht* symmetrisch: Gehen mehrere Pfade ohne Bedingungen heraus, so entstehen hierdurch parallele Pfade, es werden mehrere zusammengehörende Marken weitergeleitet (Abbildung 43, links). Dies entspricht einem parallelen Gateway. Gehen hingegen mehrere Pfade hinein, so müssen diese Pfade exklusiv sein, d. h. es darf immer nur über einen Sequenzfluss eine Marke eingehen. Dies entspricht einem exklusiven Gateway.

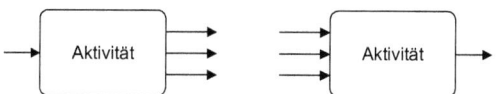

Abbildung 43: Mehrere Ausgänge aus einer Aktivität definieren parallele Pfade, mehrere Eingänge in eine Aktivität führen exklusive Pfade zusammen.

Diese Asymmetrie ist nicht intuitiv, das Modell aus Abbildung 39 sieht für den unbedarften Betrachter an und für sich ganz plausibel aus. Man muss sich die unterschiedlichen Bedeutungen der Verzweigung und der Zusammenführung bewusst machen, um Modellierungsfehler zu vermeiden.

4.3 Modellieren mit oder ohne Gateways?

Da sich Verzweigungen und manche Zusammenführungen auf zweierlei Weise modellieren lassen, muss man sich entscheiden, welche Darstellungsmöglichkeit verwendet werden soll: mit oder ohne Gateways?

Ganz ohne Gateways geht es nicht. Denn einerseits müssen nicht-exklusive Pfade im Normalfall über Gateways zusammengeführt werden, andererseits wird ein Gateway häufig auch vor oder nach anderen Gateways benötigt (vgl. Abbildung 44).

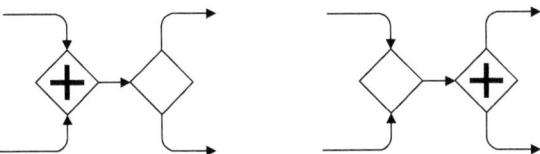

Abbildung 44: Folgt auf eine Zusammenführung direkt eine Verzweigung eines anderen Typs, so kann nicht auf Gateways verzichtet werden.

Durch einen weitgehenden Verzicht auf Gateways wird eine kompaktere, platzsparendere Darstellung erreicht. Je nach zu modellierendem Sachverhalt kann die direkte Verzweigung aus einer Aktivität heraus auch als natürlichere Darstellung angesehen werden. Handelt es sich wie in Abbildung 45 um eine Entscheidungsaktivität, so ist es naheliegend, die als Ergebnis der Entscheidung einzuschlagenden Sequenzflüsse direkt aus der Aktivität herausgehen zu lassen. Wird die Verzweigung hingegen separat mit Hilfe eines Gateways dargestellt, so ist sie optisch von der Entscheidungsaktivität getrennt. Die Entscheidungsaktivität liefert in diesem Fall ein Ergebnis, das erst anschließend ausgewertet und zur Auswahl eines oder mehrerer Sequenzflüsse verwendet wird.

Im Falle eines automatisierten Prozesses ruft die Process Engine eine Funktion auf, erhält von dieser einen Wert zurück und wählt anschließend den richtigen Sequenzfluss aus. Hier passt die Trennung von Aktivität und Verzweigung, da es mit der Process Engine eine steuernde Einheit gibt, die die Prozesslogik unabhängig von den aufgerufenen Funktionen abarbeitet. Wird keine Process Engine verwendet, so ist die Entscheidungsaktivität hingegen häufig eng mit der tatsächlichen Prozess-Steuerung verknüpft. So kann beispielsweise direkt eine Folge-Aktivität aufgerufen werden, oder der Entscheider gibt den Vorgang je nach Ergebnis seiner Entscheidung an unterschiedliche Personen weiter.

Geht es bei der vorangehenden Aktivität nicht darum, eine Entscheidung zu treffen, sondern nur z. B. um eine Preisermittlung, so passt die Darstellung mit Gateway besser. Die Aktivität liefert ein Ergebnis (z. B. einen Preis). Am folgenden Gateway kann nun

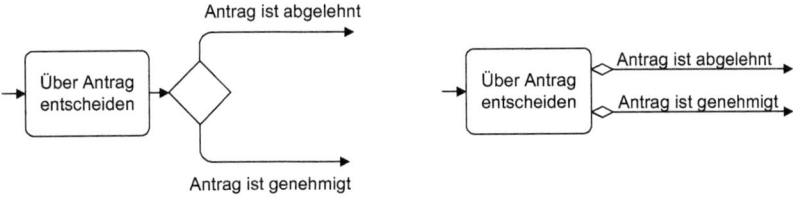

Abbildung 45: Verschiedene Möglichkeiten zur Modellierung von Entscheidungen

auf Basis dieses Preises ein Sequenzfluss ausgewählt werden, wobei die Bedingungen (z. B. Überschreiten einer gewissen Summe) völlig unabhängig von der vorangehenden Aktivität sind (vgl. Abbildung 46). Bei einer Entscheidungsaktivität hingegen entsprechen die Bedingungen an den ausgehenden Sequenzflüssen typischerweise den möglichen Ergebnissen der Entscheidung (z. B. „Zustimmung" oder „Ablehnung").

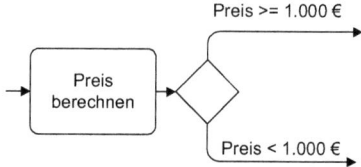

Abbildung 46: Die Berechnungs-Aktivität liefert ein Ergebnis, das anschließend am Gateway ausgewertet wird.

Die Unterscheidung in Entscheidungsaktivitäten und andere Aktivitäten ist eine rein inhaltliche, über die sich trefflich diskutieren lässt. Die BPMN als solche macht diese Unterscheidung nicht. Ob man eine derartige Unterscheidung treffen und die betreffenden Verzweigungen unterschiedlich modellieren möchte, ist eine Frage des Modellierungsstils. Ggf. können derartige Festlegungen in Modellierungskonventionen getroffen werden.

Da es nicht möglich ist, komplett auf Gateways zu verzichten, ergibt sich bei direkt an den Aktivitäten modellierten Verzweigungen und Zusammenführungen oftmals eine asymmetrische Darstellung. Insbesondere bei nicht-exklusiven Pfaden muss eine Verzweigung ohne Gateway am Ende mit einem Gateway zusammengeführt werden, wie in Abbildung 41 dargestellt. Auch eine Zusammenführung exklusiver Pfade ohne Gateway erfordert einen Gateway an der Verzweigung, wenn diese z. B. auf ein Ereignis oder einen anderen Gateway folgt (Abbildung 47).

Die einander entsprechenden Verzweigungen und Zusammenführungen lassen sich leichter erkennen, wenn die gleichen Gateway-Typen symmetrisch verwendet werden. Auch bei komplexeren Fällen, in denen mehrere Gateways kombiniert werden, hilft die symmetrische Verwendung von Gateways beim Verständnis der Logik des Ablaufs (Abbildung 48 und Abbildung 49).

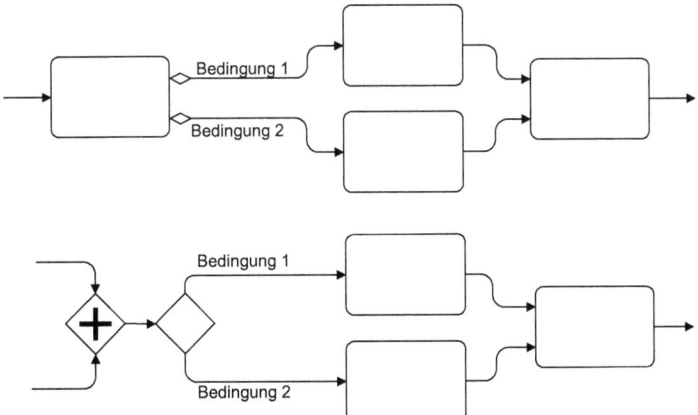

Abbildung 47: Verzweigung und Zusammenführung symmetrisch, beide ohne Gateway (oben). Im unteren Fall ist dies nicht möglich, da keine Aktivität, sondern ein anderer Gateway vorausgeht.

Hinzu kommt die größere Ausdruckskraft der verwendeten Gateway-Typen. Verwendet man einen exklusiven Gateway, so weist man damit ausdrücklich darauf hin, dass immer nur genau ein Sequenzfluss gewählt werden darf. Schließen sich die Bedingungen an den ausgehenden Sequenzflüssen gegenseitig nicht aus, oder können Fälle eintreten, in denen keine Bedingung wahr wird, so ist dies ein klarer Modellierungsfehler.

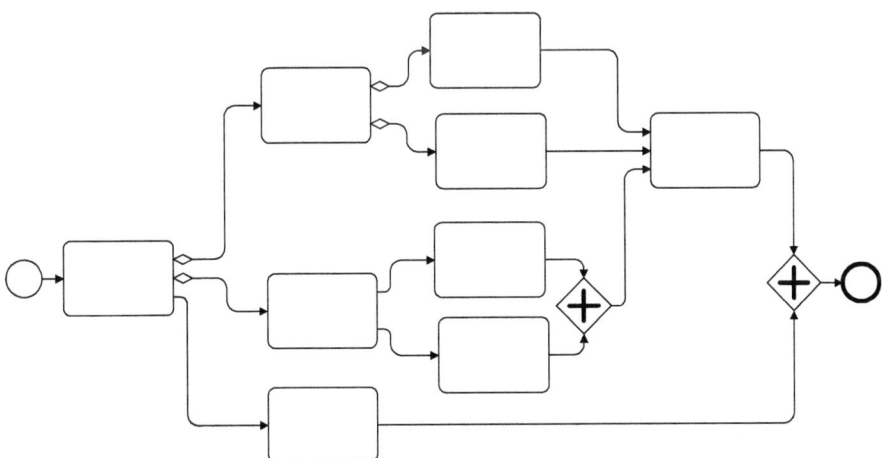

Abbildung 48: Ein komplexeres Beispiel, bei dem soweit wie möglich auf Gateways verzichtet wurde.

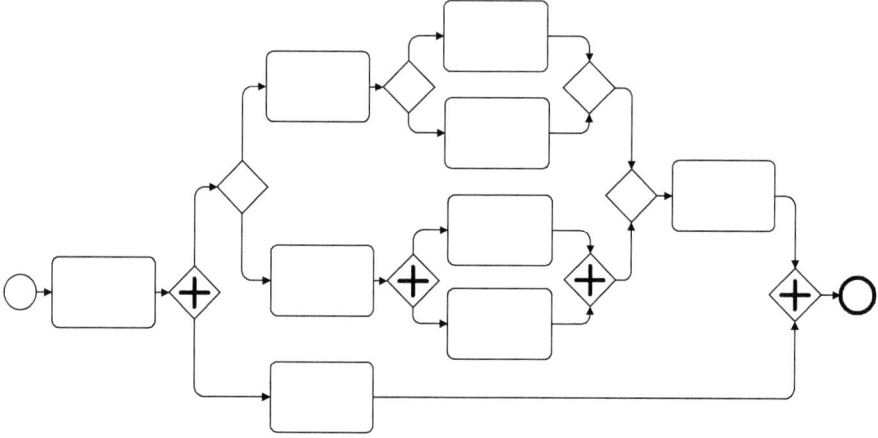

Abbildung 49: Die symmetrische Verwendung von Gateways erleichtert das Verständnis der Sequenzflusslogik.

Wird eine exklusive Verzweigung hingegen direkt an einer Aktivität mit Hilfe bedingter Sequenzflüsse modelliert, so ist es nicht so leicht zu erkennen, dass immer nur genau ein Pfad gewählt wird. Dies findet man nur heraus, indem man die Bedingungen an den Sequenzflüssen untersucht. Wurden diese entgegen der eigentlichen Absicht versehentlich so gewählt, dass sie sich nicht für jeden Fall ausschließen, lässt sich dieser inhaltliche Fehler schwerer entdecken, da es sich um keinen Verstoß gegen die BPMN-Regeln handelt.

So handelt es sich im rechten Fall von Abbildung 50 um einen klaren Fehler: Für Kinder zwischen 12 und 14 Jahren sind beide Bedingungen wahr. Dies ist beim exklusiven Gateway nicht erlaubt. Im linken Fall ist dies nicht verboten, weshalb das linke Modell formal korrekt ist. Inhaltlich ist es natürlich genauso wenig sinnvoll wie das rechte.

Letztlich muss man selbst entscheiden wie man mit den verschiedenen Möglichkeiten der Modellierungen von Verzweigungen und Zusammenführungen umgeht. Es sollte durch geeignete Modellierungskonventionen eine möglichst einheitliche Darstellung innerhalb eines Projektes oder Unternehmens angestrebt werden.

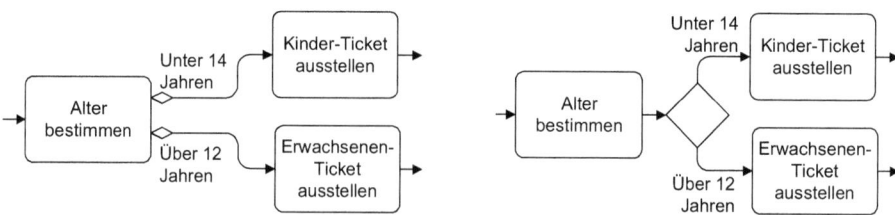

Abbildung 50: Höhere Ausdruckskraft der Modellierung mit Gateway: Im rechten Fall ist die Verwendung sich nicht ausschließender Bedingungen ein Modellierungsfehler.

5 Zusammenarbeit in Kollaborationen

Eine Besonderheit der BPMN gegenüber anderen grafischen Modellierungs-Notationen ist die Möglichkeit zur Darstellung von Kollaborationen. Eine Kollaboration (engl. „Collaboration") ist das aufeinander abgestimmte Zusammenspiel von zwei oder mehr Prozessen, die keiner zentralen Steuerung unterliegen und mittels Nachrichtenaustausch kommunizieren.

Dieses Zusammenspiel wird auch als Choreographie bezeichnet. Zur BPMN gehört auch ein spezieller Diagrammtyp „Choreographiediagramm". Darin wird das Zusammenspiel mehrerer Partner in einer anderen Form dargestellt. Um die verschiedenen Darstellungsarten klar zu unterscheiden, wird im Folgenden stets von Kollaborationen die Rede sein. Choreographiediagramme werden in Kap. 11 vorgestellt.

Kollaborationsdiagramme sind insbesondere nützlich um die Zusammenarbeit zwischen verschiedenen Unternehmen zu beschreiben. So handelt es sich etwa bei dem Bestellprozess eines Unternehmens und dem Auftragsbearbeitungsprozess seines Lieferanten um zwei eigenständige Prozesse. Die beiden Prozesse sind jedoch miteinander verknüpft. So wird im Bestellprozess eine Bestellung versandt, die beim Lieferanten den Auftragsbearbeitungsprozess anstößt. In diesem Prozess wird dann u. a. eine Auftragsbestätigung versandt, die wiederum im Bestellprozess des bestellenden Unternehmens verarbeitet wird, usw.

Die Modellierung von Kollaborationen erfolgt mit Hilfe von zwei oder mehr Pools. Innerhalb jedes Pools läuft ein Prozess ab. Zwischen diesen Prozessen werden Nachrichtenflüsse modelliert. Da ein Pool nicht nur ein Unternehmen repräsentieren kann, sondern auch z. B. ein Computerprogramm oder ein technisches System, muss es sich auch nicht unbedingt um eine unternehmensübergreifende Kollaboration handeln. Man kann beispielsweise auch eine Kollaboration modellieren, in der mehrere getrennt voneinander ablaufende Computerprogramme Daten miteinander austauschen.

5.1 Beispiel für eine Kollaboration

Abbildung 51 zeigt ein Beispiel für die Modellierung einer Kollaboration. Es wird der Ablauf einer Bewerbung im Zusammenspiel zwischen Bewerber und Unternehmen dargestellt.

Für Bewerber und Unternehmen wurden separate Pools verwendet. Damit wird ausgedrückt, dass die beiden Teilnehmer an der Kollaboration unabhängig voneinander sind. Weder kann der Bewerber beeinflussen, wie der Prozess der Bewerberauswahl in dem Unternehmen durchgeführt wird, noch hat das Unternehmen Einfluss darauf, wie der Bewerber seine Bewerbung und die darauffolgenden Schritte durchführt. Ebenso wenig

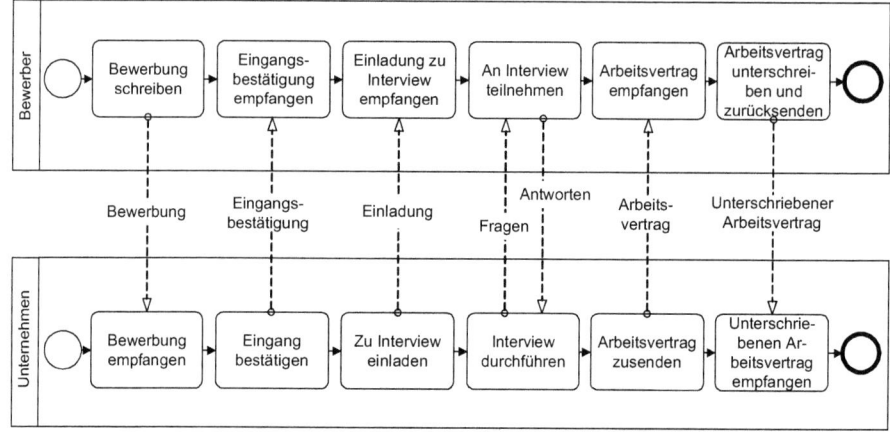

Abbildung 51: Beispiel für ein Kollaborationsdiagramm

gibt es eine übergeordnete Instanz, die den Gesamtablauf über die beiden Teilnehmer hinweg festlegen und steuern würde.

In jedem Pool ist daher ein kompletter Prozess mit Start- und Endereignis, Aktivitäten und Sequenzfluss modelliert. Dennoch sind die Prozesse nicht völlig unabhängig voneinander, da zwischen ihnen ein Austausch von Nachrichten erfolgt. Im Rahmen der Aktivität „Bewerbung schreiben" sendet der Bewerber eine Nachricht in Form seiner Bewerbung an das Unternehmen. Dieses nimmt die Bewerbung in der Aktivität „Bewerbung empfangen" entgegen. Anschließend folgt die Aktivität „Eingang bestätigen", die eine Nachricht mit einer Eingangsbestätigung an den Bewerber verschickt.

Beim Bewerber folgt auf „Bewerbung schreiben" die Aktivität „Eingangsbestätigung empfangen". Zu dieser ist ein eingehender Nachrichtenfluss modelliert. Die Aktivität kann somit erst dann komplett durchgeführt und abgeschlossen werden, wenn die Nachricht mit der Eingangsbestätigung eingetroffen ist.

Solange keine Eingangsbestätigung ankommt, bleibt der Prozess auf Bewerberseite stehen und wartet. Dies ist eigentlich ungünstig, denn falls etwa eine Einladung zu einem Bewerbungsgespräch ohne vorherige Eingangsbestätigung eintrifft, kann der modellierte Prozess diese nicht verarbeiten, da er noch auf eine Eingangsbestätigung wartet. Ein sinnvollerer Prozess würde auch diese Möglichkeit korrekt verarbeiten. Aus Vereinfachungsgründen wurden dieser Fall sowie eine Reihe von anderen möglichen Fällen, wie z. B. eine Absage durch das Unternehmen, in Abbildung 51 nicht mit aufgenommen.

Im Gegensatz zu dem in Kapitel 2 als einführendes Beispiel verwendeten Prozess einer Stellenausschreibung (Abbildung 1) sind in Abbildung 51 als Beschriftungen der Pools nicht die Bezeichnungen der enthaltenen Prozesse, sondern die Rollen der jeweiligen Partner eingetragen. Dies ist typisch für Kollaborationsdiagramme. Im betrachteten Fall sind beide Partner, Bewerber und Unternehmen, gleichwertig dargestellt. Das Diagramm könnte sowohl aus Sicht des Bewerbers als auch aus Sicht des Unternehmens erstellt worden sein.

In der Praxis werden Kollaborationsdiagramme jedoch häufig von einem der Partner erstellt. In diesem Fall wird oft im eigenen Pool die Bezeichnung des Prozesses eingetragen. Die anderen Pools erhalten die Bezeichnungen der Partner-Rollen. Damit wird dann einerseits klar, um welchen Prozess es sich handelt, und andererseits, was im Rahmen dieses Prozesses mit welchen Partnern passiert. Wird das betrachtete Kollaborationsdiagramm vom einstellenden Unternehmen erstellt, so könnte dieses seinen eigenen Pool mit dem Namen des Prozesses „Mitarbeiter einstellen" bezeichnen (Abbildung 52).

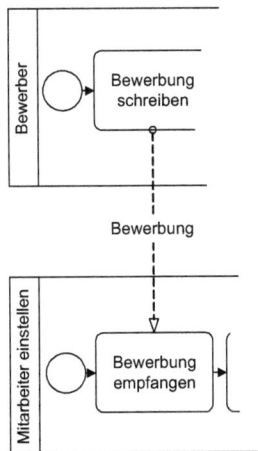

Abbildung 52: Bezeichnung des eigenen Pools mit dem Namen des Prozesses (unten)

Oftmals wird auch der Pool des eigenen Prozesses gar nicht eingezeichnet (Abbildung 53). In einem Kollaborationsdiagramm darf es maximal einen solchen impliziten Pool geben.

5.2 Modellierung von Nachrichtenflüssen

Ein Nachrichtenfluss kann für jede beliebige Art von Informationsaustausch stehen. Beispiele sind das Versenden einer E-Mail, eines Faxes bzw. eines Briefs, oder ein Anruf. Nachrichten können auch mit physischen Objekten verbunden sein. So kann etwa eine Warenlieferung ebenfalls als Nachrichtenfluss im Rahmen einer Kollaboration modelliert werden. Es kann auch jede Art von elektronischem Datenaustausch als Nachrichtenfluss dargestellt werden, beispielsweise das Herunterladen einer Datei oder der Aufruf einer von einem anderen System bereitgestellten Funktion, z. B. über einen Web Service.

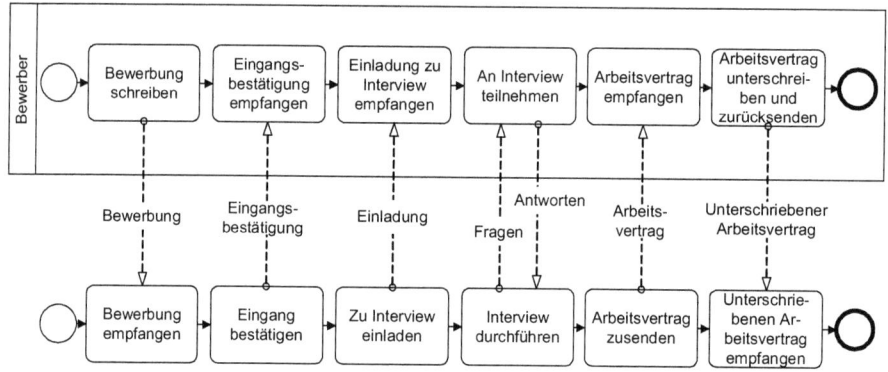

Abbildung 53: Der eigene Prozess befindet sich in einem impliziten, nicht eingezeichneten Pool.

Nachrichtenflüsse werden im Gegensatz zu den durchgezogen gezeichneten Sequenzflüssen mit gestrichelten Linien dargestellt. Der Beginn ist mit einem kleinen Kreis gekennzeichnet, die Pfeilspitze nicht ausgefüllt. Sie dienen in der BPMN ausschließlich der Kommunikation zwischen eigenständigen Prozessen, die sich in unterschiedlichen Pools befinden. Von daher sind Nachrichtenflüsse immer nur zwischen verschiedenen Pools erlaubt, nicht aber innerhalb eines Pools (Abbildung 54).

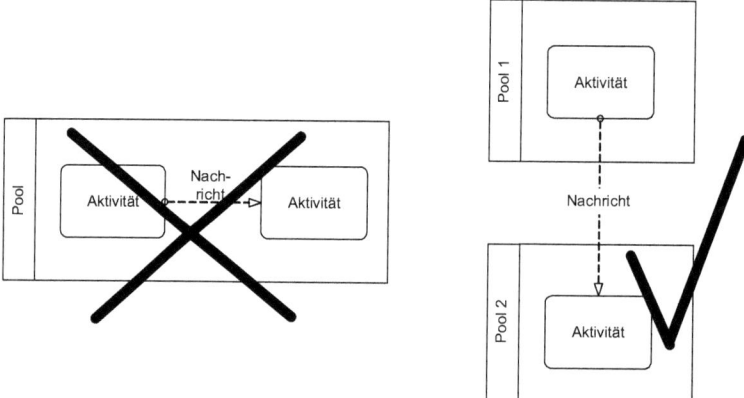

Abbildung 54: Nachrichtenflüsse sind nur zwischen Pools erlaubt, nicht innerhalb eines Pools.

Sequenzflüsse hingegen werden zur Darstellung des Ablaufs im Rahmen eines eigenständigen Prozesses und damit stets innerhalb eines Pools verwendet. Sequenzflüsse dürfen daher niemals Pool-Grenzen überschreiten (Abbildung 55).

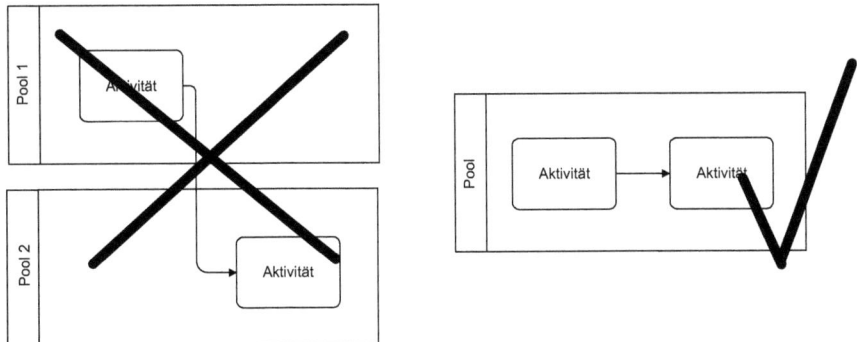

Abbildung 55: Sequenzflüsse sind nur innerhalb eines Pools erlaubt, nicht zwischen Pools.

Bahnen sind Unterteilungen von Pools. Aus BPMN-Sicht haben diese eher informativen Charakter, d. h. sie beeinflussen die modellierte Ablauflogik nicht. Entsprechend können Sequenzflüsse die Grenzen zwischen Bahnen überqueren. Ein Nachrichtenfluss zwischen verschiedenen Bahnen eines Pools ist hingegen nicht möglich, da Beginn und Ende eines Nachrichtenflusses in verschiedenen Pools liegen müssen (Abbildung 56).

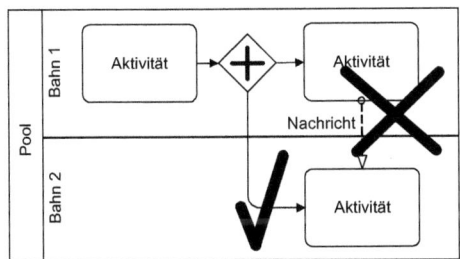

Abbildung 56: Sequenzflüsse können die Grenzen von Bahnen innerhalb eines Pools überqueren. Der Nachrichtenfluss rechts befindet sich jedoch nach wie vor innerhalb eines Pools und ist daher nicht erlaubt.

Korrekt modellierte Nachrichtenflüsse, d. h. Nachrichtenflüsse zwischen verschiedenen Pools, können ohne weiteres die Grenzen zwischen Bahnen überschreiten. Beispiele hierfür sind in Abbildung 57 gezeigt.

5.3   Nachrichtenflüsse zu Pools ohne Prozessdarstellung

Die Darstellung der Kollaboration in Abbildung 51 zeigt die internen Prozesse beider beteiligten Partner. Oftmals sind aber nur die internen Abläufe des eigenen Unternehmens bekannt, nicht hingegen die eines Geschäftspartners. Was aber bekannt ist, sind die mit diesem Geschäftspartner im Rahmen des Prozesses auszutauschenden Nachrichten.

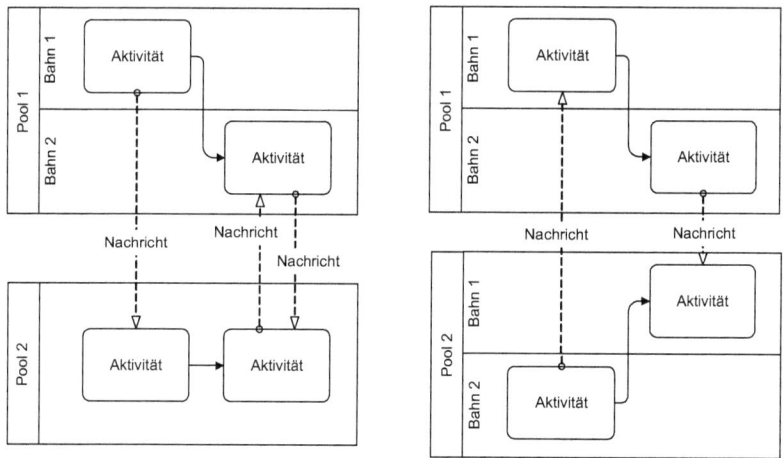

Abbildung 57: Nachrichtenflüsse können die Grenzen von Bahnen überqueren, müssen dabei aber immer auch zu einem anderen Pool führen.

In einem solchen Fall wird ein Black Box-Pool ohne den Prozess verwendet. Die Nachrichtenflüsse beginnen und enden dann einfach am Rand des Pools (Abbildung 58).

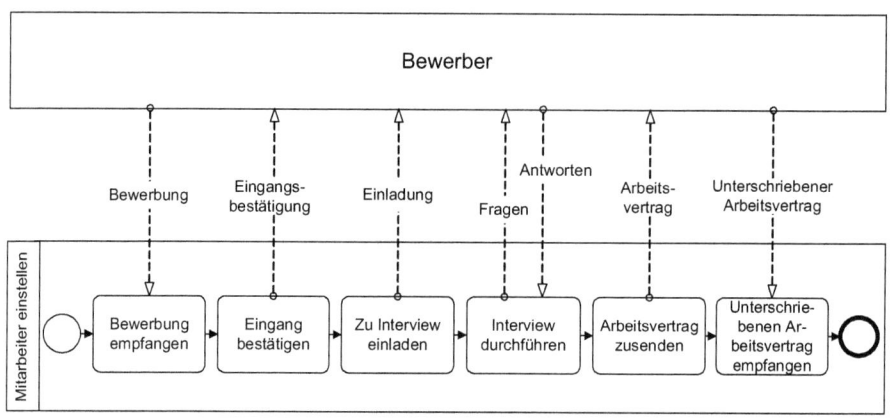

Abbildung 58: Nachrichtenflüsse zu einem Pool ohne Modellierung seiner Interna

Falls überhaupt nur die auszutauschenden Nachrichten in ihrer Reihenfolge interessieren, so können wie in Abbildung 59 auch beide Pools als Black Box-Pools dargestellt werden. Auf diese Weise lässt sich das Austauschprotokoll der Kollaboration dokumentieren. Der Inhalt dieses Protokolls ist das, auf was sich beide Geschäftspartner einigen müssen, damit der gemeinsame Ablauf funktioniert. In diesem Beispiel wurden die Pools beide mit den Bezeichnungen der Partner beschriftet, da das Modell anders als das in Abbildung 58 nicht die spezielle Sicht eines Partners repräsentiert.

54

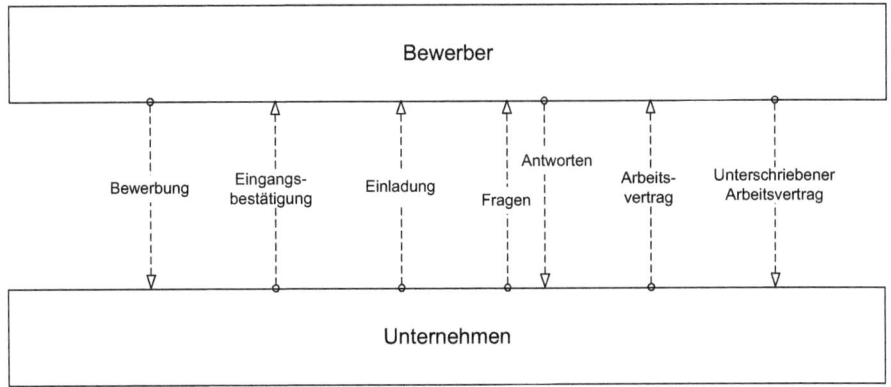

Abbildung 59: Hier ist nur der Nachrichtenaustausch modelliert.

Fragt ein Stellensuchender bei dem Unternehmen an, wie die Bewerbung abläuft, so wird man ihm den Inhalt des Diagramms aus Abbildung 59 erläutern: Dass er zunächst eine Bewerbung schicken muss, anschließend eine Eingangsbestätigung erhält usw. Das Protokoll des Nachrichtenaustausches stellt somit die Schnittstelle des Unternehmens zum Bewerber im Rahmen des Bewerbungsprozesses dar.

Allerdings lassen sich auf diese Weise keine komplexeren Zusammenhänge bzgl. des Nachrichtenaustausches darstellen. So könnte man beispielsweise nicht ausdrücken, dass der Bewerber nach der Eingangsbestätigung entweder eine Einladung oder eine Absage erhält, und die Fragen und Antworten des Bewerbungsgesprächs nur dann ausgetauscht werden, wenn vorher eine Einladung versandt wurde. Derartige Sachverhalte lassen sich mit Hilfe von Choreographiediagrammen modellieren (siehe Kapitel 11).

5.4 Private und öffentliche Prozesse

Im Rahmen einer Kollaborationen ist es häufig sinnvoll, seinem Partner nicht nur eine Black Box-Darstellung des eigenen Prozesses zur Verfügung zu stellen, sondern ihm die Prozesse soweit offenzulegen, wie es für die Zusammenarbeit erforderlich ist. So kann der Geschäftspartner den Sequenzfluss ansehen und somit z. B. auch erkennen, dass eine bestimmte Nachricht nur unter gewissen Bedingungen versandt wird.

Enthält der Prozess Details, die für den Geschäftspartner nicht von Bedeutung sind, oder die das Unternehmen geheim halten möchte, so gibt es auch die Möglichkeit, lediglich eine vereinfachte Sicht auf den Prozess darzustellen. Diese vereinfachte Abbildung des Prozesses, wie er sich für Geschäftspartner darstellt, wird auch als öffentlicher Prozess (engl. „Public Process") bezeichnet. Entsprechend wird der interne Prozess mit allen Details auch privater Prozess (engl. „Private Process") genannt.

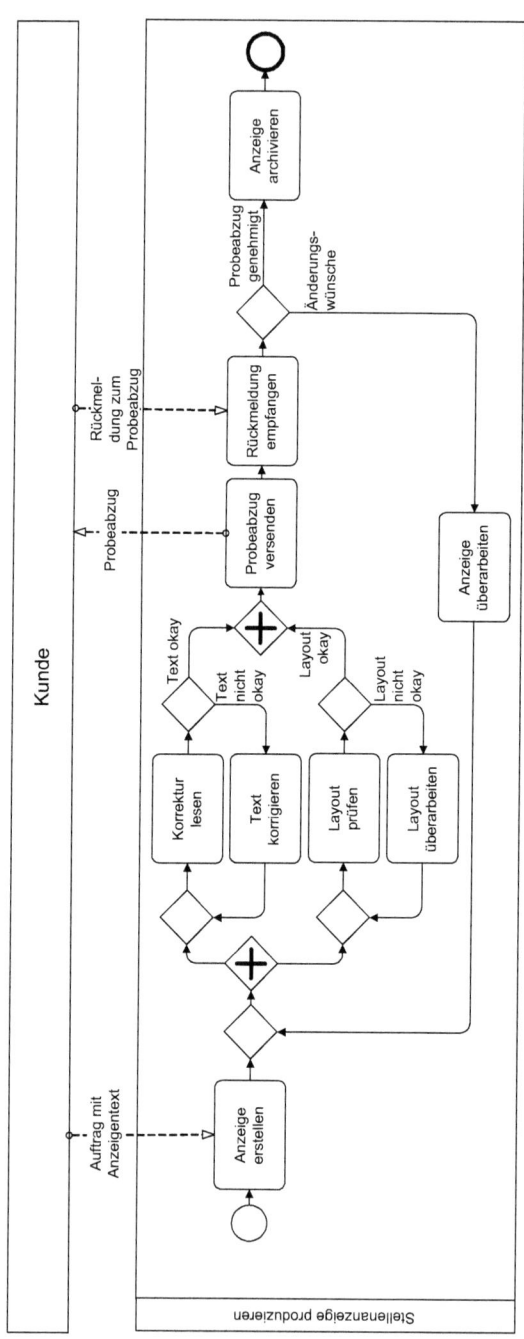

Abbildung 60: Beispiel für einen privaten Prozess

Abbildung 60 zeigt ein Beispiel für einen privaten Prozess. Hier wird im Detail darge-stellt, wie eine Agentur eine Stellenanzeige produziert und welche Nachrichten dabei mit dem Kunden ausgetauscht werden.

Hierbei gibt es eine Reihe von Aktivitäten und Schleifen, die im Detail für den Kunden nicht interessant sind, wie z. B. das evtl. mehrfache Prüfen und Überarbeiten von Text und Layout sowie das Archivieren der Anzeige.

Was ihn hingegen interessiert, sind die auszutauschenden Nachrichten. Würde man al-lerdings nur den reinen Nachrichtenaustausch ohne den Prozess darstellen, so würde man nicht sehen, dass auf die Rückmeldung zum Probeabzug ggf. ein neuer Probeabzug versandt wird, zu dem wiederum eine Rückmeldung vom Kunden erwartet wird, usw.

Der in Abbildung 61 gezeigte öffentliche Prozess verzichtet auf die für den Kunden un-interessanten Details und stellt lediglich die Aktivitäten dar, die die Kollaboration be-einflussen. Es handelt sich somit um die Sicht des Kunden auf den Prozess aus Abbil-dung 60.

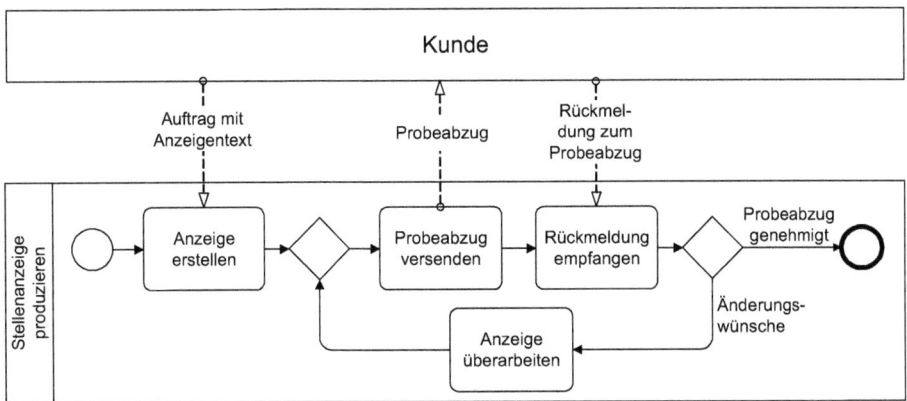

Abbildung 61: Der öffentliche Prozess zum privaten Prozess aus Abbildung 60

Für die Erstellung eines öffentlichen Prozesses aus einem privaten Prozess (oder umge-kehrt) sind keine genauen Regeln definiert. Lediglich das externe Verhalten bzgl. des Nachrichtenaustauschs von öffentlichem und privatem Prozess muss gleich sein.

Typische Aktionen beim Übergang von einem privaten zu einem öffentlichen Prozess sind die Zusammenfassung mehrerer Modellelemente zu aggregierten Aktivitäten so-wie das Entfernen von nicht benötigten Elementen. So wurden im obigen Beispiel bei der Ableitung des öffentlichen Prozesses die parallelen Schleifen mit den Aktivitäten „Korrektur lesen" und „Text korrigieren" bzw. „Layout prüfen" und „Layout überar-beiten" sowie die Aktivität „Anzeige archivieren" weggelassen.

Die BPMN 2.0-Spezifikation spricht davon, dass ein um einige Aktivitäten erweiterter Prozess einen einfacheren Prozess „unterstützt", wenn die gesamte Prozesslogik des einfacheren Prozesses im erweiterten Prozess ebenfalls vorkommt. In diesem Fall kann man den erweiterten (d. h. den unterstützenden) Prozess ohne weiteres anstelle des einfacheren (unterstützten) Prozesses verwenden. Dies trifft für private und öffentliche Prozesse zu. Man kann den privaten Prozess aus Abbildung 60 anstelle des öffentlichen Prozesses aus Abbildung 61 verwenden ohne dass sich die nach außen sichtbare Prozesslogik ändert. Inhaltlich ändert sich natürlich schon etwas, wenn z. B. der Anzeigentext korrigiert wird.

5.5 Mehrfachteilnehmer

In den bisherigen Beispielen wurde immer davon ausgegangen, dass jeder Pool genau einen Teilnehmer repräsentiert. Wie aber stellt man das Zusammenspiel mit einer Gruppe von Partnern dar? Schickt ein Unternehmen eine Ausschreibung etwa an zehn Anbieter, dann wäre es sehr umständlich, zehn Pools zu modellieren. Die tatsächliche Zahl der Partner ist zudem bei jeder Durchführung des Prozesses verschieden und während des Modellierens noch unbekannt.

Bei der vorher betrachteten Einstellung eines Mitarbeiters (Abbildung 51 und folgende) wurde bisher auch immer nur das Zusammenspiel des Unternehmens mit einem einzigen Bewerber modelliert. In Wirklichkeit hat es ein Unternehmen aber meist mit mehreren Bewerbern zu tun, aus denen einer ausgewählt wird. Daher wurde der Bewerber-Pool in Abbildung 62 durch drei Striche als Mehrfachteilnehmer (engl. „Multi-Instance Participant") gekennzeichnet. Er kennzeichnet eine Gruppe von Bewerbern.

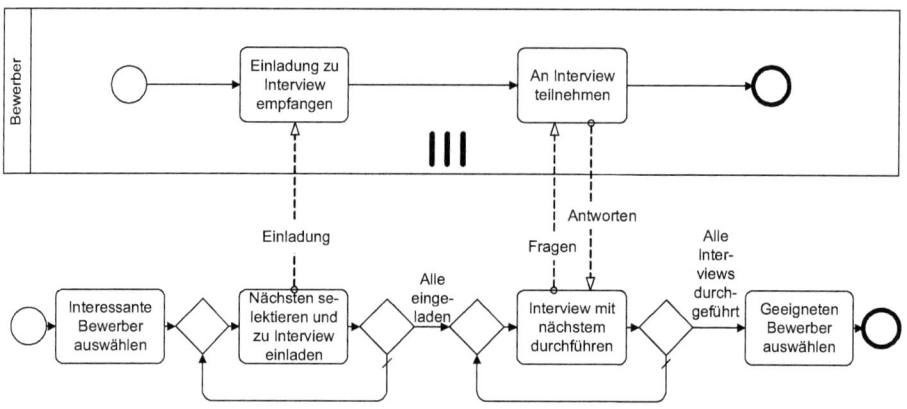

Abbildung 62: Kollaboration mit Mehrfachteilnehmer

Die Nachrichten werden mit jedem einzelnen dieser Bewerber ausgetauscht. Hierfür wurden beim Unternehmen zwei Schleifen modelliert. Bei jedem Schleifendurchlauf findet der Nachrichtenaustausch mit einem weiteren Bewerber statt – solange, bis man mit allen Bewerbern fertig ist. Auf der anderen Seite läuft bei jedem dieser Bewerber der gleiche, im oberen Pool dargestellte Prozess ab.

In der gezeigten Kollaboration fehlen noch einige interessante Schritte aus dem ursprünglichen Einstellungsprozess, insbesondere das Versenden des Arbeitsvertrages an den ausgewählten Bewerber. Konsequenterweise erhalten die anderen Bewerber eine Absage. Im Bewerberprozess muss dann auf unterschiedliche Nachrichtenflüsse verschieden reagiert werden: Entweder wird die erhaltene Absage abgeheftet, oder es wird ggf. der unterschriebene Arbeitsvertrag zurückgesandt. Geeignete Modellierungskonstrukte hierfür werden in Kapitel 6 vorgestellt.

Wie in Abbildung 63 gezeigt, kann auch der Pool eines Mehrfachteilnehmers als Black Box dargestellt werden.

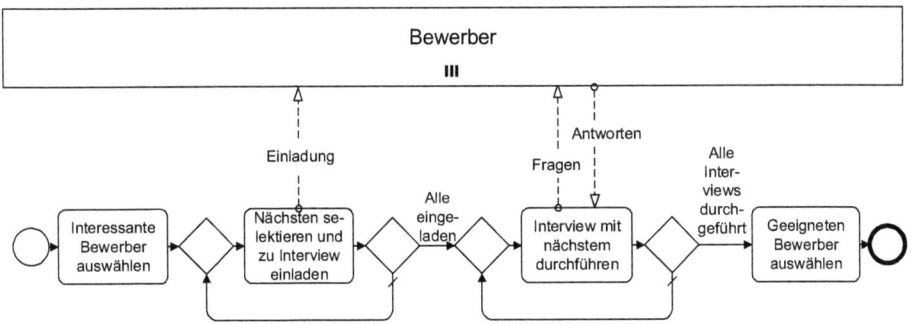

Abbildung 63: Mehrfachteilnehmer mit Black Box-Pool

5.6 Verwendung von Kollaborationen und Sequenzflüssen

Es liegt relativ nahe, die Zusammenarbeit verschiedener Unternehmen in Form von Kollaborationen zu modellieren. Andererseits müssen Pools nicht zwangsläufig Unternehmen darstellen. Stattdessen können sie auch für Abteilungen oder technische Systeme stehen. Insofern könnte man z. B. auch einen abteilungsübergreifenden Prozess nicht nur in einem Pool mit mehreren Bahnen modellieren, sondern auch, indem jede Abteilung einen eigenen Prozess erhält, und diese Prozesse mittels Nachrichtenflüssen kommunizieren.

In welchen Fällen sollte man nun mehrere Pools und Nachrichtenflüssen verwenden, in welchen dagegen einen einzigen Pool mit mehreren Bahnen?

Das entscheidende Kriterium für einen Pool ist, dass der Prozess innerhalb des Pools als Ganzes festgelegt bzw. gesteuert wird. Modelliert man Prozesse, die von der Process Engine eines Workflow Management- oder Business Process Management-Systems ausgeführt werden sollen, so ist dies recht einfach zu entscheiden: Der von der Process Engine gesteuerte Ablauf befindet sich innerhalb eines Pools. Interagiert das System bei der Ausführung des Prozesses mit einem anderen, separat gesteuerten Prozess, so befindet sich dieser in einem anderen Pool, und die Kommunikation erfolgt in Form von ausgetauschten Nachrichten. Alles, was innerhalb eines Pools ist, wird in diesem Fall von einer zentralen Stelle, der Process Engine, als Einheit gesteuert.

Auch mehrere Prozesse innerhalb derselben Process Engine werden in verschiedenen Pools dargestellt, wenn sie in Form individuell gesteuerter Prozessinstanzen ablaufen, die lediglich durch den Austausch von Daten miteinander kommunizieren.

Modelliert man Prozesse, die nicht oder nicht ausschließlich von Process Engines ausgeführt werden, so entfällt zumeist eine solche zentrale Einheit, die jeden Schritt in dem Prozess steuert. Doch auch für solche Prozesse lässt sich eine Umgebung bestimmen, innerhalb der sich die Hoheit für diesen Prozess befindet, typischerweise ein Unternehmen oder auch ein Unternehmensbereich.

Werden in einem Unternehmen die Prozesse abteilungsübergreifend gestaltet, so ist die Darstellung eines Unternehmenspools mit mehreren Abteilungsbahnen geeignet. Legt hingegen jede Abteilung ihre eigenen Prozesse völlig unabhängig fest, wobei lediglich die auszutauschenden Informationen mit anderen Abteilungen ausgehandelt werden, so könnte man diese auch in Form mehrerer, über Nachrichtenflüssen verbundenen Pools modellieren. Allerdings widerspricht dies dem Prozessmanagement-Gedanken, der eine möglichst durchgängige Betrachtung und Verbesserung unternehmensweiter Prozesse anstrebt. Legt man bereits im Vorfeld unveränderliche Schnittstellen zwischen den Abteilungen fest, so werden abteilungsübergreifende Prozessverbesserungen weitgehend verhindert.

Bei unternehmensübergreifenden Prozessen liegt die Hoheit über die internen Prozesse normalerweise bei jedem beteiligten Unternehmen selbst. Hier ist die Modellierung in Form einer Kollaboration naheliegend.

Andererseits kann es auch Fälle geben, in denen es sinnvoll ist, einen unternehmensübergreifenden Prozess komplett mit Sequenzflüssen und innerhalb eines Pools darzustellen. Der Pool repräsentiert in diesem Fall das Netzwerk der kooperierenden Partner. Dies ist dann sinnvoll, wenn im Rahmen einer engen Kooperation die übergreifenden Prozesse gemeinsam gestaltet werden. Solche engen Kooperationen finden sich etwa im Rahmen der Zuliefererintegration von Automobilherstellern, bei Arbeitsgemeinschaften und Konsortien von Unternehmen, sowie bei virtuellen Unternehmen. Da der Prozess gemeinsam gestaltet wird, gibt es eine Hoheit über den Gesamtprozess, die von den beteiligten Partnern gemeinsam ausgeübt wird.

Werden die Prozesse der beteiligten Partner unabhängig gestaltet, so führt vielleicht ein Lieferant vor dem Versand seiner Lieferung eine Qualitätskontrolle seiner Ware durch, und der Kunde führt anschließend nach Erhalt der Ware ebenfalls eine Qualitätskontrolle durch. Betrachtet man lediglich die Kollaboration und jeweils den Einzelprozess eines Partners, so erkannt man nicht, dass hier aus Sicht des Gesamtprozesses die gleiche Aktivität zweimal hintereinander durchgeführt wird. Beschließen die beiden

Partner, den Gesamtprozess gemeinsam zu optimieren, so zeigt die Darstellung innerhalb eines Pool die Doppelarbeit deutlich. Im optimierten Prozess führt nur noch ein Partner die Qualitätskontrolle durch. Das funktioniert natürlich nur, wenn sich der Kunde darauf verlassen kann, dass die Qualitätskontrolle beim Lieferanten zuverlässig durchgeführt wird.

Im zweiten Schritt, wenn es darum geht, die einzelnen Teilprozesse bei den jeweiligen Partnern detailliert zu entwickeln und durch Informationssysteme zu unterstützen, bietet sich wiederum die Darstellung von getrennten Pools und Nachrichtenflüssen an.

Die Frage nach einem gemeinsamen Pool mit Sequenzflüssen oder mehreren getrennten Pools mit Nachrichtenflüssen lässt sich also nicht allgemeingültig beantworten, sie ist je nach Situation und Modellierungszweck unterschiedlich zu entscheiden.

5.7 Darstellung von Nachrichteninhalten

Mit den Nachrichtenflüssen sind übertragene Inhalte verbunden, wie z. B. Dokumente, Datensätze oder auch physische Objekte. In den bisherigen Beispielen ergab sich der Nachrichteninhalt aus der Bezeichnung des jeweiligen Nachrichtenflusses. Die BPMN unterscheidet jedoch den Nachrichtenfluss und die Nachricht selbst, d. h. den übertragenen Inhalt. Für die fachliche Modellierung hat diese Unterscheidung keine große Bedeutung. Bei ausführbaren Modellen hingegen kann dies schon von Belang sein. Der Nachrichtenfluss dient nur der Übermittlung und dem Empfang definierter Nachrichten. Die Nachricht selbst kann eine Datenstruktur o. ä. beinhalten, die im Rahmen eines Prozesses z. B. an einen Service übergeben oder gespeichert werden kann.

Nachrichten werden durch Briefsymbole dargestellt (Abbildung 64). Hierbei lassen sich helle und dunklere Briefsymbole unterscheiden, wobei ein dunkleres Briefsymbol in der Regel für eine Antwortnachricht auf eine vorhergehende, mit einem weißen Symbol gekennzeichnete Nachricht verwendet wird. Konkreten Nutzen erhält die unterschiedliche Einfärbung der Briefsymbole in Zusammenhang mit den Choreographiediagrammen (Kapitel 11). Für reine Kollaborationsdiagramme genügen helle Briefsymbole, oder man lässt die Briefsymbole wie in den vorherigen Beispielen komplett weg. Man sollte sich auf eine Darstellung festlegen.

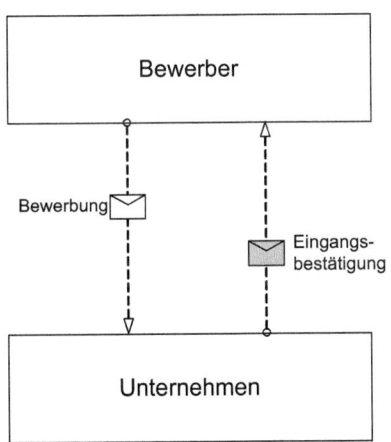

Abbildung 64: Darstellung von Nachrichteninhalten mit Briefsymbolen

6 Ereignisse

Ein Ereignis (engl. „Event") drückt aus, dass etwas passiert ist. Es markiert einen Zeitpunkt, hat im Gegensatz zu einer Aktivität selbst also keine Dauer. Bei der Modellierung von Ereignissen werden zwei Aspekte betrachtet: Die Ursache oder der Auslöser des Ereignisses und seine Auswirkung im Prozess.

Beispiele für typische Auslöser von Ereignissen:

- Eine Nachricht (z. B. eine E-Mail oder ein Brief) trifft ein.

- Ein bestimmter Zeitpunkt ist erreicht.
  Ein solches Ereignis und seine Auswirkung erlebt jeder, dessen Wecker morgens zu einer vorher eingestellten Uhrzeit klingelt.

- Eine bestimmte Zeitdauer ist zu Ende.
  Im Gegensatz zum absoluten Zeitpunkt wird hier die relative Zeitdauer in Bezug auf ein anderes Ereignis oder das Ende einer vorangehenden Aktivität betrachtet. So wird etwa eine Küchenuhr auf eine bestimmte Backzeit eingestellt, wenn ein Kuchen in den Ofen geschoben wurde. Das Klingeln der Küchenuhr markiert das Ereignis „Backzeit beendet", auf das weitere Aktivitäten bei der Zubereitung des Kuchens folgen.

- Eine Bedingung wird wahr.
  Eine solche Bedingung könnte lauten „die Temperatur beträgt mindestens 30°C". Bei Erreichen dieser Temperaturgrenze kann es etwa erforderlich sein, eine Kühlung einzuschalten. Ein anderes Beispiel ist die Festlegung von „Stopp-Loss"-Grenzen in Aktien-Depots. Um gravierende Verluste zu verhindern, kann man für jede Aktie einen Kurswert festlegen, bei dessen Unterschreiten die Bank die betreffende Aktie automatisch verkauft.

- Ein Fehler tritt auf.
  So kann etwa der Ausfall eines Systems bestimmte Prozess-Schritte zur Wiederherstellung des Systems erforderlich machen. Ggf. müssen auch „Workarounds" zur Erledigung dringender Aufgaben ohne das System durchgeführt werden. So können etwa eingehende Aufträge vorübergehend handschriftlich notiert werden. Ihre Erfassung wird dann später nachgeholt, wenn das System wieder hergestellt ist.

  Weitere Beispiele für Fehler resultieren etwa aus unvollständigen bzw. widersprüchlichen Daten oder einer Nachricht, die nicht zugestellt werden kann.

In den Beispielen der vorangehenden Kapitel wurden bereits Start- und Endereignisse verwendet. Ereignisse können aber auch innerhalb eines Prozesses eine Rolle spielen, sie werden dann als Zwischenereignisse (engl. „Intermediate Event") modelliert. Abbildung 65 zeigt die Symbole für die unterschiedlichen Typen von Ereignissen: Das Startereignis wird als Kreis mit einfacher Linie dargestellt, beim Zwischenereignis kommt eine zweite Kreislinie hinzu, beim Endereignis ist der Raum zwischen den beiden Linien ausgefüllt, so dass eine dicke Umrandung entsteht.

Abbildung 65: Start-, Zwischen- und Endereignis

Die dargestellten Grundsymbole können bei Bedarf noch mit Symbolen für unterschiedliche Auslöser, wie z. B. Nachrichten oder Zeitpunkte versehen werden.

6.1 Beispiel für den Einsatz von Ereignissen

In Abbildung 67 werden die unterschiedlichen Einsatzmöglichkeiten von Ereignissen am Beispiel der Erstellung und Bearbeitung einer Bewerbung gezeigt. Diese Kollaboration wird nun ausschnittsweise betrachtet. Der Ausschnitt in Abbildung 66 zeigt den Beginn des Prozesses mit einem Startereignis. Der Auslöser dieses Ereignisses ist nicht näher bestimmt. In der Regel wird ein solcher Prozess durch einen Prozessbeteiligten gestartet, in diesem Fall durch den Bewerber.

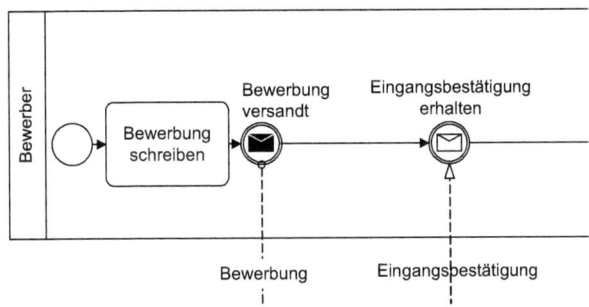

Abbildung 66: Anfang des Bewerberprozesses (Ausschnitt aus Abbildung 67)

Im Anschluss an die Aktivität „Bewerbung schreiben" tritt das Zwischenereignis „Bewerbung versandt" ein. Es ist als ein Nachrichten-sendendes Zwischenereignis gekennzeichnet und verfügt über den ausgehenden Nachrichtenfluss „Bewerbung". Es folgt das Nachrichten-empfangende Zwischenereignis „Eingangsbestätigung erhalten" mit dem eingehenden Nachrichtenfluss „Eingangsbestätigung". Dieses Ereignis tritt erst ein, wenn tatsächlich eine Eingangsbestätigung empfangen wird. Solange wird an dieser Stelle gewartet, d. h. es liegt eine Marke an dem Ereignis, die erst bei erfolgtem Nachrichteneingang weitergeleitet wird.

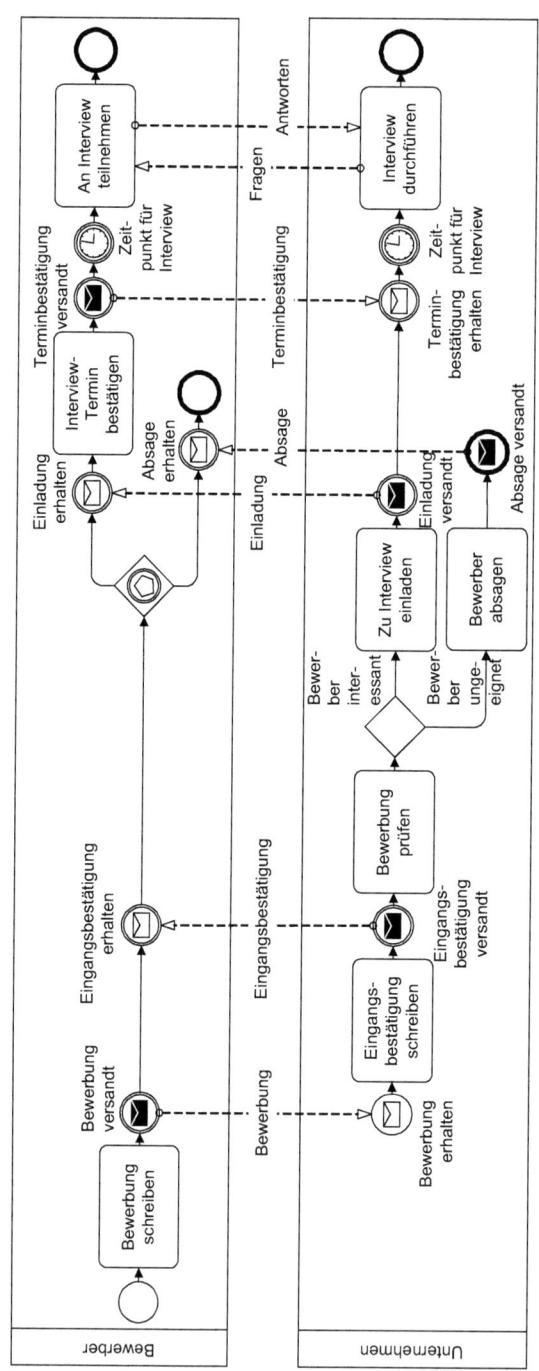

Abbildung 67: Beispiel für den Einsatz von Ereignissen

Was passiert in dieser Kollaboration nun bei dem anderen Beteiligten, dem Unternehmen? Wie der Ausschnitt in Abbildung 68 zeigt, wird der gesamte Prozess durch ein Nachrichten-empfangendes Startereignis ausgelöst. Jedes Mal, wenn eine Bewerbung eintrifft, wird eine neue Prozessinstanz erzeugt. In dieser wird zunächst eine Eingangsbestätigung geschrieben. Es folgt das resultierende Zwischenereignis „Eingangsbestätigung versandt". Danach geht es direkt mit der Aktivität „Bewerbung prüfen" weiter.

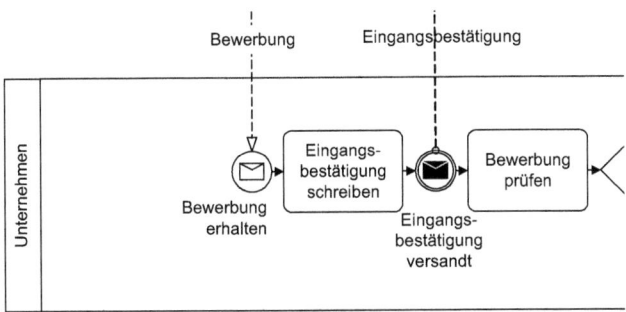

Abbildung 68: Anfang des Unternehmensprozesses (Ausschnitt aus Abbildung 67)

Das Versenden der Nachricht „Eingangsbestätigung" hat eine direkte Auswirkung auf den Prozess des Bewerbers. Dort hat das Zwischenereignis „Eingangsbestätigung erhalten" auf das Erhalten der Nachrichten gewartet. Nun kann der Sequenzfluss im Bewerberprozess weitergeführt werden.

Das Modell weist hier einen Nachteil auf: Geht nämlich keine Eingangsbestätigung ein, so kann der Prozess des Bewerbers nicht fortgesetzt werden. Würde das Unternehmen seinen Prozess ändern und keine Eingangsbestätigung versenden, sondern direkt eine Einladung zum Bewerbungsgespräch, so könnte der Bewerberprozess dies nicht verarbeiten.

Das weitere Vorgehen auf Seiten des Unternehmens wird im Ausschnitt der Abbildung 69 gezeigt. Im Anschluss an die Aktivität „Bewerbung prüfen" verzweigt ein exklusiver

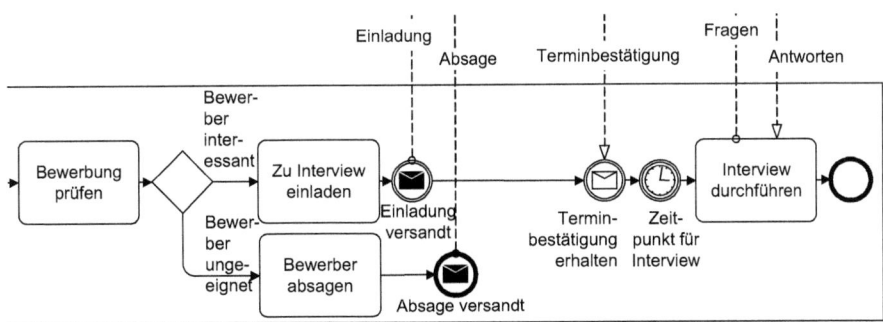

Abbildung 69: Zweiter Teil des Unternehmensprozesses (Ausschnitt aus Abbildung 67)

Gateway. Ist der Bewerber ungeeignet, so wird der Prozess mit dem Endereignis „Absage versandt" abgeschlossen. Hierbei handelt es sich um ein Nachrichten-sendendes Endereignis. Mit dem Ende des Prozesses wird also noch die Nachricht „Absage" versandt.

Ist der Bewerber hingegen interessant, so wird er zum Interview eingeladen. Der betreffende Nachrichtenfluss geht vom Zwischenereignis „Einladung versandt" aus. Es folgt das Nachrichten-empfangende Zwischenereignis „Terminbestätigung erhalten", bei dem auf das Eintreffen einer Nachricht gewartet wird.

Bei dem folgenden zeitlichen Zwischenereignis „Zeitpunkt für Interview" wird erneut gewartet, und zwar solange, bis der betreffende Zeitpunkt erreicht ist. Anschließend wird die Aktivität „Interview durchführen" ausgeführt. Es folgt ein unbestimmtes Endereignis, das lediglich das Ende des Ablaufs markiert, im Gegensatz zu dem anderen Endereignis „Absage versandt" aber keine Nachricht verschickt.

Aufgrund des exklusiven Gateways in Abbildung 69 versendet das Unternehmen entweder eine Einladung oder eine Absage. Im Prozess des Bewerbers muss auf diese beiden Alternativen reagiert werden. In dem in Abbildung 70 gezeigten Prozess-Ausschnitt wird hierzu ein ereignisbasierter exklusiver Gateway verwendet.

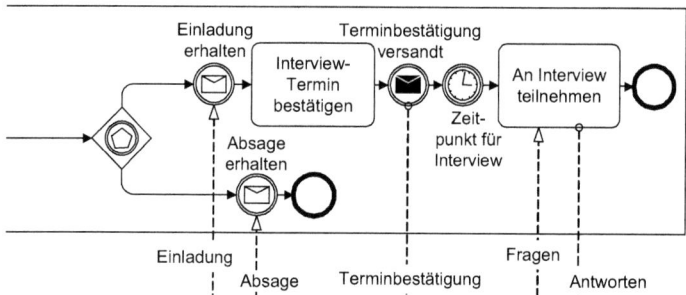

Abbildung 70: Zweiter Teil des Bewerberprozesses (Ausschnitt aus Abbildung 67)

Bei diesem Gateway wird derjenige Pfad gewählt, dessen Zwischenereignis zuerst eintritt. Geht als erstes eine Absage ein, so wird der untere Pfad gewählt, und der Prozess endet mit einem unbestimmten Endereignis. Kommt hingegen eine Einladung an, so tritt das Ereignis „Einladung erhalten" zuerst ein, und der obere Pfad wird gewählt. Auf diesem Pfad wird der Interviewtermin bestätigt, worauf die Terminbestätigung versandt ist. Anschließend wartet der Bewerber – ebenso wie das Unternehmen in seinem Prozess – auf den Zeitpunkt für das Interview. Schließlich nimmt er am Interview teil, bevor der Prozess mit einem unbestimmten Endereignis endet.

6.2 Startereignisse

Das am häufigsten auftretende Startereignis (engl. „Start Event") ist wohl das unbestimmte (ohne Symbol). Bei ihm ist der Auslöser nicht im Einzelnen bekannt, oder er spielt keine Rolle. Häufig ergibt er sich auch aus dem Zusammenhang. Bei dem oben beschriebenen Bewerbungsprozess ist es naheliegend, dass der Prozess durch den Bewerber ausgelöst wird.

Der Auslöser für das Startereignis befindet sich häufig außerhalb des Prozesses. Bei Workflow Management-Systemen werden die Prozesse, die ein Benutzer aufgrund seiner Rolle und Berechtigungen starten kann, zumeist in einer Liste angezeigt. Dort wählt er den gewünschten Prozess aus und startet ihn. Hierdurch wird im Prozess das Startereignis ausgelöst.

Ein Prozess kann auch als Unterprozess (engl. „Sub-Process") in einen anderen Prozess eingebunden sein (vgl. Abschnitt 7.1). Sobald der Unterprozess im übergeordneten Prozess erreicht wird, wird damit in diesem Unterprozess automatisch das unbestimmte Startereignis aktiviert.

Neben den unbestimmten Startereignissen spielen insbesondere zeitliche Startereignisse sowie Nachrichten-empfangende Startereignisse eine Rolle in vielen BPMN-Modellen. Wird etwa bei der Organisation einer Veranstaltung der Zeitpunkt für den Anmeldeschluss erreicht, so wird hierdurch ein Prozess gestartet, in dem zunächst eine Teilnehmerliste erstellt wird, bevor weitere Planungsaktivitäten folgen (Abbildung 71, Mitte). Eine Auftragsbearbeitung hingegen wird durch das Eintreffen eines Auftrags gestartet (Abbildung 71, rechts).

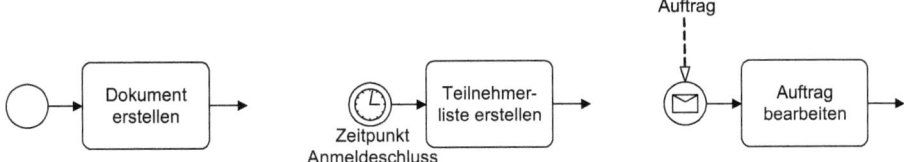

Abbildung 71: Unbestimmtes, zeitliches und durch eine Nachricht ausgelöstes Startereignis

Abbildung 72 zeigt weitere Typen von Startereignissen, die allerdings seltener benötigt werden. Links oben ist ein Bedingungsereignis (engl. „Conditional Event") dargestellt. Es startet einen Prozess, sobald die zugehörige Bedingung erfüllt ist. Beispielsweise kann ein Prozess zur Bereitstellung von zusätzlichen Ressourcen (z. B. Mitarbeiter oder Rechenkapazität) dann gestartet werden, wenn die Auslastung der vorhandenen Ressourcen über 90% steigt.

Das rechts oben gezeigte Startereignis wird dann ausgelöst, wenn ein Signal eintrifft. Im Gegensatz zu einer Nachricht, die immer an einen bestimmten Empfänger gesendet wird, wird ein gesendetes Signal überall hin verbreitet. Das Signal, das den Prozess starten soll, kann sowohl aus demselben Pool als auch aus einem anderen Pool oder aus

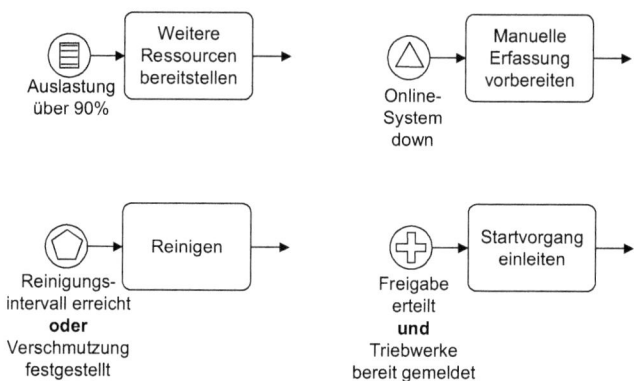

Abbildung 72: Weitere Startereignisse. Oben: Bedingung, Signal. Unten: Mehrfache Auslöser, parallele mehrfache Auslöser

einem ganz anderen Prozess stammen. Ein solches Signal könnte etwa versandt werden, um der Allgemeinheit mitzuteilen, dass ein Computersystem nicht zur Verfügung steht („Online-System down"). Hierauf muss unter Umständen in verschiedenen Prozessen reagiert werden. Im Beispiel wird als Reaktion auf den Systemausfall ein Prozess gestartet, in dem eine manuelle Erfassung von Daten durchgeführt wird.

Schließlich gibt es noch zwei Symbole für Startereignisse mit mehreren Auslösern (Abbildung 72, unten). Das mit einem Fünfeck gekennzeichnete Mehrfachereignis (engl. „Multiple Event") fasst mehrere verschiedene Ereignisse zusammen. Sobald eines davon eingetreten ist, startet der Prozess. Im Beispiel wird ein Reinigungsvorgang entweder dann durchgeführt, wenn das Reinigungsintervall erreicht ist, oder wenn eine Verschmutzung festgestellt wurde. Im Gegensatz dazu müssen beim parallelen Mehrfachereignis (engl. „Parallel Multiple Event") alle enthaltenen Ereignisse eingetreten sein. So kann ein Startvorgang erst dann eingeleitet werden, wenn nicht nur die Freigabe erteilt wurde, sondern auch noch die Triebwerke bereit gemeldet worden sind. Solange nur eines der beiden Ereignisse eingetroffen ist, wird auf das andere gewartet, bevor der Ablauf beginnt.

Es können aber auch mehrere Startereignisse separat modelliert werden. In diesem Fall wird der Prozess bei Eintreten eines dieser Ereignisse ausgelöst. So startet der Prozess in Abbildung 73 sowohl beim Eintreffen einer Berichtsanforderung als auch am Monatsende. Geht eine Berichtsanforderung ein, so wird zunächst ein individueller Berichtszeitraum eingestellt, bevor ein Bericht erstellt wird. Am Monatsende hingegen wird direkt die Erstellung eines Berichts aktiviert. Auch wenn einmal beide Ereignisse gleichzeitig eintreffen sollten, so werden doch zwei voneinander unabhängige Prozessinstanzen gestartet.

In diesem Fall wäre es nicht möglich, anstelle der beiden explizit modellierten Ereignisse ein Mehrfachstartereignis zu verwenden, da die Aktivität „Individuellen Berichtszeitraum einstellen" nur bei einem der beiden Startereignisse durchgeführt wird. Würde

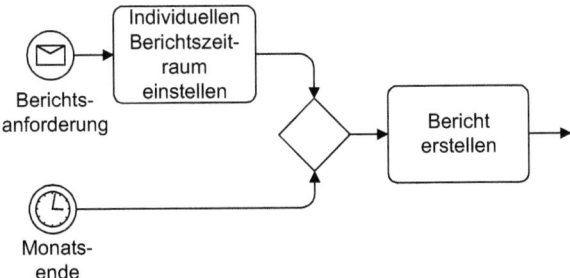

Abbildung 73: Mehrere Startereignisse

hingegen auf beide Ereignisse direkt der Gateway folgen, so könnte man sie und den folgenden Gateway durch ein Mehrfachstartereignis ersetzen.

Hat ein Prozess mehrere Startereignisse, so sollte nicht mehr als eines davon ein unbestimmtes Ereignis sein, d. h. ein Kreis ohne Symbol darin. Wird der Prozess nämlich „von außen" gestartet, z. B. durch eine Process Engine oder durch den Prozessausführenden, so startet der Prozess bei seinem unbestimmten Startereignis. Hat er mehrere davon, so ist nicht eindeutig definiert, an welchem dieser unbestimmten Startereignisse es losgehen soll.

Verwendet man hingegen mehrere Startereignisse mit einem bestimmten Typ (z. B. zeitlich oder Nachrichtenempfang), so lässt sich deren Eintreten eindeutig bestimmen, und es ist klar, an welcher Stelle der Prozess jeweils startet.

Ein Prozess mit einem unbestimmten Startereignis und zusätzlich einem oder mehreren Startereignissen mit einem Typ-Symbol startet bei einem Anstoß von außen beim unbestimmten Startereignis. Alternativ kann eines der anderen Ereignisse (z. B. ein Nachrichteneingang) ebenfalls zum Start des Prozesses führen. Wird der Prozess in Abbildung 74 von außen ausgelöst, z. B. indem ein Sachbearbeiter den Prozess in einem Workflow-System auswählt und ihn startet, so beginnt er mit dem unbestimmten Startereignis, und es wird zunächst die Aktivität „Bestellung manuell erfassen" durchgeführt. Alternativ kann der Prozess durch das Eintreffen einer elektronischen Bestellung und damit durch das Nachrichten-empfangende Startereignis ausgelöst werden.

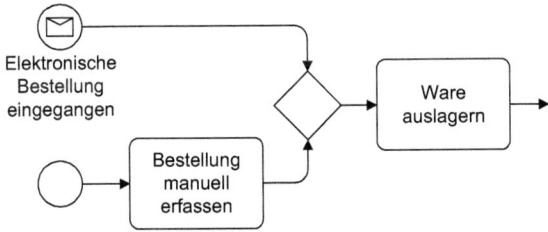

Abbildung 74: Ein unbestimmtes und ein Nachrichten-empfangendes Startereignis

Prinzipiell könnte man sich vorstellen auch mehrere unbestimmte Startereignisse zu verwenden und diese durch verschiedene Benennungen zu unterscheiden. Allerdings sieht die BPMN keinen speziellen Mechanismus vor, nachdem etwa ein mit einem Namen versehenes Endereignis eines Prozesses automatisch das gleichnamige Startereignis eines anderen Prozesses auslösen würde. Andererseits werden in anderem Zusammenhang durchaus sendende und empfangende Ereignisse über ihre Bezeichnungen miteinander in Beziehung gesetzt. Da die BPMN die Verwendung mehrerer unbestimmter Startereignisse nicht ausschließt, könnte man somit die Verbindung von gleichnamigen End- und Startereignissen als individuelle Modellierungskonvention festlegen. Allerdings kann man dann nicht davon ausgehen, dass andere BPMN-kundige Leser dies genauso interpretieren, bzw. dass Modellierungstools dies unterstützen.

In Abbildung 75 soll der Prozess „Einführung in neue Stelle" sowohl nach Abschluss des Prozesses „Neueinstellung", als auch nach Abschluss des Prozesses „Stellenwechsel" gestartet werden. Die zu Beginn durchzuführenden Aktivitäten unterscheiden sich je nach vorangehendem Prozess. Über die Bezeichnungen der Startereignisse lässt sich die Verbindung herstellen. Um sie leichter zu finden, empfiehlt es sich, die jeweils vorangehenden Prozesse in Anmerkungen an den Startereignissen anzugeben.

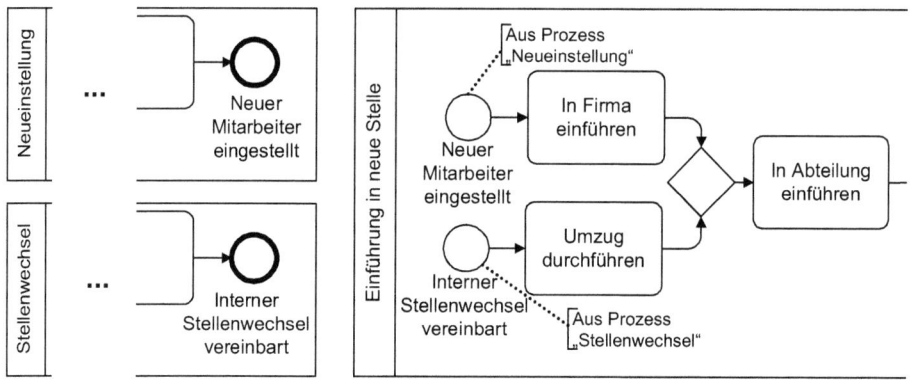

Abbildung 75: Verbindung mehrerer Prozesse über gleichnamige Start- und Endereignisse

Verzichtet man auf die Verwendung mehrerer unbestimmter Startereignisse, so lassen sich unterschiedliche Fälle natürlich auch über einen exklusiven Gateway darstellen, der auf das einzige unbestimmte Startereignis folgt (Abbildung 76).

Um darzustellen, dass die Prozesse aufeinander folgen, ist es in beiden Fällen erforderlich, diese als Unterprozesse in einem übergeordneten Prozess miteinander zu verbinden, wie in Abbildung 77 gezeigt. Das Pluszeichen bedeutet, dass es zu der Aktivität noch einen detaillierten Prozess gibt. Unterprozesse werden in Kapitel 7 erläutert.

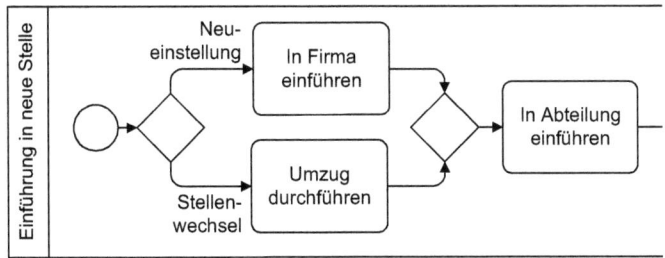

Abbildung 76: Verwendung eines exklusiven Gateways als Alternative zu Abbildung 75

Teilweise wird vorgeschlagen, Prozesse mit Hilfe von Signalereignissen oder über Nachrichtenflüsse miteinander zu verbinden. Beides ist jedoch auch noch nicht die perfekte Lösung. Signale gehen nicht nur zu einem bestimmten Folgeprozess, sondern sind in allen anderen Prozessen verfügbar. Das ist hier aber eigentlich nicht der Fall, da ja nur ein ganz bestimmter Folgeprozess gestartet werden soll. Von daher wäre die Verwendung von Nachrichtenflüssen vorzuziehen, da ein Nachrichtenfluss zu einem ganz konkreten Prozess läuft. Das würde allerdings bedeuten, dass es sich um zwei voneinander unabhängige Prozesse handelt und nicht um Teilprozesse eines übergreifenden Gesamtprozesses.

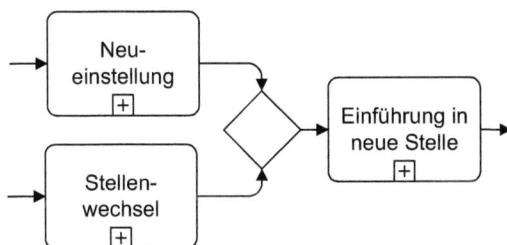

Abbildung 77: Verbindung der einzelnen Prozesse in einem übergeordneten Prozess.

Gehen von einem Startereignis mehrere Sequenzflüsse aus, so werden diese beim Start alle aktiviert. Es handelt sich damit um parallele Pfade.

Prinzipiell ist es auch möglich, in einem Prozess ganz auf Startereignisse zu verzichten. Dann enthält jede Aktivität ohne eingehenden Sequenzfluss ein implizites Startereignis.

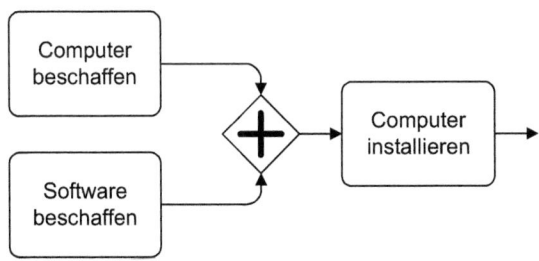

Abbildung 78: Prozess ohne Startereignisse

Beim Start des Prozesses werden alle diese Aktivitäten mit implizitem Startereignis durchgeführt.

In Abbildung 78 werden zu Beginn des Prozesses parallel sowohl ein Computer als auch Software beschafft. Die beiden entstehenden Marken werden dann in dem parallelen Gateway wieder zusammengeführt, bevor der Computer installiert wird. Der Modellausschnitt aus Abbildung 78 ist also gleichbedeutend mit dem aus Abbildung 79, wo die von einem expliziten Startereignis erzeugte Marke zunächst durch einen parallelen Gateway aufgesplittet wird, so dass die Aktivitäten „Computer beschaffen" und „Software beschaffen" ebenfalls parallel durchgeführt werden.

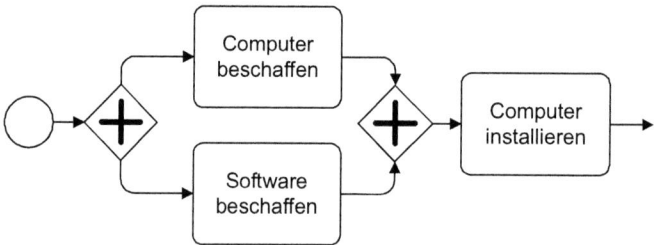

Abbildung 79: Der Prozess aus Abbildung 78 mit explizitem Startereignis

Auch andere Elemente, die normalerweise einen eingehenden Sequenzfluss besitzen, erhalten ein implizites Startereignis, wenn der eingehende Sequenzfluss fehlt. So verfügt der verzweigende Gateway in Abbildung 80 über ein solches implizites Startereignis.

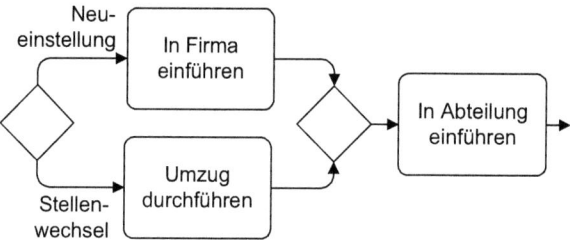

Abbildung 80: Auch ein Gateway kann ein implizites Startereignis haben.

Man muss sich zwischen der Verwendung impliziter und expliziter Startereignisse entscheiden. Gibt es mindestens ein explizites Startereignis in einem Prozess, so darf es in dem Prozess nicht zugleich Aktivitäten o. ä. ohne eingehenden Sequenzfluss geben. Zumeist empfiehlt es sich, explizite Startereignisse zu verwenden.

6.3 Endereignisse

Ein Endereignis (engl. „End Event") wird wie bereits erläutert mit einem dicken Rand dargestellt. Neben dem unbestimmten Endereignis, das einfach eine ankommende Marke verschluckt (Abbildung 81, links), gibt es auch für das Endereignis spezielle Typen. In der Mitte von Abbildung 81 ist ein Endereignis dargestellt, das nicht nur eine ankommende Marke konsumiert, sondern zugleich noch eine Nachricht verschickt.

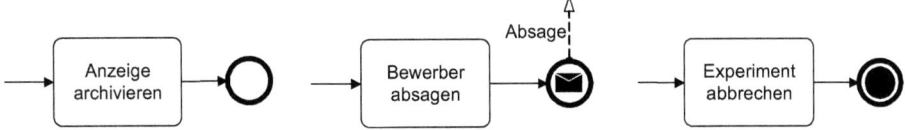

Abbildung 81: Endereignisse: unbestimmt, Nachrichten versendend und Terminierung

Das Briefsymbol des Nachrichten-sendenden Endereignisses ist im Gegensatz zu dem im Nachrichten-empfangenden Startereignis ausgefüllt. Dies gilt auch für andere Ereignistypen: Die Symbole sendender Ereignisse sind immer ausgefüllt, die zugehörigen empfangenden Ereignisse enthalten jeweils die gleichen Symbole, die aber nicht ausgefüllt sind.

Das rechts dargestellte Endereignis vom Typ „Terminierung" unterscheidet sich vom unbestimmten Endereignis dadurch, dass es nicht nur eine ankommende Marke verschluckt, sondern dabei zugleich den gesamten Prozess beendet, indem es evtl. an anderer Stelle noch vorhandene weitere Marken ebenfalls entfernt.

Der Nutzen dieses Ereignisses wird deutlich, wenn man einen Prozess mit mehreren Endereignissen betrachtet. Einerseits kann es mehrere Endereignisse geben, von denen immer nur eines eintreten kann. In Abbildung 82 wird eine Bewerbung entweder per Post oder per E-Mail versendet. Entsprechend kann in einem Prozessdurchlauf nur eines der beiden Endereignisse eintreffen. Ist eines der Endereignisse eingetroffen, so ist damit auch der komplette Prozess beendet, denn es existiert keine Marke mehr in dem Prozess.

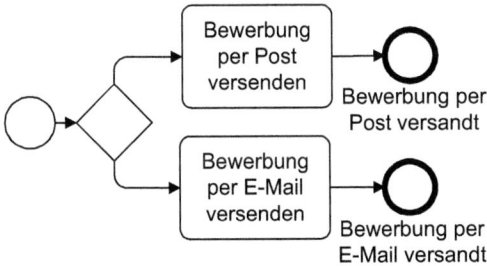

Abbildung 82: Mehrere Endereignisse, von denen nur eines eintrifft

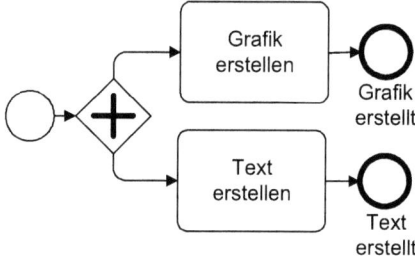

Abbildung 83: Mehrere Endereignisse, die alle eintreffen

In Abbildung 83 hingegen werden die beiden Aktivitäten „Grafik erstellen" und „Text erstellen" parallel durchgeführt. Die vom Startereignis erzeugte Marke wird vom parallelen Gateway in zwei Marken aufgeteilt, die jeweils einen der beiden parallelen Pfade durchlaufen. Es treten daher beide Endereignisse ein, jedes verschluckt eine der beiden Marken. Da die beiden Aktivitäten nicht unbedingt zeitgleich ausgeführt werden und auch nicht gleich lange dauern müssen, treten die beiden Endereignisse in der Regel nacheinander ein. Erst wenn die letzte Marke von einem Endereignis verschluckt worden ist, ist der gesamte Prozess beendet.

In beiden Fällen hätte man übrigens auch beide Sequenzflüsse in ein gemeinsames Endereignis münden lassen können, da ein Endereignis einfach jede ankommende Marke verschluckt.

Gelegentlich ist es erwünscht, dass beim Eintreffen eines Endereignisses sofort der gesamte Prozess abgebrochen wird. Ein Beispiel dafür findet sich in Abbildung 84. Hier werden wiederum vom parallelen verzweigenden Gateway zwei Marken über die beiden parallelen Sequenzflüsse weitergeleitet. Die Bewerbung wird inhaltlich geprüft, und parallel dazu wird geprüft, ob der Bewerber die formalen Voraussetzungen erfüllt. Sind beide Prüfungen positiv ausgefallen, so fließen beide Marken über die exklusiven Gateways zum zusammenführenden parallelen Gateway, der sie verschmilzt und eine Marke zum unbestimmten Endereignis „Bewerbung akzeptiert" schickt.

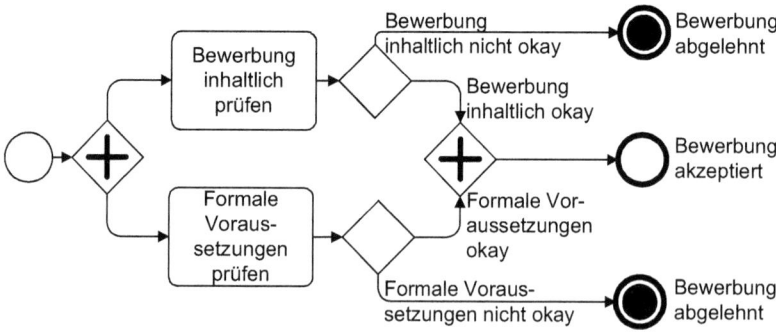

Abbildung 84: Terminierungs-Endereignisse beenden sofort den kompletten Prozess.

Fällt hingegen eine der Prüfungen negativ aus, so fließt die betreffende Marke zum anderen Ausgang des jeweiligen exklusiven Gateways und von dort zum Endereignis „Bewerbung abgelehnt". Da es sich hierbei um Endereignisse vom Typ „Terminierung" handelt, wird die jeweils andere Marke ebenfalls entfernt und der Prozess sofort beendet.

Wenn eine der beiden Prüfungen negativ ausfällt, ist das Ergebnis der anderen Prüfung unerheblich – die Bewerbung wird auf jeden Fall abgelehnt. Daher kann der Prozess sofort beendet werden. Würde man unbestimmte Endereignisse verwenden, so würde die andere Marke noch weiterfließen. Wurde beispielsweise schon festgestellt, dass die Bewerbung inhaltlich nicht okay ist, so braucht die evtl. noch gar nicht begonnene formale Prüfung überhaupt nicht mehr durchgeführt werden. Durch das Terminierungsereignis wird dies erreicht, indem die betreffende Marke entfernt wird.

Problematisch wäre bei der Verwendung unbestimmter Endereignisse vor allem der Fall, wenn eine der Prüfungen positiv und eine negativ ausfallen würde. Die Marke, die von der negativ ausgefallenen Prüfung kommt, würde zum Endereignis „Bewerbung abgelehnt" gelangen. Die Marke von der positiven Prüfung hingegen würde zum zusammenführenden parallelen Gateway gelangen. Da aber keine zweite Marke mehr ankommen kann, bliebe die Marke dort hängen, der Prozess könnte nicht komplett abgeschlossen werden. Diese Problematik wird durch die Verwendung der Terminierungs-Endereignisse vermieden.

Als weitere Typen von Endereignissen stehen das Senden eines Signals sowie das Mehrfach-Endereignis zur Verfügung (Abbildung 85). Signale haben wie bereits erwähnt keinen bestimmten Empfänger, sie können von beliebigen Empfängern im selben und in anderen Prozessen empfangen werden. Im Beispiel signalisiert das Endereignis, dass eine neue Softwareversion verfügbar ist. Hierauf können verschiedene andere Prozesse reagieren, z. B. Prozesse zum Vertrieb oder zur Installation der neuen Software. In dem Prozess, der die neue Software bereitstellt, ist es jedoch unerheblich und unter Umständen gar nicht bekannt, welche anderen Prozesse diese Information benötigen. Daher wird ein Signal an die Allgemeinheit abgesetzt.

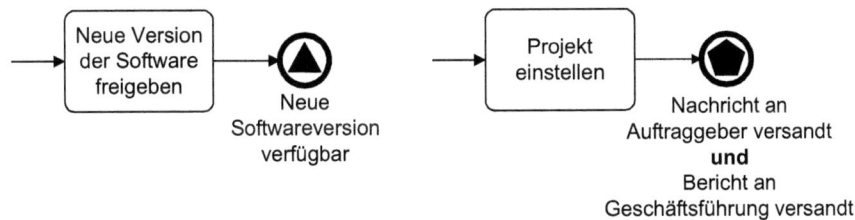

Abbildung 85: Weitere Endereignisse: Signal und mehrfach

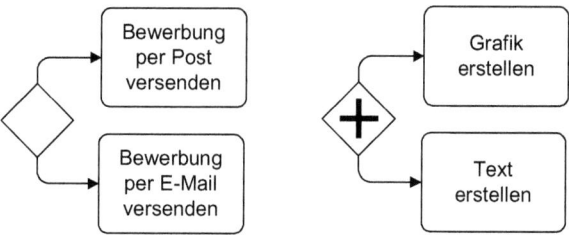

Abbildung 86: Aktivitäten mit impliziten Endereignissen

Endereignisse vom Typ „mehrfach" werden verwendet, wenn der Abschluss des Prozesses mehrere Konsequenzen hat. Beim Erreichen eines solchen Ereignisses treten immer alle diese Konsequenzen ein. Im Beispiel werden mehrere Nachrichten versandt.

So wie es Prozesse ohne explizite Startereignisse geben kann, ist es auch möglich, auf Endereignisse zu verzichten. In diesem Fall enthalten alle Aktivitäten, Gateways u. ä. ohne ausgehenden Sequenzfluss automatisch implizite Endereignisse. Diese verhalten sich wie gewöhnliche, unbestimmte Endereignisse. Die Modelle aus Abbildung 82 und Abbildung 83 lassen sich also auch wie in Abbildung 86 darstellen.

Auch bei der Verwendung von impliziten Endereignissen gilt wieder, dass ein Prozess nur entweder implizite oder aber explizite Endereignisse enthalten darf, eine Mischung ist nicht möglich. Dies gilt gleichermaßen für Start- und Endereignisse: Werden explizite Startereignisse verwendet, so müssen auch explizite Endereignisse verwendet werden. Umgekehrt müssen implizite Ereignisse ebenfalls sowohl für den Start als auch für das Ende genutzt werden.

In den Kapiteln 8 und 9 werden noch weitere Typen von Endereignissen eingeführt, die für Unterprozesse sowie für die Modellierung von Kompensationen und Transaktionen benötigt werden.

6.4 Zwischenereignisse

Ein Zwischenereignis (engl. „Intermediate Event") kann an einer beliebigen Stelle in einem Prozess verwendet werden. Es hat einen eingehenden und einen ausgehenden Sequenzfluss. Dargestellt wird es in Form eines doppelt umrandeten Kreises.

Zwischenereignisse werden normalerweise nur dann modelliert, wenn

1. ein für andere relevantes Ereignis aus einem Prozess heraus ausgelöst wird (z. B. Nachrichtenversand oder Auslösen eines Signals), oder
2. innerhalb eines Prozesses auf ein Ereignis reagiert wird (z. B. das Eintreffen einer Nachricht oder das Erreichen eines bestimmten Zeitpunkts).

Startereignisse können lediglich etwas empfangen bzw. auf einen Auslöser reagieren. Endereignisse andererseits können nur etwas versenden bzw. auslösen. Im Gegensatz

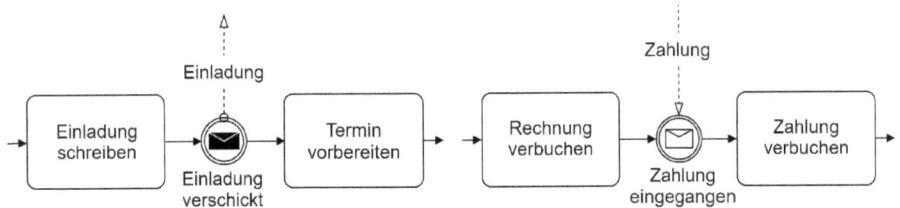

Abbildung 87: Nachrichten-versendendes und Nachrichten-empfangendes Zwischenereignis

dazu gibt es bei Zwischenereignissen beides, sowohl sendende als auch empfangende Ereignisse.

Abbildung 87 zeigt Beispiele für ein Nachrichten-sendendes und für ein Nachrichten-empfangendes Zwischenereignis. Das Nachrichten-sendende Zwischenereignis enthält ein ausgefülltes Briefsymbol. Im Beispiel tritt das Zwischenereignis „Einladung verschickt" mit dem Abschluss der vorangehenden Aktivität „Einladung schreiben" ein. Sobald dieses Ereignis eintritt, geht die Nachricht „Einladung" heraus. Zugleich wird über den Sequenzfluss die folgende Aktivität „Termin vorbereiten" gestartet.

Es wäre auch möglich, den Nachrichtenfluss direkt aus der Aktivität „Einladung schreiben" herausgehen zu lassen und auf das Zwischenereignis zu verzichten. Durch die Modellierung des Nachrichtenversands als Ereignis zwischen den beiden Aktivitäten wird deutlich, dass die Nachricht genau mit dem Abschluss der vorangehenden Aktivität versandt wird, und nicht zu einem nicht näher bestimmten Zeitpunkt während der Abarbeitung von „Einladung schreiben".

Das rechts in Abbildung 87 mit einem unausgefüllten Briefsymbol dargestellte Nachrichten-empfangende Zwischenereignis reagiert auf eine über den Nachrichtenfluss eingehende Nachricht. Mit Abschluss der Aktivität „Rechnung verbuchen" fließt eine Marke zum Zwischenereignis „Zahlung eingegangen". Hier wird nun auf den Eingang der Nachricht „Zahlung" gewartet, d. h. solange keine Zahlung eingeht, bleibt die Marke an dieser Stelle liegen. Erst wenn die Zahlung eintrifft, tritt das Zwischenereignis ein, so dass die Marke weiterfließen und die Aktivität „Zahlung verbuchen" auslösen kann.

Beim Eintreffen einer Zahlung muss es sich selbstverständlich um die Zahlung handeln, die zu der in dieser Prozessinstanz versandten Rechnung gehört. Da es parallel ganz viele Instanzen dieses Prozesses und damit viele verschiedene versandte Rechnungen geben kann, treffen auch viele Zahlungen im Unternehmen ein. Diese Zahlungen müssen nun den passenden Prozessinstanzen zugeordnet werden. Erledigt dies ein Mitarbeiter, so wird er die mit der Zahlung angegebene Rechnungsnummer verwenden, um die passende Rechnung zu finden.

Erfolgt die Zuordnung einer eintreffenden Nachricht zur passenden Prozessinstanz automatisch durch eine Process Engine, so spricht man auch von „Korrelation" (engl. „Correlation").

Abbildung 88 zeigt ein zeitliches Zwischenereignis, gekennzeichnet durch eine Uhr. Bei einem solchen Ereignis wird nach Eintreffen einer Marke bis zu einem bestimmten Zeitpunkt gewartet. Typischerweise handelt es sich dabei nicht um einen vorher festgelegten absoluten Zeitpunkt, sondern um den Ablauf einer bestimmten Zeitspanne. In Abbildung 88 wird zunächst ein Kuchen in den Ofen geschoben. Anschließend wird eine Stunde gewartet, bevor die Aktivität „Kuchen herausnehmen" beginnt.

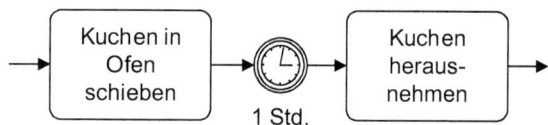

Abbildung 88: Zeitliches Zwischenereignis

Auch das Erfüllen einer Bedingung kann als Auslöser für ein Zwischenereignis dienen. In Abbildung 89 wird zunächst der Ofen eingeschaltet. Dann wird gewartet bis die Temperatur über 180 Grad gestiegen ist, worauf der Kuchen in den Ofen geschoben wird.

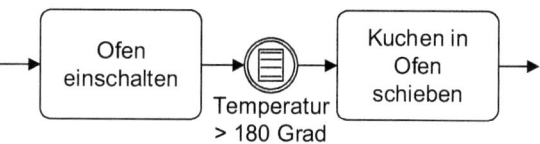

Abbildung 89: Eintreten einer Bedingung als Zwischenereignis

Weiterhin können Zwischenereignisse auch Signale senden oder empfangen, was durch ein ausgefülltes bzw. nicht ausgefülltes Dreieck angegeben wird. Im oberen Prozess aus Abbildung 90 wird der Allgemeinheit über ein sendendes Zwischenereignis signalisiert, dass eine neue Softwareversion verfügbar ist. Danach geht es in diesem Prozess sofort weiter mit der Aktivität „Neue Version der Software inventarisieren". Im unteren Prozess wird zuerst eine fehlerhafte Software außer Betrieb genommen. Anschließend wird auf das Signal „Neue Softwareversion verfügbar" gewartet. Erst wenn dieses Ereignis eintrifft, kann die Aktivität „Neue Version downloaden und installieren" durchgeführt werden.

Manchmal ist es notwendig, ein großes Modell auf mehrere Seiten zu verteilen. Dann ist es hilfreich, Verweise auf die jeweils andere Seite darstellen zu können. Damit kann man nachvollziehen, wo ein bestimmter Sequenzfluss auf der nächsten Seite weitergeht. Hierzu kann man Zwischenereignisse vom Typ „Link" verwenden. Diese sind mit Pfeilen gekennzeichnet.

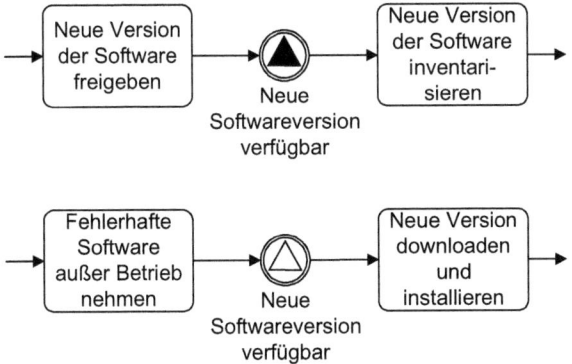

Abbildung 90: Signal-sendendes und Signal-empfangendes Zwischenereignis

Abbildung 91 zeigt einen ausgehenden Link „A" am Ende einer Seite. Dieser weist auf den gleichnamigen eingehenden Link „A" auf der folgenden Seite hin. Dies bedeutet, dass der aus Aktivität x ausgehende Sequenzfluss in Aktivität y eingeht.

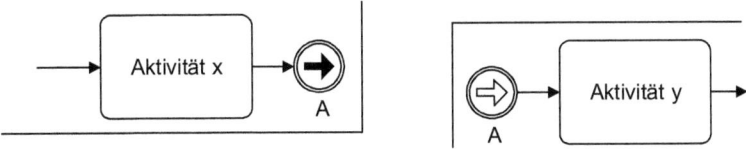

Abbildung 91: Link auf eine andere Seite

Es ist auch möglich, auf eine andere Stelle derselben Seite zu verweisen. Dies ist insbesondere nützlich, wenn ansonsten eine lange Sequenzflussverbindung um zahlreiche andere Modellelemente herum gezogen werden müsste. Es kann dann übersichtlicher sein, diese lange Verbindung durch einen aus- und einen eingehenden Link zu ersetzen.

Abbildung 92: Gewöhnliche Schleife

Der zurückführende Sequenzfluss aus Abbildung 92 könnte somit auch wie in Abbildung 93 dargestellt werden, wo der Sequenzfluss vom rechten, ausgehenden Link „B" zum linken, eingehenden Link „B" weitergeleitet wird.

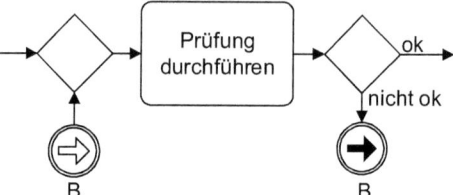

Abbildung 93: Darstellung der Schleife mit ein- und ausgehendem Link

Auch für Zwischenereignisse gibt es die Möglichkeit, diese mit dem Mehrfachsymbol zu kennzeichnen, wenn es mehrere alternative Auslöser bzw. mehrere Konsequenzen des Ereignisses gibt. Dabei wird wiederum zwischen empfangendem und sendendem Zwischenereignis unterschieden, wobei letzteres das ausgefüllte Symbol enthält (Abbildung 94). Mit der empfangenden Variante wird modelliert, dass eine eintreffende Marke an dieser Stelle wartet, bis eines der im Mehrfachereignis kombinierten einzelnen Ereignisse eingetreten ist. Beim sendenden mehrfachen Zwischenereignis treten wie beim entsprechenden Endereignis alle definierten Konsequenzen zugleich ein.

Abbildung 94: Mehrfaches Zwischenereignis (empfangend und sendend)

Wie bei den Startereignissen gibt es auch noch ein paralleles Mehrfachzwischenereignis (Abbildung 95). Im Gegensatz zum gewöhnlichen Mehrfachzwischenereignis müssen *alle* kombinierten Ereignisse (wie z. B. mehrere unterschiedliche Nachrichteneingänge) eingetroffen sein, bevor eine wartende Marke weitergeleitet wird.

Abbildung 95: Paralleles Mehrfachzwischenereignis

Schließlich gibt es ebenso wie für Start- und Endereignisse auch für das Zwischenereignis die unbestimmte Variante, die kein Symbol enthält. Anders als unbestimmte Start- und Endereignisse werden unbestimmte Zwischenereignisse eher selten verwendet. Prinzipiell ist es möglich, mit Hilfe eines unbestimmten Zwischenereignisses einfach nur darzustellen, dass an einer Stelle eines Prozessablaufs ein bestimmter Zustand eintritt. Beispielsweise zeigt das Ereignis „Auftrag erfasst" in Abbildung 96, dass an dieser Stelle der in dem Prozess bearbeitete Auftrag in den Zustand „erfasst" versetzt wird. Dies ist in dem Beispiel trivial, und im Gegensatz zu sendenden oder empfangenden Zwischenereignissen hat das Ereignis auch keine Auswirkungen in diesem oder anderen Prozessen. Daher wird man dieses Ereignis normalerweise weglassen.

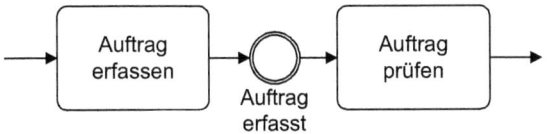

Abbildung 96: Unbestimmtes Zwischenereignis

In seltenen Fällen kann es dennoch sinnvoll sein, auch solche Ereignisse zu modellieren. Manchmal ist es nützlich, die verschiedenen Zustände zu untersuchen, die ein Objekt annehmen kann. Diese kann man z. B. mit einem UML-Zustandsdiagramm beschreiben. Dann lässt sich mit Hilfe der unbestimmten Ereignisse darstellen, an welchen Stellen im Prozess welche Zustände eintreten.

So wird in Abbildung 97 gezeigt, wann das in diesem Prozess bearbeitete Dokument in welchen Zustand versetzt wird. Die Ereignisse zeigen immer das Eintreten eines neuen Zustandes an. Das erste Zwischenereignis müsste daher streng genommen die Bezeichnung „Zustand ‚In Bearbeitung' eingetreten" tragen. Im Gegensatz zum Zeitpunkt-bezogenen Ereignis, das selbst keine Dauer hat, dauert ein Zustand eine gewisse Zeit an. Eine andere Art, wie man Zustände von Datenobjekten darstellen kann, wird in Kapitel 10 vorgestellt.

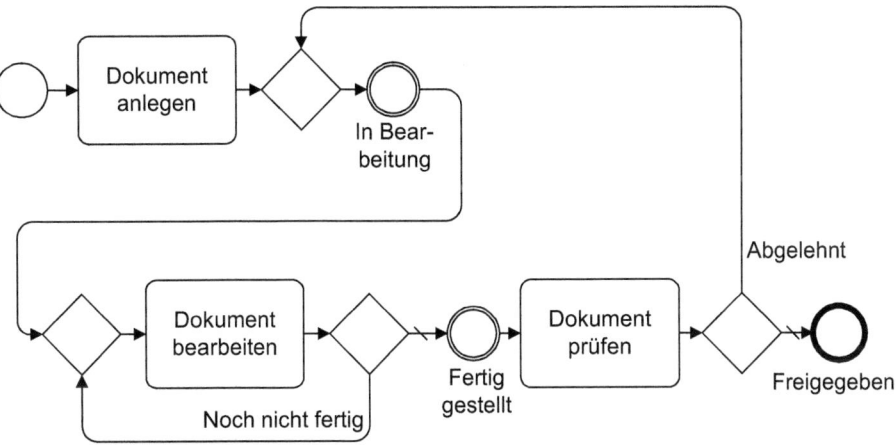

Abbildung 97: Unbestimmte Zwischenereignisse zeigen das Eintreten von Zuständen an.

Schließlich ist noch zu klären, wie sich ein Zwischenereignis verhält, wenn es mehr als einen eingehenden bzw. mehr als einen ausgehenden Sequenzfluss hat. Bei mehreren eingehenden Sequenzflüssen wird jede ankommende Marke für sich behandelt. Es wird also nicht auf weitere eingehende Marken gewartet.

Falls aus einem Zwischenereignis mehrere Sequenzflüsse herausgehen, so sind diese Pfade parallel, d. h. es wird über jeden ausgehenden Sequenzfluss eine Marke ausgegeben.

6.5   Ereignisbasierte Entscheidungen

In Abschnitt 3.1 wurden exklusive Gateways beschrieben, bei denen genau einer von mehreren Sequenzflüssen ausgewählt wird. Bei den dort beschriebenen Gateways handelt es sich um datenbasierte Gateways, d. h. die Entscheidung wird durch Auswertung von im Prozess zur Verfügung stehenden Datenwerten getroffen.

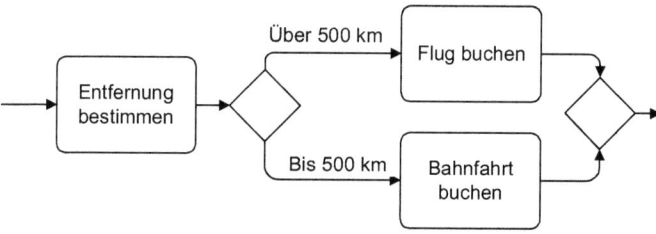

Abbildung 98: Datenbasierte Entscheidung

So wird in dem bereits betrachteten Beispiel der Abbildung 98 durch die Bedingungen an den Sequenzflüssen der Wert eines Datenelements „Entfernung" ausgewertet. Liegt dieser Wert über 500 km, so wird der obere Pfad gewählt, beträgt der Wert hingegen bis zu 500 km, wird der untere Pfad gewählt. Diese für den Kontrollfluss relevanten Daten müssen in der BPMN nicht modelliert werden (auch wenn die Modellierung von Datenobjekten möglich ist, wie in Kapitel 10 dargestellt wird). Man geht davon aus, dass innerhalb eines Prozesses überall auf alle Daten zugegriffen werden kann.

BPMN bietet mit dem ereignisbasierten exklusiven Gateway (engl. „Event-Based Exclusive Gateway") noch eine zweite Möglichkeit, einen von mehreren Pfaden auszuwählen, und zwar in Abhängigkeit davon, welches von mehreren möglichen Ereignissen eintritt. In Abbildung 99 wird zunächst an einen Bewerber eine Einladung zum Interview geschickt. Anschließend soll einer der drei folgenden Pfade gewählt werden. Entscheidend dabei ist, welches der auf den Gateway folgenden Ereignisse als erstes eintritt.

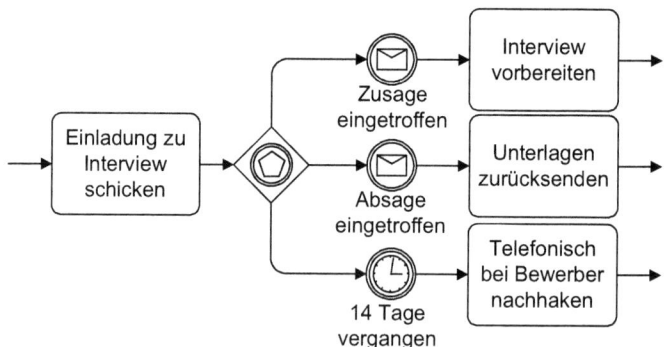

Abbildung 99: Ereignisbasierte Entscheidung

Trifft eine Zusage ein, so wird das Interview vorbereitet. Trifft eine Absage ein, so werden die Unterlagen zurückgesendet. Sind hingegen vierzehn Tage vergangen, ohne dass eines der anderen beiden Ereignisse eingetroffen wäre, so wird beim Bewerber telefonisch nachgehakt. Es wird prinzipiell nur das zuerst eingetroffene Ereignis berücksichtigt. Tritt also das Ereignis „Zusage eingetroffen" vor dem Ablauf von vierzehn Tagen ein, so hat das Ereignis „14 Tage vergangen" an dieser Verzweigung keine Auswirkung mehr.

Anders als beim datenbasierten exklusiven Gateway werden beim ereignisbasierten exklusiven Gateway an den Ausgängen keine Bedingungen angegeben. Stattdessen muss in jedem der ausgehenden Sequenzflüsse als erstes ein empfangendes Zwischenereignis folgen, mit dessen Hilfe der betreffende Sequenzfluss ausgewählt werden kann.

Beim Nachrichten-empfangenden Zwischenereignis sieht die BPMN allerdings noch eine zweite Darstellungsmöglichkeit vor. Da Nachrichten auch von Aktivitäten empfangen werden können, kann statt des Zwischenereignisses auch eine Aktivität verwendet werden. Hierbei muss es sich um eine Aktivität handeln, die nichts anderes tut, als eine Nachricht entgegenzunehmen. Würde die Nachricht nämlich erst irgendwann im Laufe der Durchführung einer umfangreicheren Aktivität empfangen, so müsste die Aktivität schon gestartet werden bevor man überhaupt weiß, ob die betreffende Nachricht als erstes eintrifft.

Eine derartige Aktivität, die nur eine Nachricht empfängt, wird in der BPMN als Task vom Typ „Receive" („empfangen") klassifiziert (vgl. Abschnitt 7.4) und mit einem Briefsymbol in der linken oberen Ecke gekennzeichnet. Der Modellausschnitt aus Abbildung 99 kann also wie in Abbildung 100 dargestellt werden. Allerdings wird die Entscheidungslogik deutlicher sichtbar, wenn man Ereignisse modelliert.

Die Zusammenführung von Sequenzflüssen, die mit einem ereignisbasierten exklusiven Gateway aufgesplittet wurden, erfolgt über einen gewöhnlichen exklusiven Gateway.

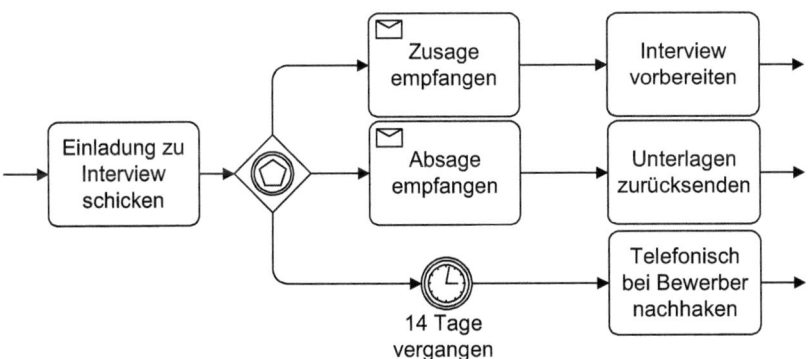

Abbildung 100: Ereignisbasierte Entscheidung mit Nachrichten-empfangenden Aktivitäten

An der Zusammenführung ist es schließlich unerheblich, ob der durchlaufene Sequenzfluss aufgrund von Daten oder Ereignissen ausgewählt wurde. Wichtig ist nur, dass immer nur über genau einen Sequenzfluss eine Marke kommt. Prinzipiell dürfte man auch das Symbol des ereignisbasierten exklusiven Gateways zur Zusammenführung verwenden. Die Logik ist aber genau die gleiche wie die eines gewöhnlichen zusammenführenden exklusiven Gateways.

In Abschnitt 6.2 wurde ein Prozess, der über unterschiedliche Ereignisse gestartet werden kann, mit mehreren Startereignissen modelliert. Gelegentlich sieht man aber auch eine Darstellung wie in Abbildung 101. Da die hier verwendete Variante des ereignisbasierten Gateways zum Starten eines Prozesses dient, enthält sie ein Mehrfach-Startereignis als Symbol. Der Prozess wartet dann gleich zu Beginn darauf, welches Zwischenereignis zuerst eintritt. Somit wird der Ablauf eigentlich erst durch eines der Zwischenereignisse gestartet. Mit dieser Modellierung vermeidet man die Verwendung mehrerer Startereignisse, deren Bedeutung vielleicht missverstanden werden könnte. Inhaltlich entspricht das Beispiel voll dem Modell aus Abbildung 73.

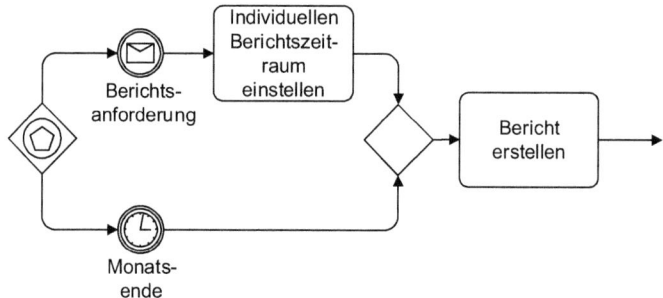

Abbildung 101: Start mit einem ereignisbasierten exklusiven Gateway

Eine Variante zum Starten eines Prozesses ist der ereignisbasierte parallele Gateway (engl. „Event-Based Parallel Gateway"). Hierbei müssen zu Beginn alle auf diesen Gateway folgenden Ereignisse eintreffen. Das erste eintreffende Ereignis sorgt dafür, dass eine Prozessinstanz angelegt wird. Anschließend wird auf die weiteren Ereignisse gewartet, bevor es im Prozess weitergeht. Das gleiche Verhalten kann auch mit einem parallelen Mehrfachstartereignis modelliert werden. Das Modell aus Abbildung 102 entspricht dem in Abbildung 72 rechts unten gezeigten.

Den parallelen ereignisbasierten Gateway gibt es nur in der Variante zum Starten eines Prozess. Wenn man innerhalb eines Prozesses auf mehrere Ereignisse warten muss, die in beliebiger Reihenfolge eingehen können, kann man diese Ereignisse in parallelen Pfaden anordnen, die aus einem normalen parallelen Gateway ausgehen und anschließend auch wieder in einen normalen parallelen Gateway eingehen.

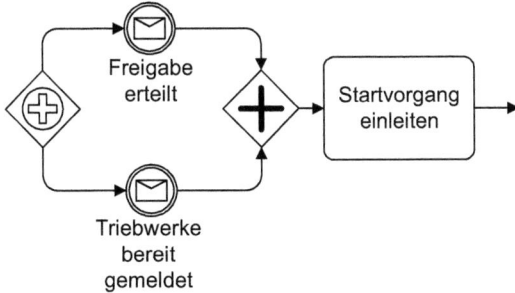

Abbildung 102: Start mit einem ereignisbasierten parallelen Gateway

7 Aktivitäten

7.1 Unterprozesse

BPMN-Modelle können zwei Arten von Aktivitäten enthalten: „Tasks", d. h. Arbeitsschritte, und Unterprozesse (engl. „Sub-Process"). Tasks sind nicht weiter unterteilt, Unterprozesse umfassen hingegen eigene detaillierte Abläufe.

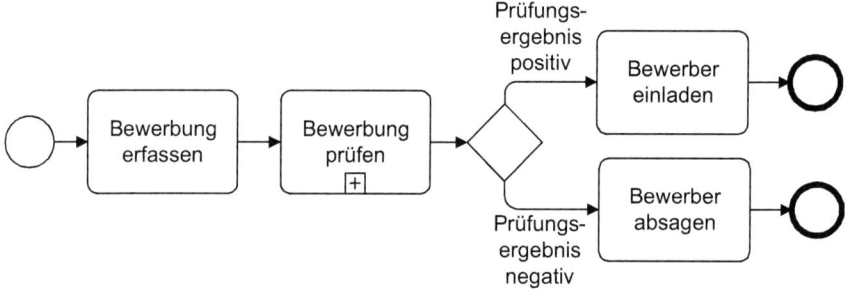

Abbildung 103: Prozess mit Unterprozess „Bewerbung prüfen"

Der Prozess in Abbildung 103 enthält die drei Tasks „Bewerbung erfassen", „Bewerber einladen" und „Bewerber absagen" sowie den Unterprozess „Bewerbung prüfen". Dieser ist mit einem kleinen „+"-Symbol gekennzeichnet. Dass es sich bei „Bewerbung erfassen" um einen Task handelt, bedeutet nicht, dass man diese Aktivität nicht weiter untergliedern könnte, sondern nur, dass in dem vorliegenden Modell darauf verzichtet wurde.

Abbildung 104 zeigt den Ablauf des Unterprozesses „Bewerbung prüfen". Wird der Prozess aus Abbildung 103 durchlaufen, so trifft nach dem Erfassen der Bewerbung eine Marke beim Unterprozess „Bewerbung prüfen" ein. Wenn dies geschieht, wird innerhalb des Unterprozesses das unbestimmte Startereignis aktiviert, d. h. es erzeugt eine Marke. Diese Marke durchläuft den Unterprozess ganz genauso wie dies bei einem gewöhnlichen Prozess der Fall wäre. Irgendwann erreicht sie eines der beiden Endereignisse. Damit ist der Unterprozess abgeschlossen, und es wird im übergeordneten Prozess eine Marke über den ausgehenden Sequenzfluss weitergegeben.

Hierbei ist es unerheblich, welches der beiden Endereignisse erreicht wurde. Für den Sequenzfluss ist nur wichtig, dass der Unterprozess komplett abgeschlossen ist, bevor eine Marke ausgegeben wird.

In dem vorliegenden Beispiel hat es inhaltlich allerdings schon eine Bedeutung, welches Endereignis erreicht wurde, denn im folgenden Gateway wird ja unterschieden, ob die Prüfung positiv oder negativ war. Dennoch gibt es von der BPMN-Syntax her keinen

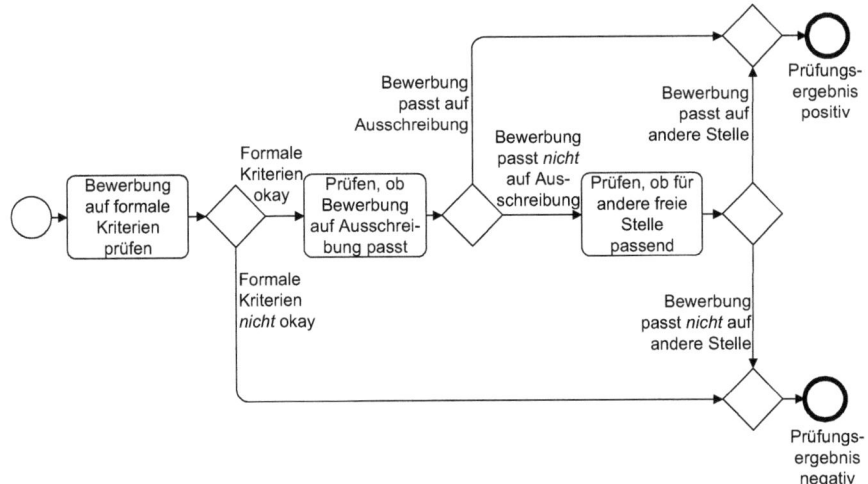

Abbildung 104: Unterprozess zur Aktivität „Bewerbung prüfen"

Zusammenhang zwischen den verschiedenen Endereignissen innerhalb des Unterprozesses und den Bedingungen an der Entscheidung im übergeordneten Prozess.

Vielmehr sind diese Modelle so zu interpretieren, dass während der Abarbeitung des Unterprozesses Daten erzeugt werden, die das Ergebnis der Prüfung enthalten. Diese Daten stehen dann im übergeordneten Prozess zur Verfügung und werden in den Bedingungen am Gateway ausgewertet. Wie bereits erwähnt, wird prinzipiell davon ausgegangen, dass innerhalb eines Prozesses alle Daten überall verfügbar sind, wo sie benötigt werden. Dies gilt auch für in den Prozess eingebettete Unterprozesse.

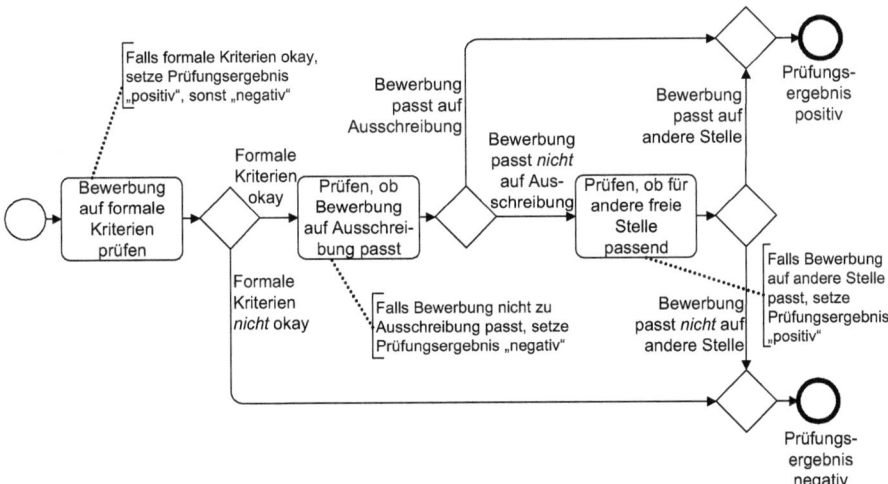

Abbildung 105: Speichern des Prüfungsergebnisses in einem Attribut

Im vorliegenden Beispiel könnte in dem Prozess ein Attribut „Prüfungsergebnis" verwendet werden, das die Werte „positiv" oder „negativ" annehmen kann. Die Anmerkungen in Abbildung 105 beschreiben, welche Werte die einzelnen Aktivitäten des Unterprozesses diesem Attribut zuweisen. In den Bedingungen am Gateway aus Abbildung 103 wird dann einfach der Wert dieses Attributs für die Entscheidung ausgewertet. Auch die Bedingungen an den Gateways im Unterprozess lassen sich mit Hilfe des Attributs „Prüfungsergebnis" formulieren.

Da der hier vorgeschlagene Mechanismus zur Übermittlung von Ergebnissen eines Unterprozesses an den übergeordneten Prozess unabhängig von den Endereignissen ist, hätte man den Unterprozess auch so wie in Abbildung 106 modellieren können. Hier erreicht die Marke stets das einzige unbestimmte Endereignis, und das Prüfungsergebnis wird wie oben mit Hilfe eines Attributs weitergegeben.

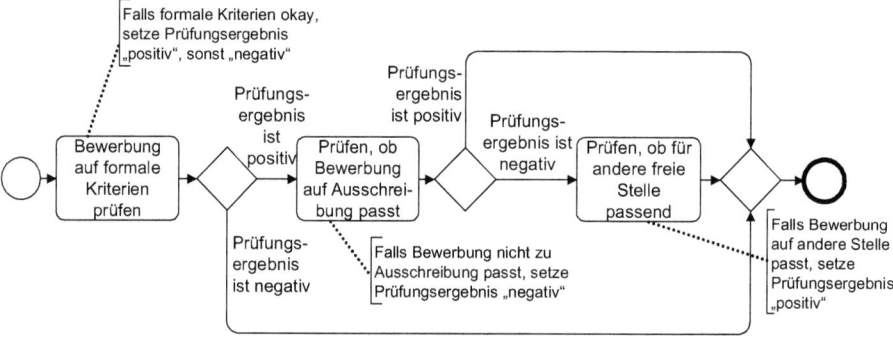

Abbildung 106: Alternative Modellierung des Unterprozesses

Die Darstellung aus Abbildung 104 ist jedoch wesentlich aussagekräftiger und besser verständlich – zumal, wenn man keine umständlichen Anmerkungen verwenden möchte. Daher empfiehlt es sich, per Modellierungskonvention festzulegen, dass in übergeordneten Prozessen die unterschiedlichen Endereignisse aus Unterprozessen ausgewertet werden können, wie dies im obigen Beispiel gemacht wurde.

Wird der Prozess manuell durchgeführt, so gibt es keine Process Engine, die ein Attribut „Prüfungsergebnis" verwalten würde. Die Mitteilung des Prüfungsergebnisses erfolgt dann entweder über die beteiligten Mitarbeiter oder z. B. über einen entsprechenden Vermerk auf einem Laufzettel. Das Prinzip verändert sich dadurch nicht.

Es ist natürlich auch möglich, dass in einem Unterprozess mehrere Endereignisse modelliert werden, die über parallele Pfade alle erreicht werden. In diesem Fall ist der Unterprozess erst dann beendet, wenn alle Marken im Unterprozess durch Endereignisse verschluckt worden sind.

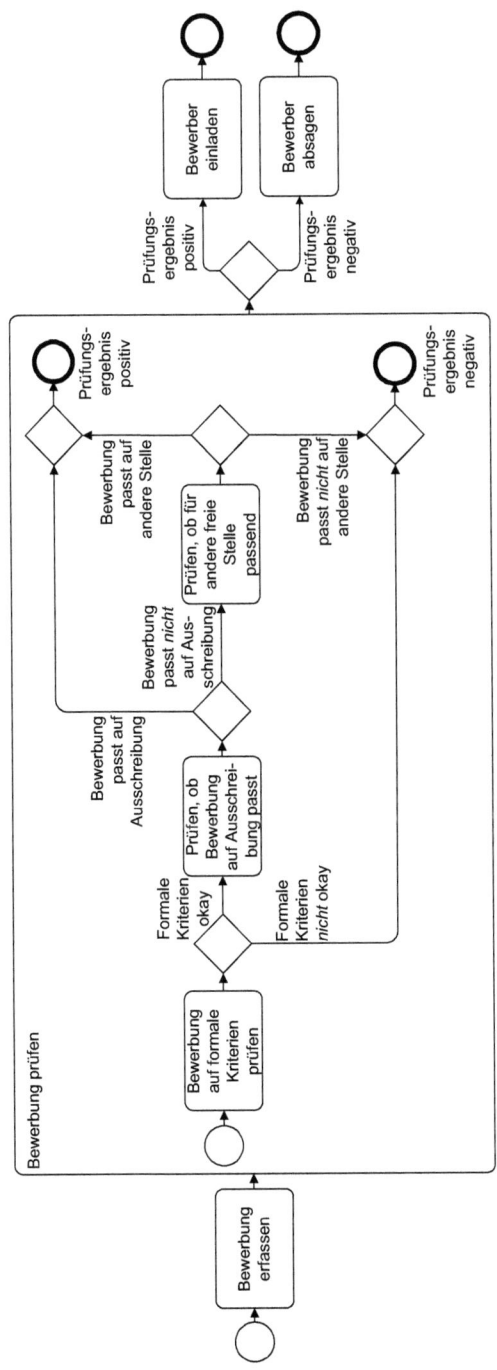

Abbildung 107: Darstellung eines Unterprozesses im übergeordneten Prozess

Ist ein Unterprozess abgeschlossen, so wird auf jedem aus dem Unterprozess ausgehenden Sequenzfluss eine Marke ausgegeben. Bei bedingten Sequenzflüssen werden allerdings nur Marken ausgegeben, wenn die jeweiligen Bedingungen zutreffen.

Man sollte darauf achten, dass ein Unterprozess nicht mehrere unbestimmte Startereignisse hat, da ansonsten nicht klar ist, wo der Unterprozess beginnt, wenn er vom übergeordneten Prozess aktiviert wird.

Neben der Darstellung von Unterprozessen in eigenen Diagrammen gibt es auch die Möglichkeit, den Detailablauf des Unterprozesses direkt in das Modell des übergeordneten Prozesses einzufügen. Dazu wird das betreffende Aktivitätssymbol größer gezeichnet und der untergeordnete Prozess in diesem Symbol angeordnet (Abbildung 107).

Manche Modellierungstools erlauben auch das Auf- und Zuklappen des Unterprozesses, so dass man sich die Details eines Unterprozesses bei Bedarf ansehen kann und dabei gleichzeitig den Zusammenhang mit dem übergeordneten Prozess im Blick hat. Aus Gründen der Übersichtlichkeit ist die aufgeklappte Darstellung nur bis zu einer gewissen Modellgröße sinnvoll, da die Grafiken sonst zu groß werden.

Unterprozesse können selbst auch wieder Unterprozesse enthalten, so dass sich beliebig tiefe hierarchische Prozessmodelle aufbauen lassen.

In Unterprozessen können wie in allen Prozessen auch implizite Start- und Endereignisse verwendet werden (vgl. hierzu Abschnitt 6.2 und 6.3). In Abbildung 108 werden beim Start des Unterprozesses alle drei Tasks parallel aktiviert. Sobald alle drei beendet sind, ist auch der Unterprozess beendet, und es wird eine Marke ausgegeben, die in diesem Fall zum Endereignis des übergeordneten Prozesses fließt.

Es wurde bereits auf die Regel hingewiesen, dass in einem Prozess entweder ausschließlich implizite oder aber ausschließlich explizite Start- und Endereignisse verwendet werden müssen, Kombinationen davon hingegen nicht zulässig sind. In Zusammenhang

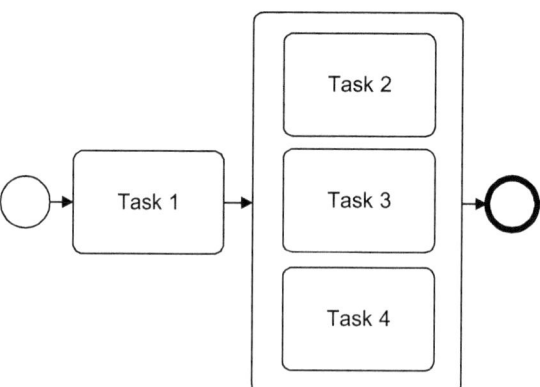

Abbildung 108: Unterprozess mit impliziten Start- und Endereignissen

mit Unterprozessen ist zu beachten, dass jeder Unterprozess selbst wieder ein eigener Prozess ist, für den die Verwendung von expliziten und impliziten Ereignissen anders gehandhabt werden kann als für den übergeordneten Prozess. Daher ist die Darstellung in Abbildung 108 korrekt. Im übergeordneten Prozess werden ausschließlich explizite Start- und Endereignisse verwendet, im untergeordneten Prozess hingegen ausschließlich implizite.

In Abbildung 108 werden die drei Tasks im Unterprozess parallel durchgeführt. Daher könnte man die gleiche Logik auch gemäß Abbildung 109 mit Hilfe von parallelen Gateways modellieren.

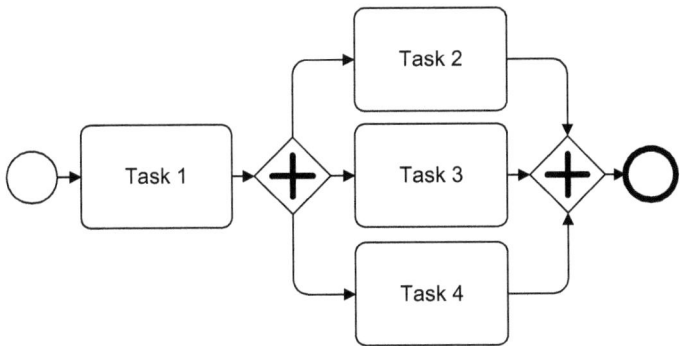

Abbildung 109: Modellierung des Ablaufs aus Abbildung 108 mit parallelen Gateways

Man kann einwenden, dass die modellierten Inhalte der beiden Abbildungen doch ein klein wenig verschieden sein müssten: Als Teil eines Unterprozesses befinden sich Task 2, Task 3 und Task 4 eigentlich auf einer detaillierteren Modellierungsebene als Task 1. Daher müsste es sich auch um detailliertere Aktivitäten handeln. In dem Beispiel mit den parallelen Gateways befinden sich Task 2 bis 4 hingegen direkt im gleichen Prozess wie Task 1, daher müssten hier alle Tasks den gleichen Detaillierungsgrad aufweisen.

Diese Betrachtung trifft dann zu, wenn Unterprozesse zur Hierarchisierung verwendet werden – vom groben Übersichtsmodell bis zum Detailablauf mit allen Einzelheiten. In der BPMN werden Unterprozesse allerdings nicht nur für diesen Zweck verwendet, sondern auch um beispielsweise Aktivitäten innerhalb einer Schleife zusammenzufassen (vgl. Abschnitt 7.2) oder aber mehrere Aktivitäten zu gruppieren, damit sie gemeinsam abgebrochen werden können (vgl. Kapitel 8 und 9). In diesen Fällen haben die Aktivitäten innerhalb des Unterprozesses den gleichen Detaillierungsgrad wie die Aktivitäten des übergeordneten Prozesses. Von daher kann es sich bei dem Unterprozess in Abbildung 108 ebenso um eine reine Zusammenfassung von Aktivitäten handeln, die evtl. sogar nur verwendet wird, um eine kompaktere Darstellung als mit parallelen Gateways zu erhalten. Interessanterweise gibt die BPMN-Spezifikation an, dass diese Möglichkeit zur Darstellung parallel durchgeführter Aktivitäten der Grund war, implizite Start- und Endereignisse in der BPMN zuzulassen [OMG 2013, S. 172].

7.2   Schleifen und Mehrfachaktivitäten

Häufig werden Aktivitäten in einem Prozess mehrfach wiederholt. Dies lässt sich mit Hilfe von Schleifen (engl. „Loop") modellieren. In Abbildung 110 soll eine Bestellung für alle Mitarbeiter durchgeführt werden (z. B. für neu gestaltete Visitenkarten). Hierzu wird zunächst der Bedarf erhoben. Da evtl. nicht alle Mitarbeiter sofort erreichbar sind, wird dieser Task solange wiederholt, bis alle Mitarbeiter ihren Bedarf gemeldet haben. Anschließend wird ein Angebot eingeholt. Ist das Angebot nicht zufriedenstellend, so wird erneut ein Angebot eingeholt. Die Angebotseinholung wird solange wiederholt, bis endlich ein geeignetes Angebot eingegangen ist. Erst dann geht es mit dem Aufgeben der Bestellung weiter.

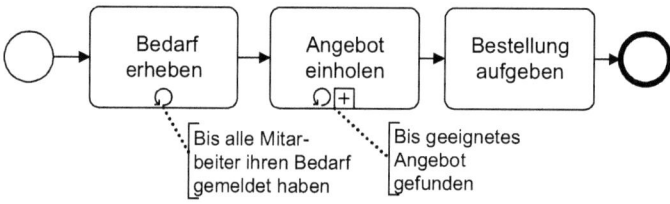

Abbildung 110: Schleifenaktivitäten

Schleifenaktivitäten werden durch einen kleinen kreisförmigen Pfeil am unteren Rand gekennzeichnet. Auch Unterprozesse können als Schleife gekennzeichnet werden, und zwar sowohl in der eingeklappten als auch der expandierten Form. Abbildung 111 zeigt den Prozess mit aufgeklapptem Schleifen-Unterprozess.

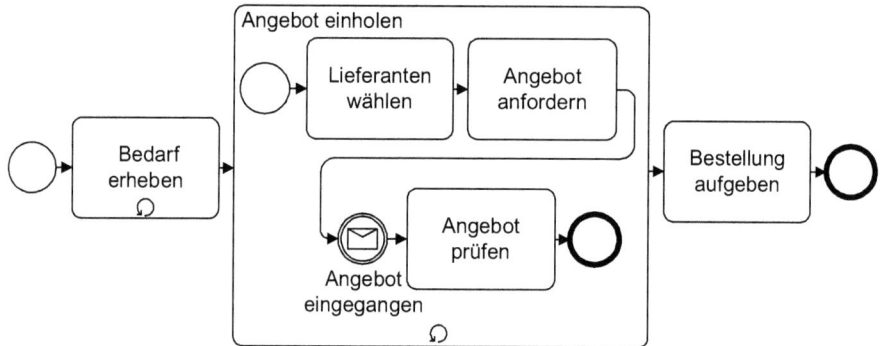

Abbildung 111: Expandierter Schleifen-Unterprozess

Damit eine Schleife nicht endlos wiederholt wird, muss angegeben werden, wie oft sie durchlaufen werden soll. Man kann hierzu eine Abbruchbedingung verwenden. Die Schleife wird solange durchlaufen, bis die Abbruchbedingung erfüllt ist. In Abbildung

110 sind die Abbruchbedingungen in Form von Anmerkungen als informelle Texte notiert. So wird die Aktivität „Bedarf erheben" solange durchgeführt, bis die Bedingung „Alle Mitarbeiter haben ihren Bedarf gemeldet" zutrifft.

Anstelle einer Abbruchbedingung kann umgekehrt auch eine Bedingung für die weitere Ausführung der Schleife definiert werden. Die Schleifenaktivität wird dann solange wiederholt, solange die Bedingung zutrifft. Erst wenn sie nicht mehr zutrifft, wird die Schleife abgebrochen.

Für einen automatisierten Prozess, der von einer Process Engine ausgeführt wird, müssen derartige Bedingungen in einer formalen, von der jeweiligen Process Engine auswertbaren Sprache formuliert werden. Die BPMN stellt Attribute für solche Bedingungen bereit. Die Spezifikation schlägt die XML-Abfragesprache XPath für die Formulierungen solcher Bedingungen vor, ermöglicht jedoch ausdrücklich auch andere Sprachen. Zumeist wird die verwendete formale Sprache von der jeweiligen Process Engine abhängen.

Neben der Abbruch- oder Wiederholungsbedingung selbst können noch eine minimale und eine maximale Zahl von Schleifendurchläufen hinterlegt werden. Außerdem kann bestimmt werden, ob die Bedingung jeweils vor oder nach dem Durchlaufen der Schleife überprüft wird. Wird sie immer vor dem Schleifendurchlauf ausgewertet, so kann es vorkommen, dass die Bedingung für den Abbruch bereits von vornherein zutrifft, und die Schleife überhaupt nicht durchlaufen wird. Bei Überprüfung nach dem Schleifendurchlauf erfolgt hingegen mindestens ein Durchlauf.

Für Prozessmodelle, die nicht automatisch ausgeführt werden sollen, empfiehlt es sich, die Bedingungen als gut verständlichen Text in einer Anmerkung zu notieren.

Natürlich lassen sich Schleifen auch ganz anders modellieren, nämlich mit Hilfe eines verzweigenden exklusiven Gateways nach der mehrfach zu durchlaufenden Aktivität. Es läuft dann einer der beiden Sequenzflüsse zurück und mündet über einen zusammenführenden exklusiven Gateway wieder in dieselbe Aktivität. Abbildung 112 zeigt verschiedene Darstellungsformen für Schleifen: Mittels Schleifenaktivitäten (oben) sowie mittels zurückführenden Sequenzflüssen, einmal dargestellt mit Gateways (Mitte) und einmal mit bedingten Sequenzflüssen (unten).

Welche dieser Darstellungsformen man wählt ist, eine Frage des Modellierungsstils. Oftmals werden in fachlichen Modellen eher die zurücklaufenden Sequenzflüsse verwendet, da die Schleife hier optisch deutlicher erkennbar ist. Für automatisierte Prozesse werden oft Schleifenaktivitäten bevorzugt, da diese besser automatisch verarbeitet werden können. Mit zurücklaufenden Sequenzflüssen lassen sich unter Umständen sehr komplexe, ineinander geschachtelte Zyklen modellieren, die sehr anfällig für Modellierungsfehler sind, so dass der Prozess bei seiner Ausführung eventuell stecken bleiben kann.

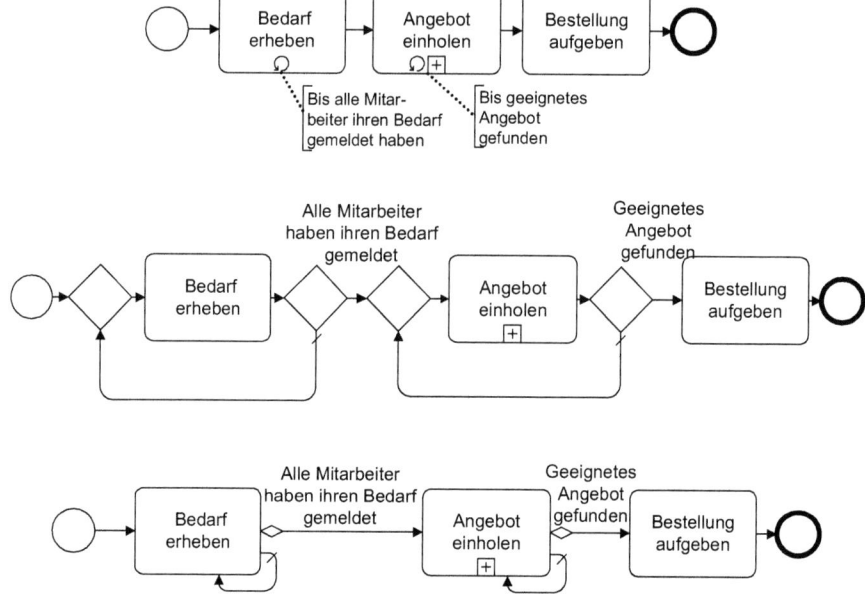

Abbildung 112: Verschiedene Darstellungsformen für Schleifen

Eine besondere Art von mehrfach durchgeführten Aktivitäten trägt im Englischen die Bezeichnung „Multi-Instance", zu Deutsch etwa „Mehrfachinstanz". Der Einfachheit halber wird diese hier nur als „Mehrfachaktivität" bezeichnet. Sie wird durch drei parallele senkrechte Striche am unteren Rand gekennzeichnet.

Eine Mehrfachaktivität kann verwendet werden, wenn man es mit einer Menge von zu bearbeitenden Objekten zu tun hat, und eine bestimmte Aktivität für jedes Element dieser Menge ausgeführt werden soll.

So wird im Prozess aus Abbildung 113 zunächst ein Lieferschein erfasst. Ein solcher Lieferschein enthält in der Regel mehrere einzelne Lieferscheinpositionen. Die Aktivität „Lieferscheinposition prüfen" muss für jede dieser Positionen einmal durchgeführt werden. Die Zahl der Durchführungen wird also durch die Zahl der Lieferscheinpositionen

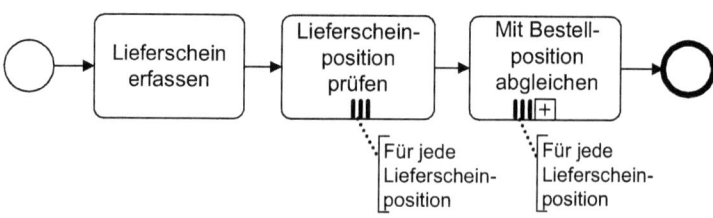

Abbildung 113: Mehrfachaktivitäten

bestimmt. Anschließend wird jede Lieferscheinposition mit der zugehörigen Bestellposition abgeglichen. Daher wird auch der Unterprozess „Mit Bestellposition abgleichen" als Mehrfachaktivität durchgeführt.

Über entsprechende Attribute lässt sich ggf. mittels formaler Ausdrücke hinterlegen, für welche Elemente die Aktivität jeweils durchgeführt werden soll. Oder aber man verwendet wiederum Anmerkungen wie in Abbildung 113.

Prinzipiell lässt sich das entsprechende Verhalten auch mit Hilfe von Schleifen (Schleifenaktivitäten oder zurückführende Sequenzflüsse) modellieren. Dies ist in Abbildung 114 beispielhaft für die Aktivität „Lieferscheinposition prüfen" gezeigt.

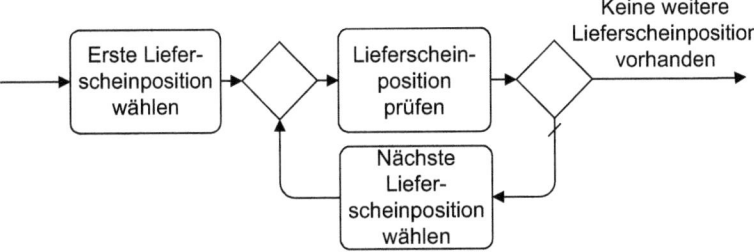

Abbildung 114: Modellierung der Aktivität „Lieferscheinposition prüfen" ohne Mehrfachaktivität

Verwendet man hingegen eine Mehrfachaktivität, so kann man auf die recht trivialen Hilfstasks „Erste Lieferscheinposition wählen" und „Nächste Lieferscheinposition wählen" verzichten.

Der wesentliche Unterschied zwischen einer Schleifenaktivität und einer Mehrfachaktivität besteht darin, dass bei einer Mehrfachaktivität die Zahl der benötigten Durchläufe im Voraus feststeht, da die Menge der einzeln zu bearbeitenden Objekte vorliegt und die Zahl der Objekte bekannt ist. Bei einer Schleifenaktivität wird hingegen nach jedem Durchlauf geprüft, ob die Abbruchbedingung erreicht ist. Hierzu muss vorher nicht bekannt sein, wie oft die Schleife durchlaufen wird. In vielen Fällen entscheidet sich das erst während der Bearbeitung.

Im Gegensatz zur Schleifenaktivität muss eine Mehrfachaktivität auch nicht zwangsläufig sequenziell in einer bestimmten Reihenfolge durchlaufen werden. Die einzelnen Objekte können auch in beliebiger Reihenfolge und parallel bearbeitet werden. Ist aber eine sequenzielle Bearbeitung erforderlich, so werden die drei Striche des Mehrfachmarkers horizontal eingezeichnet.

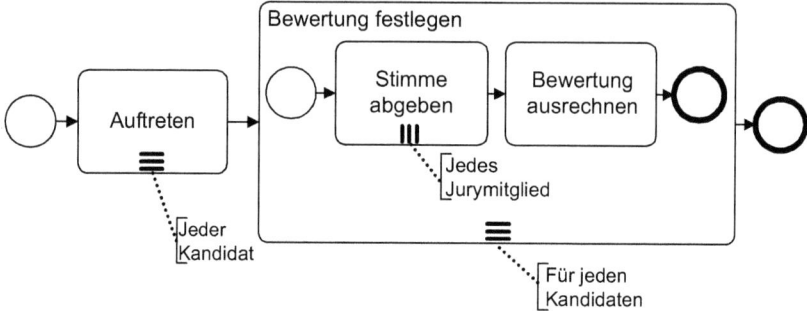

Abbildung 115: Sequenzielle und parallele Mehrfachaktivität

Abbildung 115 verdeutlicht dies anhand des Ablaufs in einer Casting-Show. Zunächst tritt jeder der teilnehmenden Kandidaten auf. Die Menge der Kandidaten liegt vorher fest. Daher wird keine Schleifenaktivität verwendet, bei der man nach jedem Auftritt prüfen würde, ob noch ein weiterer Kandidat vorhanden ist. Andererseits dürfen die Auftritte nicht parallel erfolgen, damit Publikum und Jury auch alle Auftritte verfolgen können. „Auftreten" ist daher als sequenzielle Mehrfachaktivität gekennzeichnet.

Nach dem letzten Auftritt wird der Unterprozess „Bewertung festlegen" für jeden Kandidaten durchgeführt, wobei dies ebenfalls streng sequenziell erfolgt. Innerhalb des Unterprozesses ist eine weitere Mehrfachaktivität vorhanden: „Stimme abgeben" wird für jedes Jurymitglied durchgeführt, wobei in diesem Beispiel die Stimmen parallel abgeben werden.

Unter Parallelität ist dabei wie beim parallelen Gateway nicht unbedingt Gleichzeitigkeit zu verstehen. Es ist nur keine Reihenfolge festgelegt. Bevor im Beispiel „Bewertung ausrecjmem" gestartet wird, müssen alle Stimmen abgegeben sein.

7.3 Ad-hoc-Unterprozesse

Ein Ad-hoc-Unterprozess (engl. „Ad Hoc Sub-Process") wird mit einer Tilde gekennzeichnet. Bei ihm sind zwar die enthaltenen Aktivitäten festgelegt, die Reihenfolge ihrer Durchführung ist vorher hingegen nicht bekannt. Sie ergibt sich erst während der Durchführung. Typische Beispiele sind kreative, wissensintensive Abläufe, bei denen die beteiligten Mitarbeiter aufgrund des Verlaufs situativ entscheiden, wann welche Aktivität durchgeführt wird. Auch Wiederholungen und parallele Bearbeitungen sind möglich.

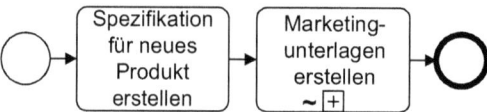

Abbildung 116: Ad-hoc-Unterprozess

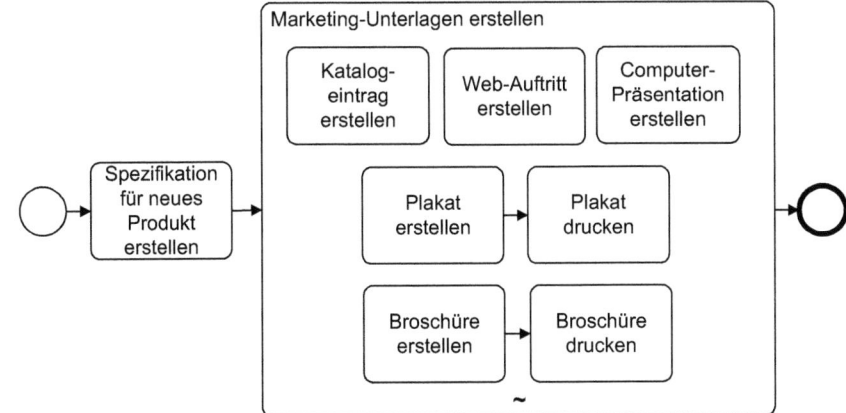

Abbildung 117: Expandierter Ad-hoc-Unterprozess

Abbildung 116 enthält den Ad-hoc-Unterprozess „Marketingunterlagen erstellen". Die expandierte Darstellung in Abbildung 117 zeigt die durchzuführenden Aktivitäten. Da für die meisten dieser Aktivitäten die Reihenfolge vorher nicht bekannt ist, lässt sich an diesen Stellen auch kein Sequenzfluss darstellen. An den Stellen, an denen eine bestimmte Reihenfolge eingehalten werden muss, lässt sich aber auch im Ad-hoc-Unterprozess ein Sequenzfluss modellieren. So kann etwas die Aktivität „Plakat drucken" erst durchgeführt werden, wenn das Plakat erstellt ist. Daher wurde zwischen diesen Aktivitäten ein Sequenzfluss eingezeichnet. Das Gleiche gilt für die Aktivitäten „Broschüre erstellen" und „Broschüre drucken".

Die Tilde als Ad-hoc-Symbol kann nur bei Unterprozessen verwendet werden, nicht jedoch bei Tasks.

7.4 Typen von Tasks

Die in einem Prozess durchgeführten Tasks lassen sich in verschiedene Typen unterteilen. Die BPMN-Spezifikation gibt eine Reihe solcher Typen vor, wobei die Unterteilung sehr stark aus Sicht der Prozessautomatisierung mit Hilfe von Process Engines getroffen wurde. Folgende vordefinierte Typen stehen zur Verfügung:

- Service-Task (engl. „Service Task")
  Hierbei handelt es sich um eine automatisierte Funktion, z. B. den Aufruf einer Anwendungsfunktion oder eines Web Service.

- Empfangs-Task (engl. „Receive Task")
  Ein solcher Task empfängt eine Nachricht. Er entspricht einem Nachrichten-empfangenden Zwischenereignis. Zudem gibt es eine Variante zum Starten eines Prozesses, die somit einem Nachrichten-empfangenden Startereignis entspricht.

- Sende-Task (engl. „Send Task")

  Ein derartiger Task sendet eine Nachricht. Er entspricht einem Nachrichten-sendenden Ereignis.

- Benutzer-Task (engl. „User Task")

  Ein Benutzer-Task erwartet Eingaben durch einen Benutzer. Dies ist ein typischer Task im Rahmen eines sogenannten „Human Interaction Workflow" (Workflow mit Benutzer-Interaktion), bei dem ein Benutzer sämtliche zu bearbeitenden Aufgaben in einer Task-Liste angezeigt bekommt, dort eine Aufgabe auswählt, und diese dann durch Eingaben in einen Dialog bearbeitet.

- Geschäftsregel-Task (engl. „Business Rule Task")

  In diesem Task werden ein oder mehrere Geschäftsregeln angewandt um ein Ergebnis zu ermitteln oder eine Entscheidung zu treffen. Hierzu kann von der Process Engine ein Business Rules Management-System aufgerufen werden, das die für den betreffenden Fall zutreffenden Regeln auswertet.

- Skript-Task (engl. „Script Task")

  Ein Skript enthält Logik, die von der Process Engine direkt ausgeführt wird.

- Manueller Task (engl. „Manual Task")

  Dies ist eine manuelle Tätigkeit ohne IT-Unterstützung.

- Unbestimmt („None")

  Es ist kein Typ definiert.

Abgesehen vom unbestimmten Task werden die verschiedenen Task-Typen im grafischen Modell durch Icons gekennzeichnet (Abbildung 118).

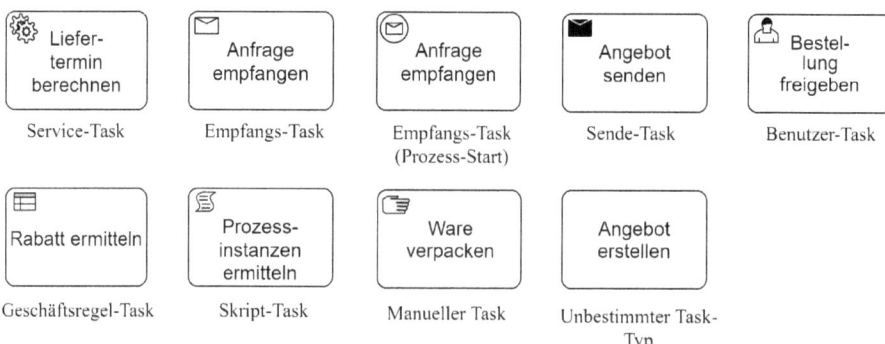

Abbildung 118: Darstellung der verschiedenen Task-Typen

Es ist auch erlaubt, selbst weitere Typen von Tasks zu definieren und hierfür eigene Icons im jeweiligen Tasksymbol zu verwenden. Allerdings wird dies nicht von jedem BPMN-Modellierungstool unterstützt.

7.5 Aufruf von Prozessen und globalen Tasks

Bisher wurden zwei Arten von Aktivitäten verwendet: Unterprozesse und Tasks. Letztere sind nicht weiter untergliederte Arbeitsschritte. Gewöhnliche Unterprozesse und Tasks sind Teil des Prozesses, zu dem sie gehören. Das bedeutet, sie sind von diesem Prozess abhängig und können nicht unabhängig von ihm verwendet werden.

Nun gibt es aber den Fall, dass eine einmal definierte Aktivität in mehreren Prozessen verwendet werden soll. Hierfür stellt die BPMN das Konstrukt der Aufrufaktivität (engl. „Call Activity") zur Verfügung. Taucht eine Aufrufaktivität in einem Prozess auf, so ist die eigentliche Aktivität an anderer Stelle definiert, sie wird in dem Prozess nur aufgerufen.

Handelt es sich bei der Aufrufaktivität um einen Task, so wird ein sogenannter globaler Task (engl. „Global Task") aufgerufen. Ein globaler Task wird nur einmal angelegt, d. h. seine Attributwerte, wie Name, Beschreibung, aufzurufende Web Services oder Funktionen, Ein- und Ausgabeparameter usw. existieren nur einmal. Der Task kann dann in verschiedenen Prozessen aufgerufen werden. Die Attribute eines globalen Tasks werden nicht in einem grafischen Modell gepflegt, sondern – je nach verwendetem Werkzeug –

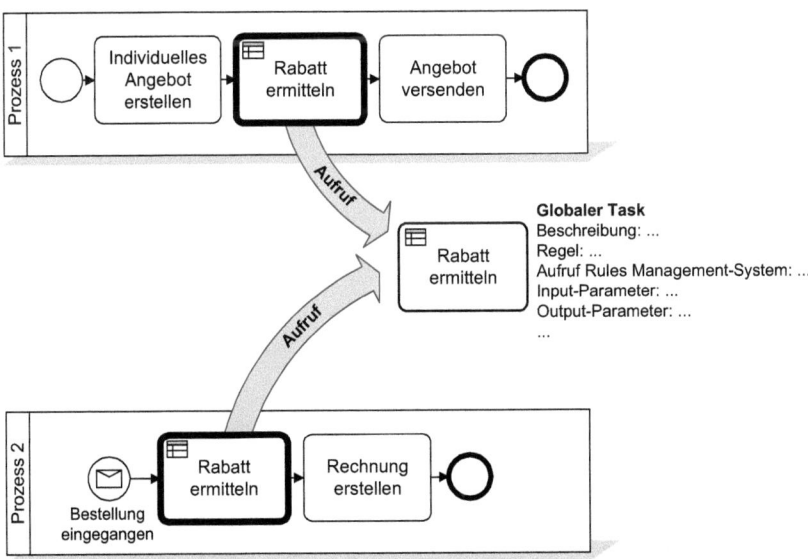

Abbildung 119: Aufruf eines globalen Tasks aus verschiedenen Prozessen heraus

beispielsweise über einen Attributdialog, der sich über die zugehörigen Aufrufaktivitäten öffnen lässt.

Wie in Abbildung 119 zu sehen ist, wird eine Aufrufaktivität mit einem dicken Rand gezeichnet. Im gezeigten Fall ist „Rabatt ermitteln" als globaler Task definiert. Prozess 1 und Prozess 2 enthalten beide jeweils eine Aufrufaktivität, die diesen globalen Task aufruft. Im Beispiel wird ein Geschäftsregel-Task verwendet. Für globale Tasks können alle Typen von Tasks verwendet werden, genauso wie Tasks ohne definierten Typ.

Insbesondere für automatisierte Prozesse gibt es eine wichtige Unterscheidung zwischen gewöhnlichen, in den Prozess eingebettete Aktivitäten und Aufrufaktivitäten. Gewöhnliche Aktivitäten verfügen automatisch über Zugriff auf alle Informationen im Prozess. So könnten für die Prozesse im obigen Beispiel Variablen definiert sein, in denen die Angebots- oder Bestellsumme gespeichert wird. In gewöhnlichen Aktivitäten, wie z. B. „Rechnung erstellen" kann direkt auf diesen Wert zugegriffen werden. Variablen, die in einem Prozess definiert werden, sind in all seinen Tasks und Unterprozessen sichtbar – es sein denn, es handelt sich um Aufrufaktivitäten.

Da die Aktivität „Rabatt ermitteln" als globaler Task definiert wurde, kann darin nicht auf den Wert einer solchen Prozessvariablen zugegriffen werden. Damit der globale Task an verschiedenen Stellen aufgerufen werden kann, muss er schließlich unabhängig von einem umgebenden Prozess sein. Für den Austausch von Werten zwischen einem

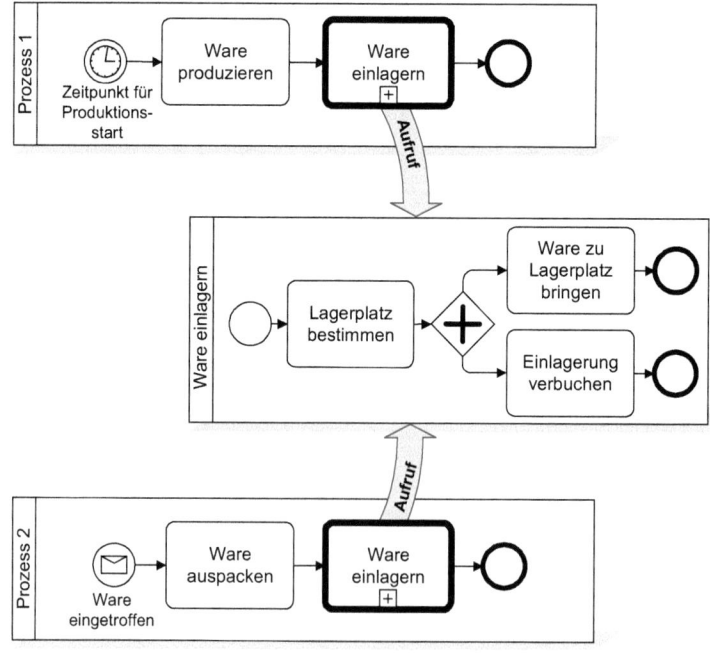

Abbildung 120: Aufruf eines Prozesses aus anderen Prozessen heraus

aufrufendem Prozess und einem aufgerufenen globalen Task müssen daher Schnittstellen definiert werden. Diese legen die Eingabe- und Ausgabeparameter des Tasks fest. Auch hierfür bietet die BPMN Konstrukte an, die aber nicht in den Modellen angezeigt werden.

Auch wenn die Sichtbarkeit von Variablen eher ein Thema für ausführbare Prozessmodelle ist, sollte man sich auch bei fachlichen Prozessmodellen überlegen, ob eine Aktivität eventuell mehrfach verwendet wird. Im folgenden Abschnitt 7.6 wird ein fachliches Beispiel vorgestellt, das die Abhängigkeit bzw. Unabhängigkeit eines Unterprozesses vom umgebenden Prozess illustriert.

Eine Aufrufaktivität kann nämlich auch einen anderen Prozess aufrufen. In Abbildung 120 wird der Prozess „Ware einlagern" aus zwei anderen Prozessen heraus aufgerufen. Die Aufrufaktivität ist wiederum durch einen dicken Rand gekennzeichnet. Das „+"-Zeichen in dem Symbol gibt an, dass es sich bei der aufgerufenen Aktivität um einen Prozess handelt. Dieser aufgerufene Prozess, „Ware einlagern" ist selbst ein ganz gewöhnlicher Prozess, der auch völlig unabhängig von Prozess 1 oder Prozess 2 durchgeführt werden könnte. Damit unterscheidet er sich von einem Unterprozess, der vom übergeordneten Prozess abhängt. Es ist daher auch nicht möglich, einen gewöhnlichen Unterprozess eines Prozesses aus einem anderen Prozess heraus aufzurufen. Eine Wiederverwendung funktioniert nur mit eigenständigen Prozessen, die über Aufrufaktivitäten eingebunden werden.

Auch eine aufgeklappte Darstellung wie in Abbildung 121 ist möglich. Rein optisch macht es zwar den Eindruck, als sei „Ware einlagern" ein Teil von Prozess 1, doch ist der Prozess „Ware einlagern" auch hier völlig unabhängig definiert. Würde man auch Prozess 2 mit der aufgeklappten Darstellung zeichnen, so wäre das Innere der dick umrandeten Aufrufaktivität gleich wie in Prozess 1. Für Modellierungstools ergibt sich das Problem, dass Änderungen in einem aufgerufenen Prozess in allen Prozessen nachvollzogen werden müssen, in denen dieser Prozess aufgeklappt dargestellt ist. Daher ist die Darstellung aus Abbildung 120 zumeist praktikabler.

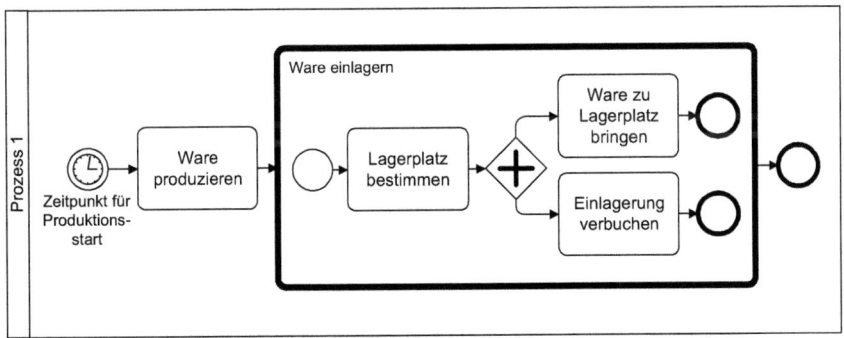

Abbildung 121: Aufgeklappte Darstellung eines aufgerufenen Prozesses

Als eigenständiger Prozess kann ein aufgerufener Prozess auch über eigene Bahnen verfügen. Sind die Aktivitäten in andere Bahnen eingeordnet als die des aufrufenden Prozesses, so wird an dieser Stelle eben die Bahn gewechselt – und damit z. B. die bearbeitende Rolle. Die Bahn, in der sich die Aufrufaktivität befindet, gibt dann nur noch an, wer für den Aufruf und die Übergabe an den anderen Prozess zuständig ist. Selbstverständlich kann ein aufgerufener Prozess auch über Nachrichtenflüsse zu anderen Pools verfügen.

Während ein Unterprozess nur über ein Startereignis, und zwar ein unbestimmtes, verfügen sollte (vgl. Abschnitt 7.1), können im Zusammenhang mit aufgerufenen Prozessen auch mehrere Startereignisse sinnvoll sein, von denen genau eines ein unbestimmtes Ereignis sein sollte.

In Abbildung 122 enthält der Prozess „Ware einlagern" neben dem unbestimmten Startereignis zusätzlich noch ein Nachrichten-empfangendes Startereignis. Tritt dieses Ereignis ein, so wird der Prozess als selbstständiger Prozess gestartet, d. h. ohne dass er aus einem anderen Prozess heraus aufgerufen würde. Wird er hingegen wie oben über eine Aufrufaktivität gestartet, so beginnt er mit dem unbestimmten Startereignis – ebenso wie wenn er auf sonstige Weise von außen gestartet wird, z. B. wenn ein Benutzer eines Business Process Management-Systems den Prozess per Mausklick auswählt und startet.

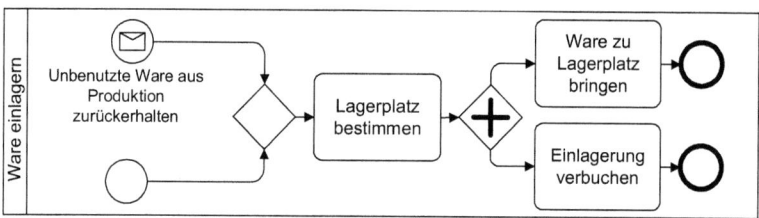

Abbildung 122: Aufzurufender Prozess mit zwei Startereignissen (unbestimmt und Nachrichten-empfangend).

Ebenso wie ein globaler Task muss ein Prozess, der mehrfach aufgerufen werden kann, so allgemeingültig gestaltet werden, dass er unabhängig von dem jeweiligen aufrufenden Prozess ist. Auch hier müssen klare Schnittstellen definiert werden.

In dem weiter vorn besprochenen Beispiel des Unterprozesses „Bewerbung prüfen" (Abbildung 103) wurde vorgeschlagen ein Attribut „Prüfungsergebnis" zu verwenden, über das der Unterprozess dem übergeordneten Prozess sein Ergebnis mitteilen kann. Dieses Attribut „Prüfungsergebnis" muss dem übergeordneten Prozess und dem Unterprozess gemeinsam zur Verfügung stehen. Das Attribut wird für den gesamten Bewerbungsprozess definiert, und es ist auch im Unterprozess „Bewerbung prüfen" sichtbar, so dass dieser sein Ergebnis eintragen kann, damit es anschließend im übergeordneten Prozess verfügbar ist.

Dies bedeutet, dass der Unterprozess „Bewerbung prüfen" vom übergeordneten Prozess abhängig ist. Die Abhängigkeit entsteht durch die Verwendung des Attributs aus dem übergeordneten Prozess. Würde man diesen Unterprozess an irgendeiner anderen Stelle in einem anderen Prozess einfügen, so würde er nicht funktionieren, da er auf das Attribut „Prüfungsergebnis" des Bewerbungsprozesses zugreifen muss.

Will man den Unterprozess „Bewerbung prüfen" wiederverwendbar gestalten, so muss man sicherstellen, dass er auf keine Attribute aus übergeordneten Prozessen zugreift. Um trotzdem Informationen zwischen übergeordnetem und untergeordnetem Prozess auszutauschen, müssen Schnittstellen definiert werden. Für den wiederverwendbaren Unterprozess muss festgelegt werden, welche Werte an ihn übergeben werden und welche Werte er zurückgibt.

Wer sich mit Programmierung beschäftigt hat, kennt dieses Prinzip: Greifen aufgerufene Funktionen oder Methoden auf globale Variablen zu, so entsteht eine hohe Abhängigkeit. Unabhängige Funktionen oder Methoden erhalten die benötigten Werte beim Aufruf als Parameter übergeben und geben anschließend ein Ergebnis zurück.

Derartige Schnittstellen werden zumeist nicht grafisch dargestellt. Die genaue Ausgestaltung hängt auch von den verwendeten Tools ab. Eine Möglichkeit zur Visualisierung von Input- und Outputdaten wird in Kapitel 10.5 im Zusammenhang mit Datenobjekten beschrieben.

Die dargestellte Unterscheidung zwischen Unterprozessen und aufgerufenen Prozessen ist aber nicht nur für ausführbare Prozesse in Process Engines von Bedeutung. Sie lässt sich auch auf fachlicher Ebene finden. Wird ein Unterprozess beispielsweise immer nur in einem bestimmten übergeordneten Prozess und von denselben Mitarbeitern durchgeführt, so muss man sich über die Kommunikation zwischen den beiden Prozessen wenig Gedanken machen. Lagert man hingegen einen Teil eines Prozesses an einen Dienstleister oder an eine zentrale Einheit („Shared Service Center") aus, die denselben Teilprozess für verschiedenen Prozesse durchführt, so muss auch hier die Schnittstelle in Form von zu übergebenden Informationen, Dokumenten u. ä. sauber definiert werden.

7.6   Beispiel für Unterprozesse und aufgerufene Prozesse

Um einen echten Unterprozess handelt es sich, wenn es Abhängigkeiten zwischen ihm und dem übergeordneten Prozess gibt. Dies kann beispielsweise bedeuten, dass er – wie oben beschrieben – auf Daten des übergeordneten Prozesses zugreift, oder dass der Unterprozess in der modellierten Form nur korrekt funktioniert, weil vorher im übergeordneten Prozess bestimmte Aktivitäten durchgeführt oder bestimmte Entscheidungen getroffen wurden. Ein Unterprozess dient dazu, Details zusammenzufassen und das Gesamtprozessmodell übersichtlicher zu machen. Die Inhalte des Unterprozesses sind aber untrennbarer Bestandteil des übergeordneten Gesamtprozesses und sind ohne diesen auch nicht sinnvoll.

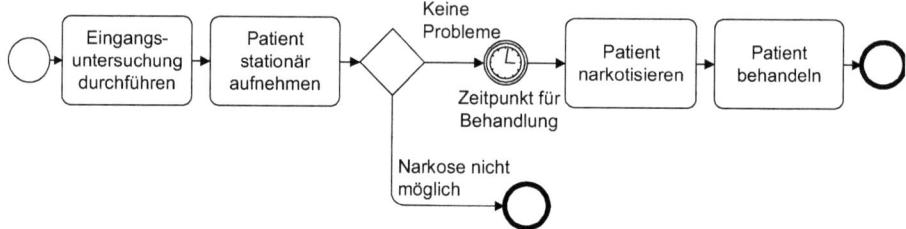

Abbildung 123: Beispielprozess Behandlung im Krankenhaus

Als Beispiel wird der Prozess einer Behandlung im Krankenhaus in Abbildung 123 betrachtet. Zunächst wird eine Eingangsuntersuchung durchgeführt, anschließend wird der Patient stationär aufgenommen. Bestehen aufgrund der Eingangsuntersuchung keine Probleme hinsichtlich einer Narkose, so wird bis zum festgelegten Zeitpunkt für die Behandlung gewartet. Zu diesem Zeitpunkt wird der Patient zunächst in Narkose versetzt, anschließend wird er behandelt.

Dieser Prozess gibt natürlich in keinster Wiese die wahren Abläufe in einem Krankenhaus wieder, wo ganz unterschiedliche und auch mehrere Behandlungen (teils mit, teils ohne Narkose), sowie weitere Untersuchungen während des stationären Aufenthalts durchgeführt werden, usw. Er dient lediglich als Beispiel zur Illustration von Unterprozessen und aufgerufenen Prozessen.

Es sollen nun die Aktivitäten „Patient narkotisieren" und „Patient behandeln" in einem Unterprozess zusammengefasst werden. Grund dafür ist, dass „Narkotisieren" und „Behandeln" detailliertere, zusammengehörige Aktivitäten darstellen. Wäre das Modell umfangreicher so würde die Bildung von Unterprozessen auch dazu beitragen, die Übersichtlichkeit zu erhöhen.

Betrachtet man nun den entstehenden Unterprozess „Behandlung durchführen" in Abbildung 124 genauer, so stellt man fest, dass dieser Unterprozess nicht aus dem Zusammenhang des Gesamtprozesses herausgerissen werden darf. Bevor man den Patienten in Narkose versetzen darf, muss nämlich sichergestellt sein, dass es keine medizinischen Probleme gibt. Im Gesamtprozess sei dies durch die Eingangsuntersuchung festgestellt worden (auch wenn dies in der Realität zumeist anders ablaufen wird). Der Unterprozess „weiß" also, dass eventuelle Probleme bzgl. der Narkose bereits ausgeschlossen wurden. Daher kann der Patient direkt ohne weitere Untersuchung narkotisiert werden.

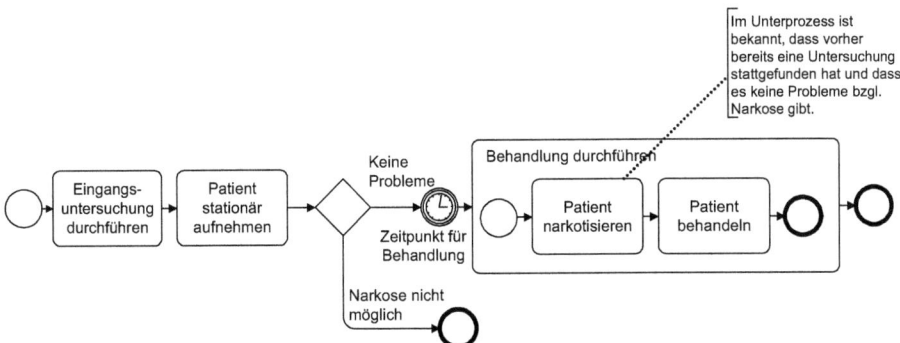

Abbildung 124: Beispielprozess Behandlung mit abhängigem Unterprozess

Dürfte man den Unterprozess in einem anderen Prozess verwenden, so könnte man ihn beispielsweise wie in Abbildung 125 in den Prozess einer ambulanten Behandlung übernehmen. Der resultierende Gesamtprozess ist fehlerhaft und sogar gefährlich. Es wird jetzt überhaupt keine Eingangsuntersuchung mehr durchgeführt. Auch Patienten, deren Gesundheitszustand dies nicht erlaubt, werden in Narkose versetzt – mit womöglich fatalen Konsequenzen. Streng genommen erfolgt in Abbildung 125 gar keine Wiederverwendung des Unterprozesses. Es handelt sich lediglich um eine Kopie, die nicht mehr mit dem Unterprozess aus Abbildung 124 zu tun hat und unabhängig von diesem verändert werden kann.

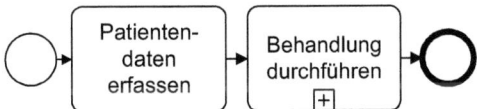

Abbildung 125: Falsche Wiederverwendung eines Unterprozesses im Rahmen einer ambulanten Behandlung

Aufgrund der Abhängigkeit vom Kontext des übergeordneten Prozesses ist der beschriebene Unterprozess nicht wiederverwendbar. Ein wiederverwendbarer, aufrufbarer Prozess muss unabhängig vom aufrufenden Prozess sein, und für den Austausch von Daten müssen Schnittstellen definiert sein.

Abbildung 126 zeigt einen wiederverwendbaren Prozess für das Durchführen einer Behandlung. Dieser bekommt vom aufrufenden Prozess die Information übergeben, ob bereits eine Untersuchung durchgeführt wurde. Weiterhin werden die Untersuchungsergebnisse übergeben. Diese enthalten keinen Inhalt, wenn noch keine Untersuchung durchgeführt wurde.

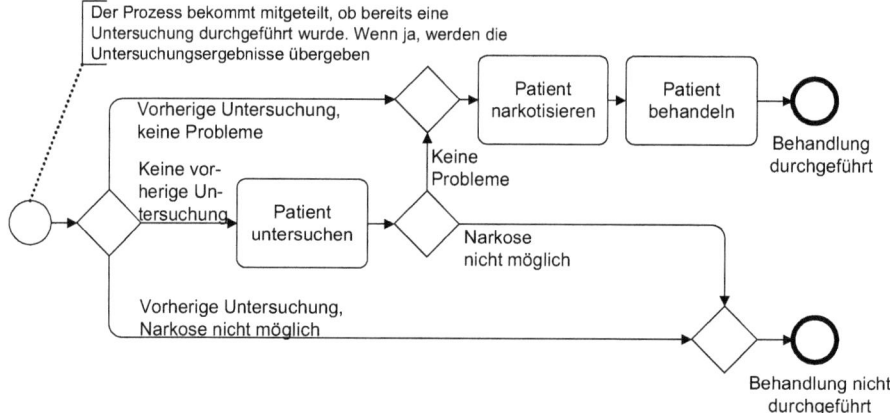

Abbildung 126: Wiederverwendbarer Prozess „Behandlung durchführen"

Aufgrund dieser übergebenen Informationen wird nun im aufgerufenen Prozess ggf. eine noch erforderliche Untersuchung durchgeführt, und es wird entschieden, ob eine Narkose möglich ist. Somit ist der Prozess sehr gut wiederverwendbar: Es existiert eine eindeutig beschriebene Schnittstelle, es werden keine weiteren Voraussetzungen bzgl. des aufrufenden Prozesses getroffen, und es wird auf keine Daten des aufrufenden Prozesses zugegriffen – außer auf die explizit übergebenen Daten. Der Prozess kann somit unverändert sowohl für den stationären als auch den ambulanten Fall verwendet werden (Abbildung 127).

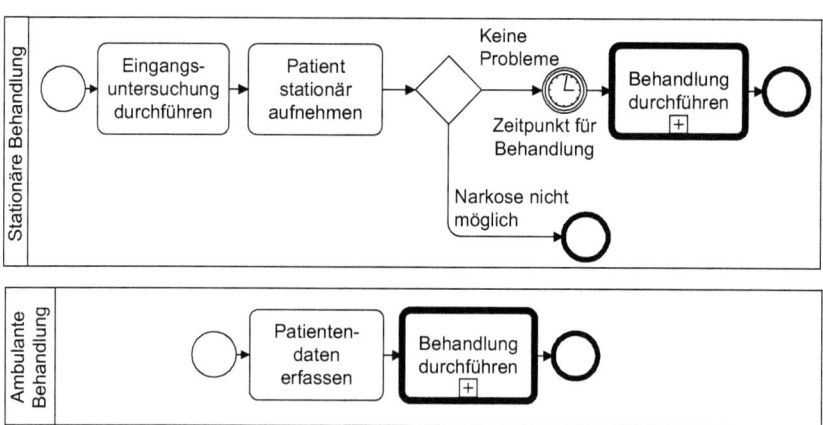

Abbildung 127: Aufruf des Prozesses aus Abbildung 126

8 Behandlung von Ausnahmen

8.1 Abbrechende Zwischenereignisse

Zumeist ist es vergleichsweise einfach, den Prozessablauf zu modellieren, wie er im Normalfall erfolgt. Schwieriger und aufwändiger sind die Erfassung und Dokumentation von Sonderfällen und Ausnahmen. Die BPMN enthält eine Reihe von Konstrukten, die speziell der Modellierung von Ausnahmen sowie der Behandlung von Fehlern dienen.

Manchmal tritt während der Durchführung einer Aktivität ein Ereignis auf, das zum vorzeitigen Abbruch der Aktivität führt. Absolviert man eine Prüfung oder einen Test, so kann es vorkommen, dass die Bearbeitungszeit abläuft bevor man den Test komplett bearbeitet hat. Es tritt also das zeitliche Ereignis „Bearbeitungszeit abgelaufen" während der Bearbeitung des Tests ein. Dies führt zum Abbruch dieser Aktivität.

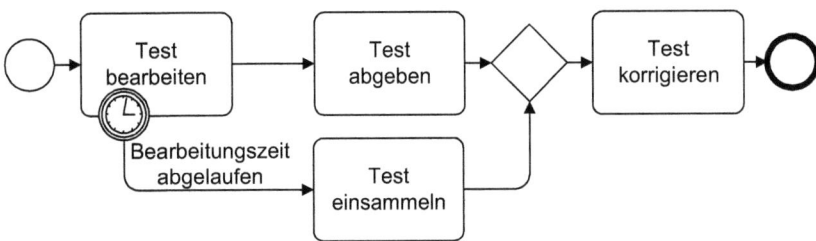

Abbildung 128: Abbruch einer Aktivität durch ein zeitliches Zwischenereignis

Hierzu wird das abbrechende Ereignis an die Aktivität „angeheftet", d. h. auf ihrem Rand platziert (Abbildung 128). Da das Ereignis innerhalb des Prozessablaufs stattfindet, handelt es sich um ein Zwischenereignis. Die Aktivität „Test bearbeiten" hat nun zwei ausgehende Sequenzflüsse: einen gewöhnlichen, direkt aus der Aktivität herausführenden, und einen Ausnahmefluss, der aus dem angehefteten Zwischenereignis herausführt.

Tritt das Ereignis „Bearbeitungszeit abgelaufen" während der Testdurchführung nicht ein, so wird die Aktivität ganz regulär abgeschlossen, und eine Marke wird über den gewöhnlichen, nach rechts führenden Sequenzfluss ausgegeben und zur Aktivität „Test abgeben" weitergeleitet.

Tritt das Ereignis hingegen ein, so wird die Aktivität abgebrochen, und es wird stattdessen eine Marke über den nach unten herausführenden Ausnahmefluss ausgegeben, d. h. als nächstes wird in diesem Fall der Test eingesammelt. Über den Sequenzfluss zu „Test abgeben" kommt in diesem Fall keine Marke mehr, da die Aktivität ja abgebrochen wurde. Das angeheftete Ereignis hat prinzipiell nur dann eine Auswirkung, wenn es während der Durchführung der betreffenden Aktivität eintritt. Tritt es früher oder später ein, so wird es ignoriert.

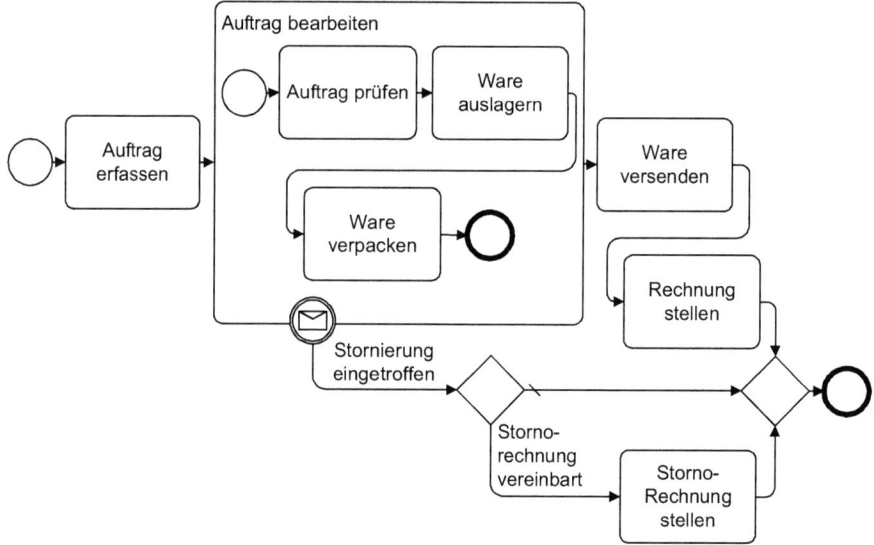

Abbildung 129: Abbruch eines Unterprozesses beim Eintreffen einer Nachricht

Auch an einen Unterprozess lässt sich ein abbrechendes Ereignis anheften. Bei dem in Abbildung 129 dargestellten Prozess wird der komplette Unterprozess „Auftrag bearbeiten" abgebrochen, wenn eine Stornierung eintrifft. Hierbei wird alles, was innerhalb des Unterprozesses passiert, komplett gestoppt. Wird gerade eine der drei Aktivitäten bearbeitet, so wird diese abgebrochen. Noch nicht begonnene Aktivitäten werden nicht mehr durchgeführt. Beim Abbruch eines Unterprozesses werden alle Marken, die sich darin befinden, herausgenommen, und es wird eine Marke über den Ausnahmefluss am abbrechenden Ereignis ausgegeben.

Ist in dem Beispiel der Auftrag fertig bearbeitet, so sind keine Stornierungen mehr möglich. Geht dann noch eine Stornierung ein, so wird sie ignoriert.

Verwendet man ein angeheftetes Zwischenereignis, so ist es auch möglich, die Aktivität ausschließlich mittels eines Abbruchs zu verlassen.

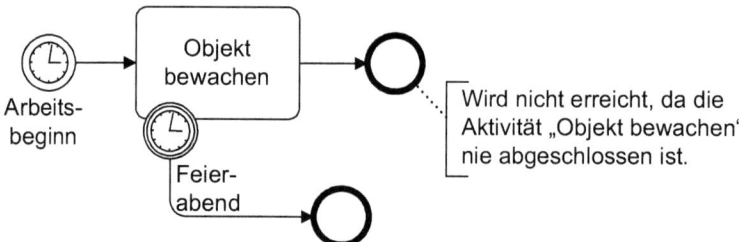

Abbildung 130: Die Aktivität wird immer über das abbrechende Ereignis verlassen.

In Abbildung 130 ist der Arbeitsalltag einer Wachfrau oder eines Wachmannes modelliert. Da die Aktivität „Objekt bewachen" kein natürliches Ende hat, wird sie prinzipiell
durch das zeitliche Ereignis „Feierabend" beendet. Daher könnte man eigentlich auf das
Endereignis verzichten. Es wird nie erreicht. Allerdings wird es von der BPMN verlangt.
Wenn es in einem Modell Startereignisse gibt, dann muss jede Aktivität auch über einen
gewöhnlichen ausgehenden Sequenzfluss verfügen.

Das Modell in Abbildung 131 ist weniger gelungen. Hier wird die Aktivität „Brötchen
verkaufen" solange wiederholt bis die Schließzeit der Bäckerei erreicht ist. Problematisch ist hierbei, dass die Aktivität bei Erreichen der Schließzeit sofort abgebrochen wird.
Ist der Verkäufer oder die Verkäuferin zur Schließzeit gerade mitten im Verkauf von
Brötchen, so wird er oder sie in der Praxis den Verkauf noch fertigstellen und erst dann
die Arbeit beenden.

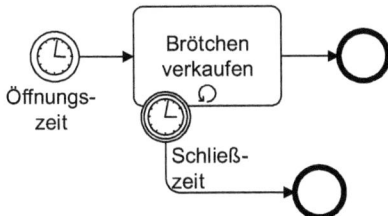

Abbildung 131: Schleifenaktivität mit Abbruch durch ein angeheftetes Zwischenereignis

Dieses Beispiel würde man besser gemäß Abbildung 132 mittels einer Abbruchbedingung der Schleife modellieren. Die Abbruchbedingung wird nämlich nur nach jedem
Schleifendurchlauf überprüft, so dass ein zur Schließzeit gerade laufender Verkauf noch
abgeschlossen wird, bevor der Prozess beendet ist.

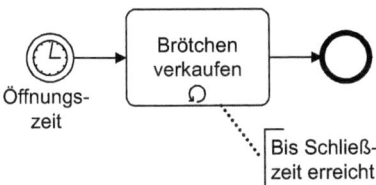

Abbildung 132: Verbesserter Prozess

8.2 Nicht-unterbrechende Zwischenereignisse

Es gibt noch eine Variante des angehefteten Zwischenereignisses. In den bisherigen Fällen führte das Eintreffen des Ereignisses immer zum Abbruch der betreffenden Aktivität. Manchmal ist es jedoch gewünscht, dass zwar auf das Eintreffen eines solchen Ereignisses reagiert wird, zugleich aber die gerade ausgeführte Aktivität unverändert fortgesetzt wird. So soll in Abbildung 133 dem Kunden ein Zwischenstand mitgeteilt werden,

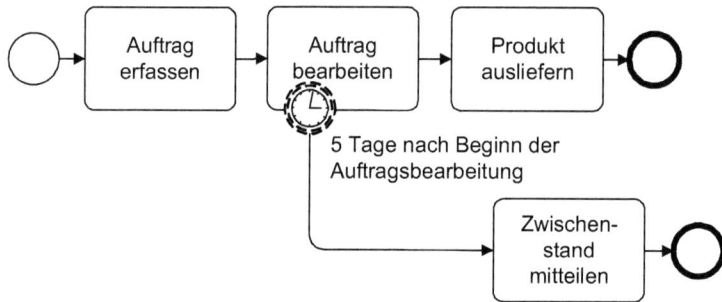

Abbildung 133: Das angeheftete zeitliche Zwischenereignis bricht die Aktivität nicht ab.

falls sich die Bearbeitung seines Auftrages länger als 5 Tage hinzieht. Die Auftragsbearbeitung soll hierbei nicht unterbrochen werden.

Die doppelte Randlinie des angehefteten zeitlichen Zwischenereignisses ist daher gestrichelt. Sind nach dem Beginn der Auftragsbearbeitung fünf Tage verstrichen, so wird über den aus dem Zwischenereignis herausgehenden Sequenzfluss eine neu erzeugte Marke ausgegeben und der Task „Zwischenstand mitteilen" gestartet. Anschließend wird diese Marke von dem unteren Endereignis verschluckt.

Die ursprüngliche Marke aber verbleibt beim Eintreten des Zwischenereignisses in der Aktivität „Auftrag bearbeiten". Ist dieser Task beendet, so wird diese ursprüngliche Marke über den regulären Sequenzfluss weitergeleitet und das Produkt ausgeliefert. Haben beide Marken ihr jeweiliges Endereignis erreicht, so ist der Prozess beendet.

Ein angeheftetes nicht-unterbrechendes Ereignis erzeugt also lediglich eine zusätzliche Marke, falls es während der Durchführung der betreffenden Aktivität eintritt. Will man die beiden Pfade wieder über einen Gateway zusammenführen, so darf man im Gegensatz zu Abbildung 128 keinen exklusiven Gateway verwenden, da ja mehr als eine Marke ankommen kann. Auch ein paralleler Gateway wäre nicht richtig, da über den unteren Pfad nur in manchen Fällen eine Marke ankommt. Für die Zusammenführung ist also ein inklusiver Gateway erforderlich.

Auch das Nachrichtenereignis kann in der nicht unterbrechenden Variante verwendet werden. In Abbildung 134 führt eine eingetroffene Frage über den gerade bearbeiteten Auftrag zur Beantwortung dieser Frage. Parallel dazu wird der Auftrag weiterbearbeitet.

Neben Zeit- und Nachrichtenereignissen können von den in Abschnitt 6.4 beschriebenen Typen von Zwischenereignissen die folgenden ebenfalls an Aktivitäten angeheftet werden: Signalereignisse, Bedingungsereignisse, Mehrfachereignisse und parallele Mehrfachereignisse (Abbildung 135).

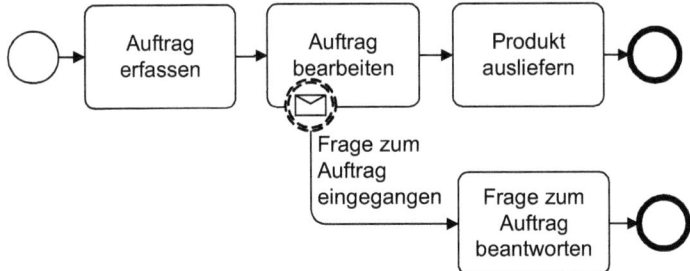

Abbildung 134: Die nicht-unterbrechende Variante des angehefteten Nachrichtenereignisses

Sie können jeweils in der abbrechenden Variante und in der nicht-unterbrechenden Variante mit gestricheltem Rand verwendet werden. Selbstverständlich können die nicht-unterbrechenden Zwischenereignisse nicht nur an Tasks sondern auch an Unterprozesse angeheftet werden.

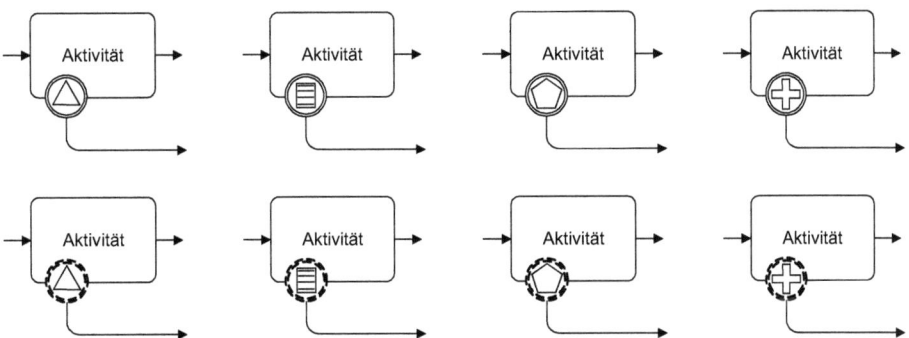

Abbildung 135: Angeheftete Zwischenereignisse: Signal, Bedingung, mehrfach, mehrfach parallel. Oben die abbrechenden, unten die nicht unterbrechenden Varianten.

8.3 Behandlung von Fehlern

Die Behandlung von Ausnahmen ist häufig auch erforderlich, wenn ein Fehler auftritt. Dafür gibt es einen weiteren Zwischenereignis-Typ „Fehler". Anders als die bisher besprochenen Zwischenereignisse können die durch ein Blitzsymbol gekennzeichneten Fehler-Zwischenereignisse nicht innerhalb des normalen Sequenzflusses verwendet, sondern nur an den Rand von Aktivitäten geheftet werden.

In Abbildung 136 ist die Analyse einer Probe in einem Labor modelliert. Zunächst wird eine Untersuchung durchgeführt, anschließend das Ergebnis ausgewertet. Stellt sich während der Untersuchung heraus, dass das verwendete Untersuchungsgerät defekt ist, so ist dies ein Fehler, der die normale Ausführung des Prozesses verhindert. Für diesen

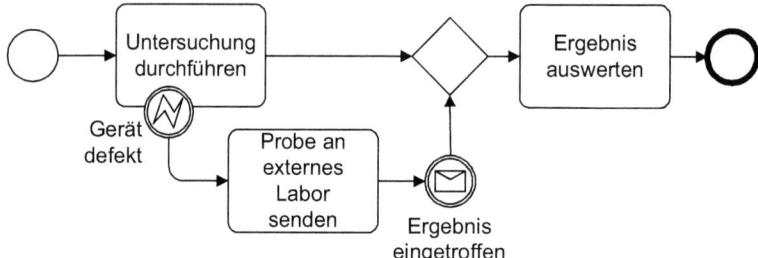

Abbildung 136: Ausnahmebehandlung beim Auftreten eines Fehlers

Fall ist ein Ausnahmefluss modelliert, bei dem die Probe an ein externes Labor geschickt wird.

Bei der Aktivität, die durch ein Fehlerereignis abgebrochen wird, kann es sich auch um einen Unterprozess handeln. In diesem Unterprozess kann man modellieren, wie und an welcher Stelle der betreffende Fehler entsteht. Hierfür gibt es neben dem bisher verwendeten empfangenden Fehlerereignis auch noch ein sendendes Fehlerereignis.

Abbildung 137 zeigt einen Unterprozess mit zwei sendenden Fehlerereignissen. Nach dem Entnehmen einer Probe wird im Unterprozess die Probe zunächst untersucht. Im Normalfall wird anschließend das Ergebnis überprüft. Ist das Ergebnis plausibel, so ist der Unterprozess damit regulär beendet. Ist das Ergebnis hingegen nicht plausibel, so stellt dies einen Fehler dar, und es tritt das sendende Fehlerereignis „Ergebnis nicht plausibel" ein. In diesem Fall wird der Unterprozess abgebrochen und der gesendete Fehler wird vom Fehler-Zwischenereignis am Rand des Unterprozesses „aufgefangen". Es wird dann dem Ausnahme-Sequenzfluss gefolgt und die Aktivität „Externe Untersuchung in Auftrag geben" durchgeführt.

Innerhalb des Unterprozesses gibt es eine weitere Fehlermöglichkeit: Stellt sich bei der Aktivität „Probe untersuchen" heraus, dass das Gerät defekt ist (hier ebenfalls durch ein empfangendes Fehlerereignis modelliert), so wird das Gerät repariert. War die Reparatur erfolgreich, so wird erneut mit der Untersuchung der Probe begonnen. War sie hingegen nicht erfolgreich, so tritt das sendende Fehlerereignis „Gerät ausgefallen" ein. Auch in diesem Fall wird der Unterprozess abgebrochen, und der gesendete Fehler wird vom Fehler-Zwischenereignis am Rand aufgefangen, wodurch wiederum der Ausnahmefluss zur Aktivität „Externe Untersuchung in Auftrag geben" gestartet wird.

Wie bei anderen Ereignistypen auch, steht das ausgefüllte Symbol für ein sendendes, das nicht ausgefüllte Symbol für ein empfangendes Ereignis. Bei sendenden Fehlerereignissen handelt es sich immer um Endereignisse, da diese den betreffenden Unterprozess komplett abbrechen. Empfangende Fehlerereignisse hingegen sind immer Zwischenereignisse. Sie können ausschließlich an den Rand von Tasks oder Unterprozessen geheftet werden.

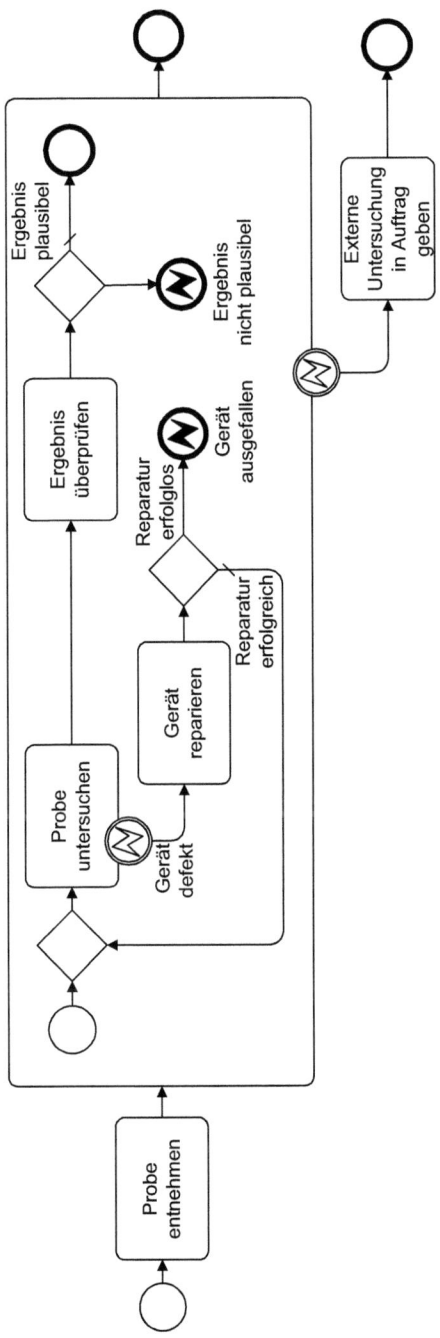

Abbildung 137: Im Unterprozess auftretende Fehler werden an das Fehlerereignis am Rand weitergereicht.

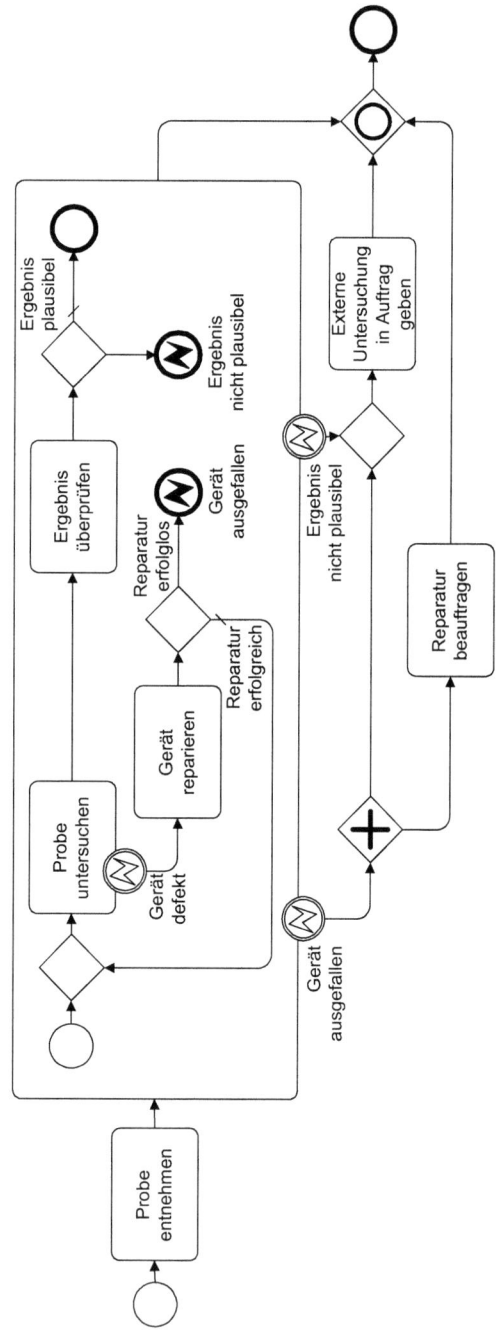

Abbildung 138: Unterschiedliche Fehlerbehandlungen durch benannte Fehlerereignisse

In Abbildung 137 gibt es zwei unterschiedliche sendende Fehlerereignisse im Unterprozess. Da das Fehler-Zwischenereignis am Rand keine Bezeichnung trägt, empfängt es jeden beliebigen Fehler, der im Inneren des Unterprozesses auftritt – unabhängig davon, von welchem sendenden Fehlerereignis er ausgeht.

In manchen Fällen soll es jedoch für die verschiedenen Fehler unterschiedliche Ausnahmeflüsse geben. Hierzu kann man mehrere empfangende Fehlerereignisse an den Rand des Unterprozesses heften und diese mit den Namen der sendenden Fehlerereignisse bezeichnen. Dann reagiert jedes dieser Ereignisse nur auf die Fehler des gleichnamigen sendenden Fehlerereignisses.

Das Modell in Abbildung 138 macht von dieser Möglichkeit Gebrauch. Tritt der Fehler „Ergebnis nicht plausibel" ein, so soll wie im vorangehenden Fall eine externe Untersuchung in Auftrag gegeben werden. Tritt hingegen der Fehler „Gerät ausgefallen" ein, so soll zusätzlich eine Reparatur in Auftrag gegeben werden, z. B. beim Hersteller.

Wenn am Rand eines Unterprozesses mehrere Zwischenereignisse vom Typ Fehler angeheftet sind, so sollten diese prinzipiell mit einer Bezeichnung versehen sein. Da ein unbenanntes Fehler-Zwischenereignis prinzipiell alle Fehler empfängt, reagiert es auch auf die Fehler, für die eigene benannte Zwischenereignisse vorhanden sind. Die hierdurch implizit entstehenden parallelen Flüsse sind schwer zu überblicken.

8.4 Eskalationsereignisse

Eskalationsereignisse sind Fehlerereignissen recht ähnlich. Während Fehlerereignisse vor allem bei technischen Problemen verwendet werden, markieren Eskalationsereignisse eher fachliche Probleme, wenn z. B. eine Aufgabe nicht erledigt, ein angestrebtes Ziel nicht erreicht, oder eine notwendige Übereinkunft nicht erzielt wird.

Ähnlich wie Fehlerereignisse können in einem Unterprozess sendende Eskalationsereignisse modelliert werden. Die Eskalationsmeldungen werden dann von gleichnamigen Eskalations-Zwischenereignissen am Rand des Unterprozesses aufgefangen und in einem Ausnahme-Sequenzfluss verarbeitet.

Im Gegensatz zu Fehlern, bei denen die betreffende Aktivität immer abgebrochen wird, gibt es bei Eskalationen beides: Die abbrechende und die nicht-unterbrechende Variante. Als Normalfall werden die nicht-unterbrechenden Eskalationsereignisse angesehen.

Im Beispiel von Abbildung 139 werden zunächst die auf elektronischem Wege bei einer Firma eingehenden Anfragen in eine Warteschlange gestellt. Anschließend wird anhand der Länge der Warteschlange die voraussichtliche Dauer bis zur Erledigung berechnet. Wird dabei festgestellt, dass die den Kunden zugesagte maximale Reaktionszeit nicht eingehalten werden kann, so fließt eine Marke zum sendenden Eskalations-Endereignis.

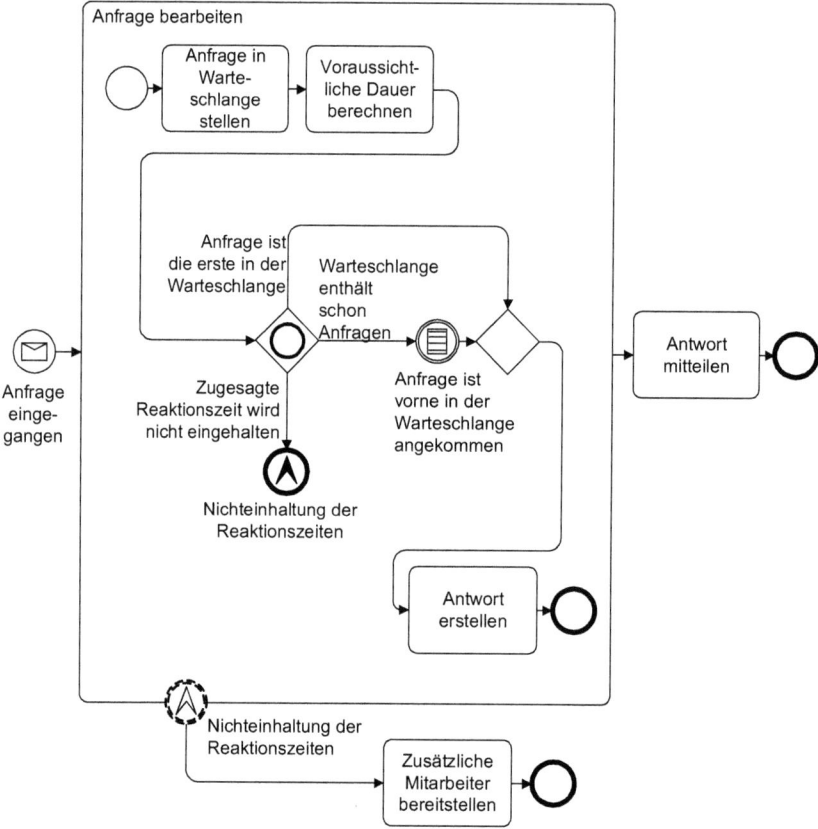

Abbildung 139: Unterprozess mit Eskalationsereignissen

Die Eskalationsmeldung wird von dem nicht-unterbrechenden Eskalations-Zwischenereignis am Rand des Unterprozesses aufgefangen. Dieses gibt dann eine Marke aus und startet so die Aktivität „Zusätzliche Mitarbeiter bereitstellen".

Da es sich um ein nicht-unterbrechendes Zwischenereignis handelt, geht parallel der Unterprozess weiter. Handelt es sich um die erste Anfrage in der Warteschlange, so wird direkt die Antwort erstellt. Enthält die Warteschlange jedoch schon andere Anfragen, so wird zunächst gewartet, bis diese abgearbeitet sind. Dies wird durch das Bedingungsereignis „Anfrage ist vorne in der Warteschlange angekommen" signalisiert. Ist dies eingetreten, so wird ebenfalls die Antwort erstellt, die im übergeordneten Prozess schließlich dem Kunden mitgeteilt wird.

Die Zusammenführung der beiden von einem inklusiven Gateway ausgehenden Sequenzflüsse durch einen exklusiven Gateway irritiert zunächst. Betrachtet man aber die Bedingungen am inklusiven Gateway, so stellt man fest, dass immer nur genau eine die-

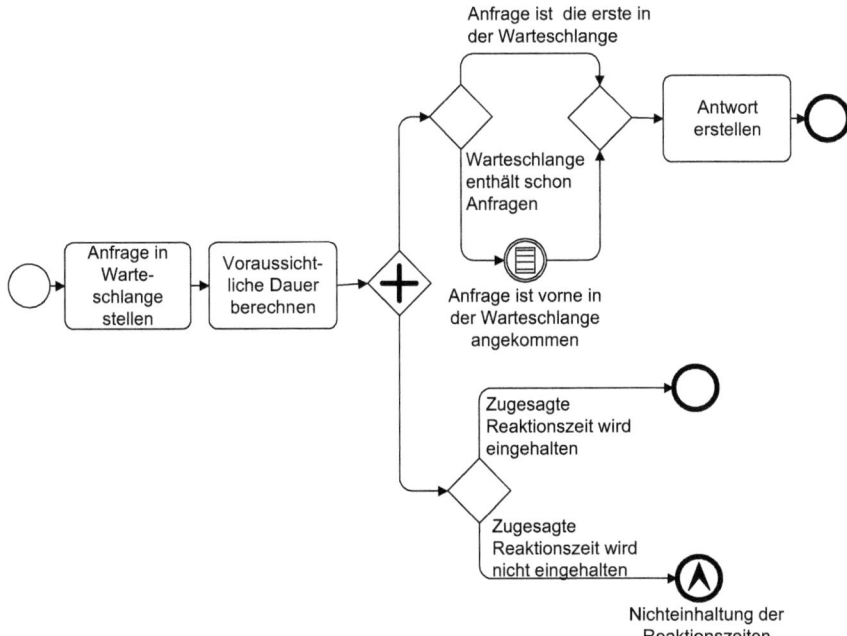

Abbildung 140: Alternative Darstellung des Unterprozesses aus Abbildung 139

ser beiden Bedingungen wahr wird, weshalb der exklusive Gateway die beiden Sequenzflüsse richtig zusammenführt. Alternativ könnte man den Unterprozess etwas ausführlicher gemäß Abbildung 140 modellieren, was allerdings etwas mehr Platz in Anspruch nimmt.

Da eine Eskalation im Normalfall den Unterprozess nicht unterbricht, kann für das Senden der Eskalationsmitteilung nicht nur ein End-, sondern auch ein Zwischenereignis verwendet werden (Abbildung 141).

Soll eine Eskalation aber doch einmal zum Abbruch der gesamten Aktivität führen, so wird das angeheftete Zwischenereignis wie gewohnt mit durchgezogenen Umrandungen gezeichnet (Abbildung 142). In einem solchen Fall wird man als sendendes Eskalationsereignis im Unterprozess stets ein Endereignis verwenden. Würde man ein sendendes Eskalations-Zwischenereignis verwenden, so könnte der auf das Zwischenereignis folgende Sequenzfluss nie durchlaufen werden, da der Unterprozess mit der Eskalation beendet wird.

Wie beim Fehler-Zwischenereignis lassen sich auch bei Eskalationen mehrere Eskalations-Zwischenereignisse verwenden, die man anhand ihrer Bezeichnungen unterscheiden kann.

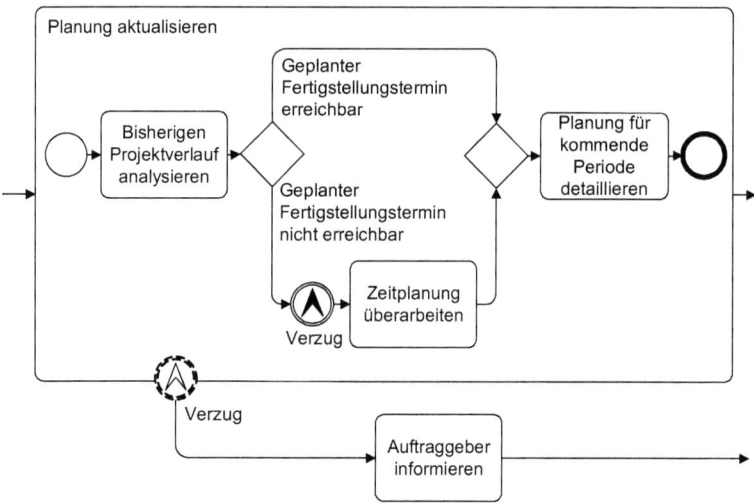

Abbildung 141: Unterprozess mit sendendem Eskalations-Zwischenereignis

8.5 Ereignis-Unterprozesse

Im Gegensatz zu einem gewöhnlichen Unterprozess wird ein Ereignis-Unterprozess (engl. „Event Sub-Process") nicht durch einen Sequenzfluss ausgelöst, sondern durch das Auftreten eines Ereignisses während der Prozessdurchführung. Ein Ereignis-Unterprozess hat daher weder ein- noch ausgehende Sequenzflüsse.

In Abbildung 143 ist ein vereinfachter Software-Entwicklungsprozess dargestellt. Zunächst werden die Anforderungen ermittelt, anschließend findet die Entwicklung in mehreren Iterationen statt. Jede Iteration wird zunächst geplant, anschließend werden die geplanten Funktionalitäten implementiert. Es werden solange Iterationen wiederholt, bis die Software fertig gestellt ist.

In den meisten Softwareprojekten treten während der Entwicklung noch Änderungswünsche auf. Diese werden im Ereignis-Unterprozess „Änderungswunsch bearbeiten" behandelt. Die gepunktete Umrandung unterscheidet den Ereignis-Unterprozess vom

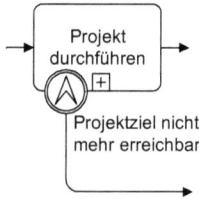

Abbildung 142: Abbrechendes Eskalationsereignis

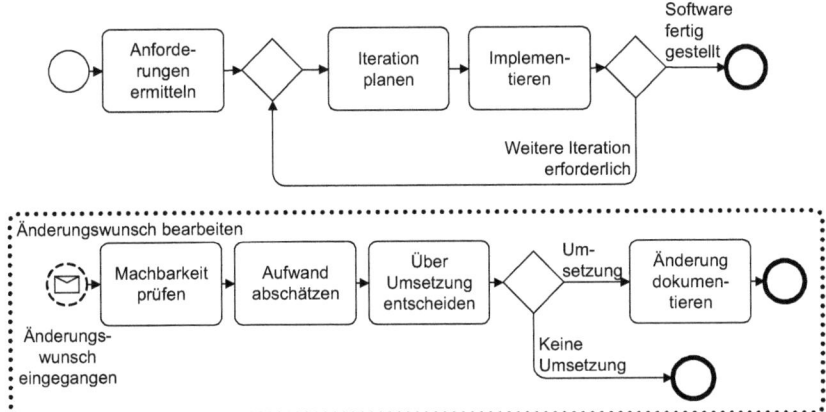

Abbildung 143: Prozess der Software-Entwicklung mit Ereignis-Unterprozess zur Bearbeitung von Änderungswünschen

gewöhnlichen Unterprozess. Er wird durch das Ereignis „Änderungswunsch eingegangen" gestartet – allerdings nur, wenn dies eintritt, während der Hauptprozess gerade durchgeführt wird. Das Startereignis ist gestrichelt dargestellt, d. h. es ist ein nicht-unterbrechendes Startereignis. Der Hauptprozess wird also weiter ausgeführt während der Ereignis-Unterprozess läuft. In diesem speziellen Unterprozess wird zunächst die Machbarkeit der gewünschten Änderung geprüft, anschließend der Aufwand abgeschätzt und über die Umsetzung entschieden. Soll die Änderung umgesetzt werden, so wird sie dokumentiert. Im Hauptprozess kann diese Änderung dann bei der Planung der nächsten Iteration berücksichtigt werden.

Während der Software-Entwicklung können natürlich mehrere Änderungswünsche eingehen. Entsprechend kann der Ereignis-Unterprozess auch mehrmals durchgeführt werden. Auch mehrere gleichzeitige Ausführungen sind möglich.

Es gibt aber auch die Möglichkeit, dass der übergeordnete Prozess mit dem Start des Ereignis-Unterprozesses abgebrochen wird. In diesem Fall wird dessen Startereignis mit der normalen, durchgezogenen Umrandung dargestellt.

Abbildung 144 zeigt einen Unterprozess „Produktion durchführen", der selbst zwei Ereignis-Unterprozesse enthält. Der erste, „Anlage regulieren", ist wie oben nicht-unterbrechend, wie am gestrichelten Bedingungs-Startereignis zu sehen ist. Das Regulieren der Anlage geschieht ggf. mehrmals während die Produktion durchgeführt wird. Im Gegensatz dazu startet das Auftreten eines Fehlers vom Typ „Kritische Störung" nicht nur den zweiten Ereignis-Unterprozess „Notausschaltung durchführen", sondern bricht dabei auch den Prozess „Produktion durchführen" ab. Dies sieht man daran, dass das Startereignis nicht gestrichelt, sondern ganz normal mit durchgezogenem Rand dargestellt ist.

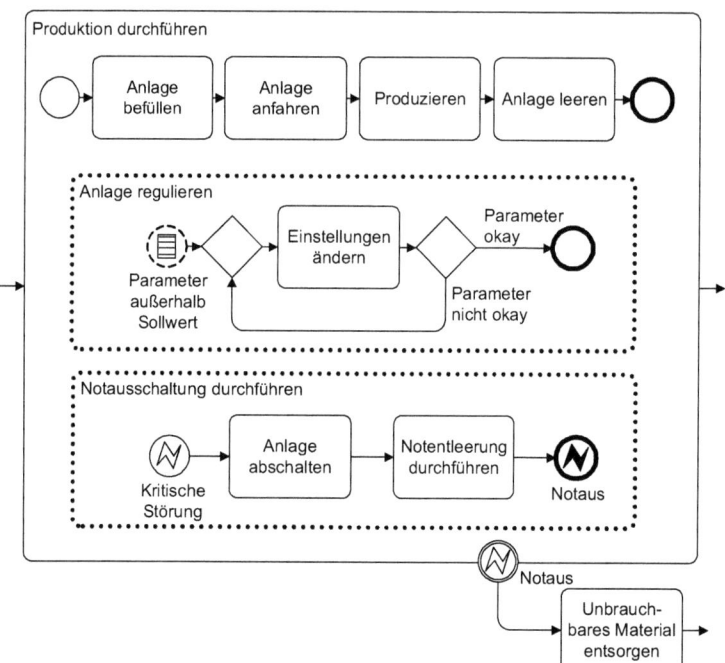

Abbildung 144: Unterprozess mit einem nicht-unterbrechendem und einem abbrechendem Ereignis-Unterprozess

Logischerweise wird der abbrechende Ereignis-Unterprozess „Notausschaltung durchführen" höchstens einmal während des Unterprozesses „Produktion durchführen" gestartet, da dieser dann ja nicht weiter ausgeführt wird. Würde der Ereignis-Unterprozess mit einem gewöhnlichen, unbestimmten Endereignis abgeschlossen, so würde anschließend eine Marke über den aus „Produktion durchführen" ausgehenden Sequenzfluss ausgegeben. Im vorliegenden Beispiel wurde jedoch ein Fehler-Endereignis verwendet, das selbst wieder einen Fehler erzeugt. Dieser wird dann an das angeheftete Fehler-Zwischenereignis „Notaus" gesendet, und es wird eine Marke über den folgenden Ausnahmefluss ausgegeben.

Ein Startereignis vom Typ „Fehler" kann nur in Ereignis-Unterprozessen verwendet werden. Fehler-Startereignisse kommen nicht in der gestrichelten Variante vor, d. h. sie können nur abbrechende Ereignis-Unterprozesse auslösen.

Die meisten anderen Ereignistypen können sowohl in der abbrechenden als auch in der nicht-unterbrechenden Variante verwendet werden. Neben den bereits verwendeten Nachrichten- und Bedingungsereignissen sind dies zeitliche Ereignisse, Signalereignisse, sowie Mehrfach- und parallele Mehrfachereignisse. Im Gegensatz zu normalen Prozessen kann hier auch das Eskalationsereignis als Startereignis dienen. Die nicht-unterbrechende Form der genannten Ereignistypen kann jeweils nur in einem Ereignis-

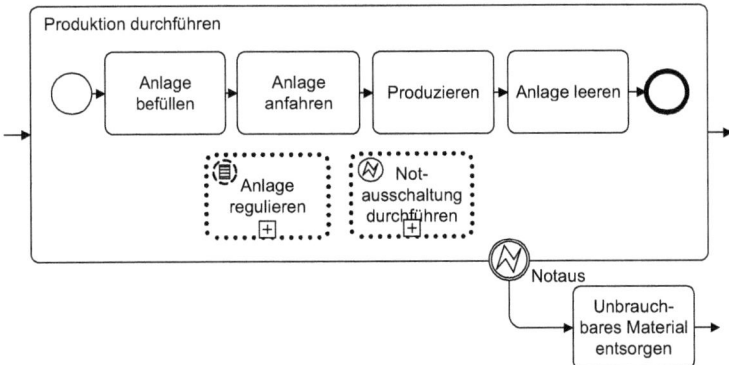

Abbildung 145: Zugeklappte Ereignis-Unterprozesse

Unterprozess vorkommen, nicht jedoch in einem gewöhnlichen Prozess. Unbestimmte Startereignisse hingegen können nicht im Ereignis-Unterprozess genutzt werden.

Im nächsten Kapitel wird mit dem Kompensationsereignis ein weiterer Typ vorgestellt, der ebenfalls als Startereignis eines Ereignis-Unterprozesses genutzt werden kann, allerdings nur in der abbrechenden Form.

Wie dies von gewöhnlichen Unterprozessen bekannt ist, lassen sich Ereignis-Unterprozesse auch in zugeklapptem Zustand modellieren (Abbildung 145). Sie sind wie in der aufgeklappten Darstellung durch eine punktierte Umrandung als Ereignis-Unterprozesse zu identifizieren. Zusätzlich wird das jeweilige Startereignis in der linken oberen Ecke angegeben. Durch dessen Rand – durchgezogen oder gestrichelt – wird deutlich, ob der übergeordnete Prozess abgebrochen wird.

9 Transaktionen und Kompensationen

9.1 Modellierung von Transaktionen

Von Transaktionen spricht man in verschiedenen Zusammenhängen. So gibt es etwa geschäftliche Transaktionen, wie z. B. eine Überweisung von einem Konto auf ein anderes Konto. In der Informatik sind insbesondere Datenbank-Transaktionen bekannt. Gemeinsam haben die Transaktionen, dass sie stets vollständige, in sich abgeschlossene Vorgänge darstellen. Eine Transaktion kann entweder ganz oder gar nicht durchgeführt werden. Geht etwas schief, so wird die Transaktion komplett rückgängig gemacht.

Wird etwa bei der Überweisung festgestellt, dass die angegebene Empfänger-Kontonummer nicht existiert, so wird die Summe zurücküberwiesen. Stürzt der Computer während der Speicherung eines Kundendatensatzes ab, so sorgt das Datenbanksystem dafür, dass die Datenbank anschließend in den Zustand vor Beginn der Speicherung dieses Datensatzes zurückversetzt wird. So wird verhindert, dass sich unvollständige Daten in der Datenbank befinden und die Datenbank in einen inkonsistenten Zustand gerät.

Auch Teile von Geschäftsprozessen können als Transaktionen behandelt werden. Als typisches Beispiel wird häufig die Buchung einer Reise genannt, bei der Flug und Hotel einzeln gebucht werden. Die Reisebuchung ist nur dann erfolgreich, wenn sowohl die Flug- als auch die Hotelbuchung erfolgreich durchgeführt wurden. Wird etwa ein Hotel gebucht, und stellt sich anschließend heraus, dass kein Flug mehr verfügbar ist, so ist die Reisebuchung insgesamt nicht erfolgreich. In diesem Fall muss die Hotelbuchung wieder rückgängig gemacht, d. h. beim Hotel storniert werden. Da sich Buchungen mit den erforderlichen Anfragen und Antworten über viele Tage hinziehen können, spricht man im Zusammenhang mit Geschäftsprozess-Transaktionen auch von langlaufenden Transaktionen.

Zur Modellierung von Transaktionen wird noch einmal der Prozess aus Abbildung 129 in Kapitel 8.1 betrachtet. Dort wird der Unterprozess „Auftrag bearbeiten" abgebrochen, wenn das Ereignis „Stornierung eingetroffen" eintritt. Gemäß dem Modell wird eventuell noch eine Stornorechnung gestellt, ansonsten ist der Prozess beendet.

Betrachtet man den Unterprozess genauer, so stellt man fest, dass im Falle des Abbruchs eigentlich noch mehr getan werden muss. Im Unterprozess wird zunächst der Auftrag geprüft, anschließend wird die Ware ausgelagert und schließlich verpackt. Je nachdem, wann die Stornierung eintrifft, ist es möglich, dass die Ware bereits ausgelagert bzw. verpackt ist. In diesen Fällen muss die Ware nach der Stornierung wieder eingelagert bzw. zuerst ausgepackt und dann eingelagert werden.

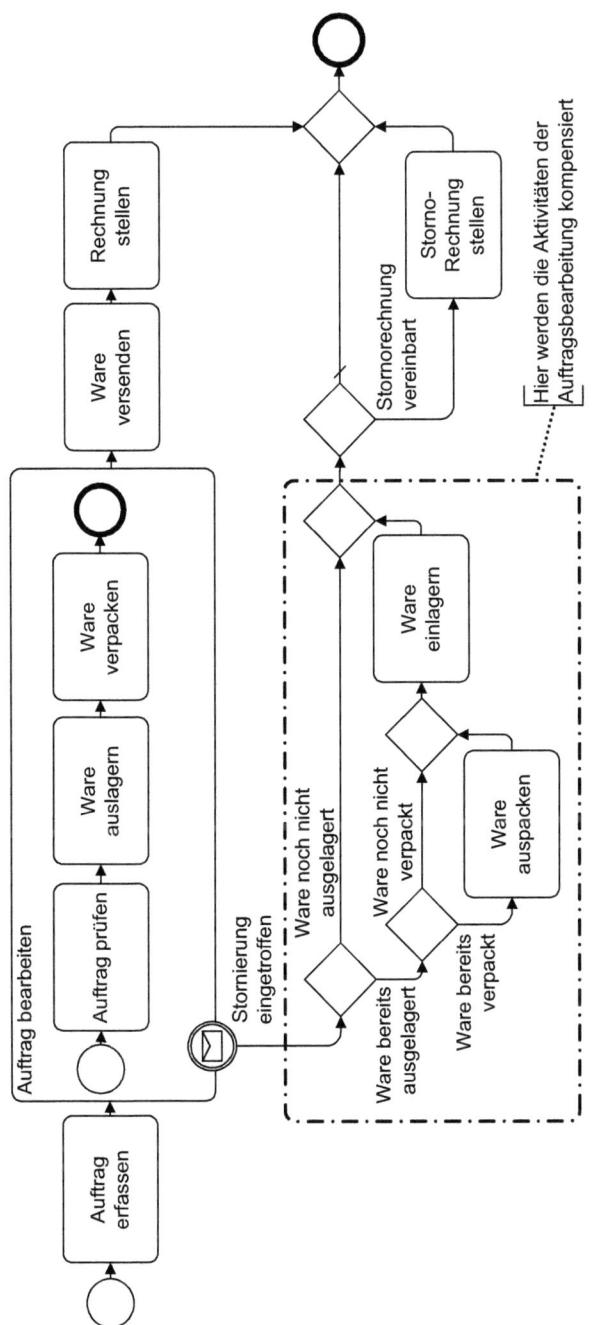

Abbildung 146: Bei einer Stornierung werden die Wirkungen der bereits durchgeführten Aktivitäten rückgängig gemacht.

Es müssen also die Wirkungen der bereits erfolgten Aktivitäten wieder aufgehoben werden. Hierzu kann man für die einzelnen Aktivitäten des Unterprozesses kompensierende, also ausgleichende Aktivitäten definieren. „Auftrag prüfen" muss nicht kompensiert werden. Für „Ware auslagern" lässt sich die kompensierende Aktivität „Ware einlagern" definieren, für „Ware verpacken" wäre dies „Ware auspacken".

Abbildung 146 zeigt, wie man die erforderlichen Kompensationen (engl. „Compensation") mit herkömmlichen BPMN-Konstrukten modellieren könnte. Im Ausnahmefluss, der auf das abbrechende Ereignis folgt, wird zunächst überprüft, ob die Ware bereits ausgelagert wurde. Ist sie noch nicht ausgelagert, so braucht nichts getan zu werden.

Ist sie bereits ausgelagert, so wird weiterhin geprüft, ob sie auch schon verpackt ist. In diesem Fall wird zunächst die Aktivität „Ware auspacken" durchgeführt. In beiden Fällen wird die Ware als nächstes wieder eingelagert.

Bei dem abgerundeten Rechteck mit dem strichpunktierten Rand handelt es sich um eine Gruppierung (engl. „Group"). Diese dient nur reinen Darstellungszwecken, um z. B. wie hier inhaltlich zusammenhängende oder interessante Teile eines Modells hervorzuheben. Auf die Ablauflogik des Modells hat eine Gruppierung keinerlei Auswirkung (vgl. Kapitel 13.1).

Dieses Modell ist recht umständlich. Die Behandlung der Ausnahme ist umfangreicher als der gewöhnliche Ablauf. Man kann sich leicht vorstellen, was passiert, wenn der Unterprozess viel mehr Aktivitäten enthält, die aufgrund von Verzweigungen in verschiedenen Reihenfolgen durchlaufen werden. Der Teil des Modells, der die Ausführung der Kompensationsaktivitäten beschreibt, wird riesig, da mit Hilfe von Gateways sämtliche mögliche Kombinationen bereits durchgeführter Aktivitäten unterschieden werden müssen.

Eine andere Möglichkeit, diesen Sachverhalt zu modellieren, wird in Abbildung 147 gezeigt. Der Unterprozess „Auftrag bearbeiten" ist hier mit einer doppelten Umrandung als Transaktion (engl. „Transaction") gekennzeichnet. Da eine Transaktion entweder ganz oder gar nicht durchgeführt wird, führt ein Abbruch der Transaktion automatisch dazu, dass die Wirkungen aller bereits in der Transaktion durchgeführten Aktivitäten rückgängig gemacht werden. Hierzu ist jeder Aktivität, für die eine Kompensation erforderlich ist, eine Kompensationsaktivität zugeordnet.

So ist die Aktivität „Ware einlagern" durch ein aus zwei Pfeilspitzen bestehendes Rückspulsymbol als Kompensationsaktivität gekennzeichnet. Sie kompensiert die Aktivität „Ware auslagern". Diese Zuordnung ist mittels eines Kompensations-Zwischenereignisses am Rand der zu kompensierenden Aktivität und einer Kompensationsassoziation modelliert. Anstelle eines Tasks könnte auch ein Unterprozess als Kompensationsaktivität verwendet und mit dem Rückspulsymbol versehen werden.

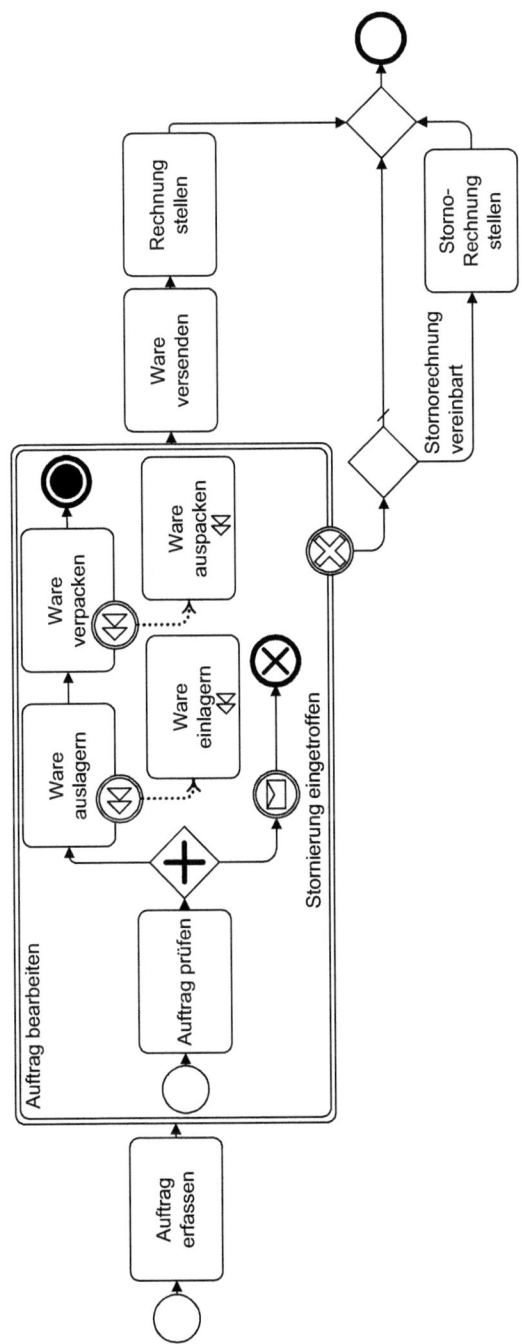

Abbildung 147: Modellierung mit einer Transaktion und Kompensationsaktivitäten

Empfangende Zwischenereignisse vom Typ Kompensation dienen ausschließlich dem hier gezeigten Zweck, d. h. sie werden immer an den Rand einer Aktivität geheftet, und sie haben immer eine ausgehende Kompensationsassoziation, die zur kompensierenden Aktivität läuft. Die Kompensationsassoziation ist eine gepunktete Linie mit Pfeil. Sie sollte nicht mit den gestrichelt dargestellten Nachrichtenflüssen verwechselt werden.

Der Aktivität „Auftrag prüfen" ist keine kompensierende Aktivität zugeordnet, da sie keine Auswirkungen hat, die rückgängig gemacht werden müssten. Ein geprüfter Auftrag kann nicht „ungeprüft" gemacht werden.

Wird nun die Transaktion abgebrochen, so wird überprüft, welche Aktivitäten bereits durchgeführt wurden. Nur für diese werden nacheinander die zugeordneten Kompensationsaktivitäten durchgeführt – und zwar in umgekehrter Reihenfolge zu den ursprünglichen Aktivitäten.

Für den hier modellierten Prozess bedeutet dies: Wurde nur die Aktivität „Auftrag prüfen" durchgeführt, finden bei einem Abbruch keine Kompensationen statt, da zu dieser Aktivität keine kompensierende Aktivität definiert ist. Wurde die Ware bereits ausgelagert, so wird beim Abbruch „Ware einlagern" durchgeführt. Ist die Ware schon verpackt worden, so führt ein Abbruch dazu, dass zunächst „Ware auspacken" und anschließend „Ware einlagern" ausgeführt wird. Damit entspricht der Ablauf bei einem Abbruch des Unterprozesses „Auftrag bearbeiten" dem in Abbildung 146 mit Hilfe mehrerer Gateways modellierten Ausnahmefluss.

Wodurch wird eine Transaktion abgebrochen? Eine Möglichkeit besteht darin, dass der Abbruch außerhalb des Prozesses ausgelöst wird. Handelt es sich beispielsweise um einen mit Hilfe einer Process Engine ausgeführten Prozess, so könnte z. B. ein Administrator bei einem aufgetretenen, nicht anders behebbaren Fehler den betroffenen Prozess über die Administrationskonsole der Process Engine abbrechen.

Bei einem solchen Abbruch der Transaktion werden zunächst die oben beschriebenen Kompensationen durchgeführt. Anschließend wird eine Marke über den modellierten Ausnahmefluss ausgegeben. Hierfür befindet sich ein Zwischenereignis vom Typ „Abbruch" (engl. „Cancel") am Rand der Transaktion. Es enthält ein nicht ausgefülltes Kreuz als Symbol. Durch die Verwendung des Abbruch-Zwischenereignisses wird angegeben, dass es sich nicht um einen gewöhnlichen Abbruch handelt, sondern zunächst die Kompensationen durchgeführt werden.

Bei auftretenden gravierenden Fehlern könnte es möglich sein, dass gar kein normaler Abbruch der Transaktion mit Kompensationen mehr möglich ist. So könnte ein schwerer Defekt der Lagereinrichtungen dazu führen, dass nicht nur die Auftragsbearbeitung abgebrochen werden muss, sondern auch kein Einlagern mehr möglich ist. Um auch hierfür einen Ausnahmefluss zu modellieren, bei dem keine Kompensationen stattfinden, könnte man zusätzlich ein gewöhnliches Zwischenereignis vom Typ „Fehler" am Rand der Transaktion anbringen. Meist wird man jedoch darauf verzichten, wirklich jede Eventualität zu modellieren.

Der normale Abbruch einer Transaktion mit Durchführung der Kompensationen kann aber nicht nur von außen, sondern auch aus dem Prozess heraus ausgelöst werden. Hierzu dient das mit einem ausgefüllten Kreuz dargestellte Endereignis vom Typ „Abbruch". Wird dieses Endereignis erreicht, so wird wie bei einem Terminierungs-Endereignis sofort der gesamte Transaktionsunterprozess abgebrochen, und die erforderlichen Kompensationen werden durchgeführt, bevor es bei dem Abbruch-Zwischenereignis mit dem Ausnahmefluss weitergeht.

Im vorliegenden Fall soll die Transaktion durch das Ereignis „Stornierung eingetroffen" abgebrochen werden. Anders als in dem Modell ohne Transaktion aus Abbildung 146 kann man hier jedoch das Nachrichten-empfangende Zwischenereignis nicht einfach auf dem Rand der Transaktion platzieren. Denn dann würden – wie oben erläutert – beim Abbruch keine Kompensationen durchgeführt.

Stattdessen muss ein empfangendes Abbruch-Zwischenereignis verwendet werden. Dieses tritt ein, wenn innerhalb der Transaktion ein sendendes Abbruch-Endereignis erreicht wird. Innerhalb der Transaktion wird daher zunächst mit Hilfe eines parallelen Gateways in zwei Sequenzflüsse verzweigt. Im oberen Pfad werden die Aktivitäten durchgeführt. Parallel dazu wird im unteren Pfad auf das Eintreten des Zwischenereignisses „Stornierung eingetroffen" gewartet. Tritt dieses Zwischenereignis ein, so wird im unteren Pfad das Abbruch-Endereignis erreicht, d. h. die Transaktion wird abgebrochen. Hierbei werden die nötigen Kompensationen durchgeführt, und anschließend geht es mit dem Ausnahmefluss weiter, der beim Abbruch-Zwischenereignis beginnt. Da es sich um einen kompletten Abbruch handelt, wird nicht nur der untere Pfad beendet, sondern zugleich auch der parallele obere Pfad.

Wird die Transaktion nicht abgebrochen, so wird irgendwann das Endereignis des oberen Pfades erreicht. In diesem Fall ist der untere Pfad noch aktiv, es wird immer noch auf das Eintreffen einer Stornierungsnachricht gewartet. Daher wird im oberen Pfad kein unbestimmtes Endereignis verwendet, das nur diesen einen Pfad beenden würde. Das stattdessen verwendete Terminierungs-Endereignis beendet den kompletten Transaktionsunterprozess, also auch den unteren Pfad. Damit ist die Transaktion erfolgreich beendet, und der Prozess geht mit dem normalen Sequenzfluss weiter, wobei als nächstes die Aktivität „Ware versenden" ausgeführt wird.

9.2 Direkter Aufruf von Kompensationen

Kompensationen können auch ohne die Einbettung in eine Transaktion durchgeführt werden. Hierzu können sendende End- oder Zwischenereignisse vom Typ „Kompensation" verwendet werden. Diese enthalten ein ausgefülltes Rückspulsymbol.

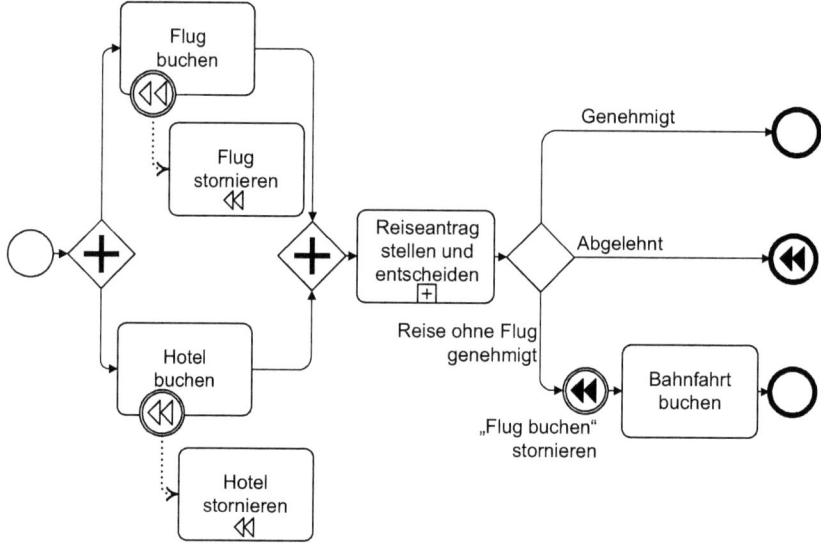

Abbildung 148: Direkter Aufruf einer Kompensation

In Abbildung 148 ist der Ablauf der Buchung und Genehmigung einer Dienstreise modelliert. Hier ist angenommen, dass für die Genehmigung die genauen Daten und Preise von Hotel und Transport vorliegen müssen, weshalb die Buchung vor dem Stellen des Reiseantrags vorgenommen wird.

Den Aktivitäten „Flug buchen" und „Hotel buchen" sind jeweils Kompensationsaktivitäten zugeordnet. Allerdings befinden sich diese Aktivitäten hier nicht innerhalb einer Transaktion, weshalb die Kompensationen nicht durch einen Transaktionsabbruch ausgelöst werden können, sondern explizit aufgerufen werden müssen.

Der exklusive Gateway im Anschluss an die Entscheidung über den Reiseantrag hat drei Ausgänge. Im ersten Fall ist der Antrag genehmigt, und der Prozess wird mit einem unbestimmten Endereignis abgeschlossen, es sind keine Kompensationen erforderlich. Im zweiten Fall ist der Antrag komplett abgelehnt. Der Sequenzfluss führt hier zu einem sendenden Kompensations-Endereignis. Dieses hat keine Bezeichnung, es löst daher die Kompensation aller im Prozess bisher durchgeführten Aktivitäten in umgekehrter Reihenfolge aus. Es wird also sowohl der Flug storniert, als auch das Hotel. Für die Aktivität „Reiseantrag stellen und entscheiden" ist keine Kompensationsaktivität definiert, entsprechend wird auch keine durchgeführt.

Im dritten Fall ist die Reise zwar genehmigt, es darf aber kein Flug genommen werden. Daher soll nur die Aktivität „Flug buchen" kompensiert werden, nicht aber die Aktivität „Hotel buchen". Hierfür ist bei dem sendenden Kompensations-Zwischenereignis angegeben, welche Aktivität kompensiert werden soll. Bei Bedarf ist es auch möglich, mehrere zu kompensierende Aktivitäten bei einem sendenden Kompensationsereignis anzugeben. Hier wird aber nur die eine Kompensationsaktivität „Flug stornieren" ausgeführt. Anschließend wird eine Bahnfahrt gebucht, bevor der Prozess beendet ist.

Dass es in dem Beispiel nicht möglich ist, von Vornherein eine Bahnfahrt zu buchen, ist natürlich nicht besonders sinnvoll, doch sollte das Modell wie alle Modelle in dieser Einführung möglichst kompakt gehalten werden und sich auf das Wesentliche des zu illustrierenden Sachverhalts beschränken.

9.3   Ereignis-Unterprozesse für Kompensationen

Für die Abwicklung von Kompensationen können auch Ereignis-Unterprozesse verwendet werden. Diese haben ein Kompensations-Startereignis. Im Gegensatz zu anderen Ereignis-Unterprozessen, wie sie in Abschnitt 8.5 diskutiert wurden, werden sie aber nicht durch ein Ereignis ausgelöst, das während des übergeordneten Prozesses eintritt. Stattdessen werden sie gestartet, wenn ein gleichnamiges sendendes Kompensationsereignis nach Durchführung des Prozesses eintritt. Der Ereignis-Unterprozess wird daher auch erst nach Ende des übergeordneten Prozesses ausgeführt.

Die Umrandung des Kompensations-Startereignisses ist immer durchgezogen. Dies symbolisiert im Zusammenhang mit Ereignis-Unterprozessen normalerweise, dass der übergeordnete Prozess abgebrochen wird. Da dieser im vorliegenden Fall aber schon beendet ist, gibt es auch keine Unterscheidung zwischen „nicht-unterbrechendem" und „abbrechendem" Kompensations-Startereignis.

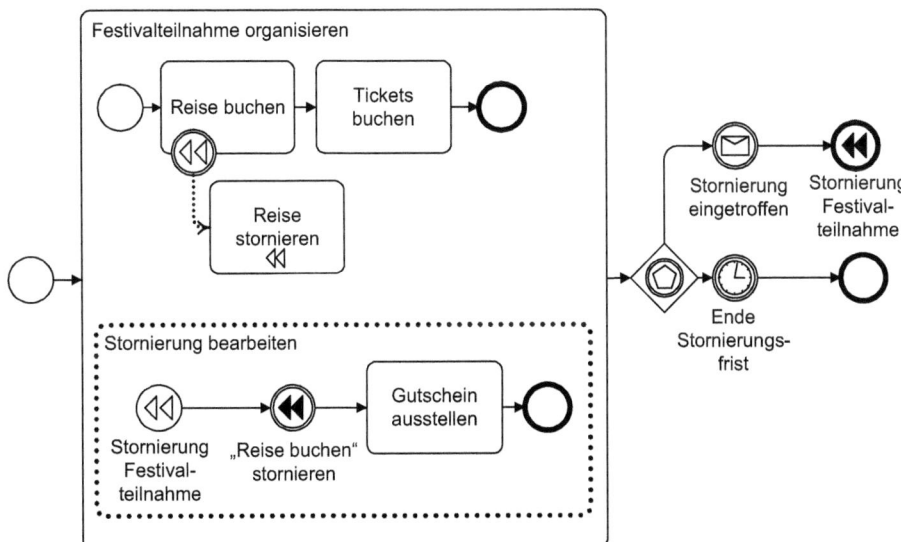

Abbildung 149: Ereignis-Unterprozess mit Kompensations-Startereignis

In Abbildung 149 organisiert ein Reisebüro für seine Kunden die Teilnahme an einem Festival. Hierzu bucht es zunächst die Reise, anschließend die Tickets für das Festival. Für die Reise ist eine Kompensationsaktivität definiert, die Tickets können hingegen nicht mehr zurückgegeben werden.

Im Anschluss an die Buchungen wird gewartet, bis entweder die Stornierungsfrist zu Ende ist, oder bis eine Stornierung des Kunden eintrifft. In diesem Fall wird das Kompensations-Endereignis „Stornierung Festivalteilnahme" erreicht. Über das gleichnamige Kompensations-Startereignis wird nun der Ereignis-Unterprozess gestartet. Dort wird die Kompensation für „Reise buchen" ausgelöst. Da die Tickets für das Festival leider nicht zurückgegeben werden können, stellt das Reisebüro seinen Kunden einen Gutschein über eine kleinere Summe aus, der bei der nächsten Reise eingelöst werden kann.

Da im Hauptprozess bereits das Endereignis erreicht wurde, ist der gesamte Prozess mit dem Abschluss des kompensierenden Ereignis-Unterprozesses beendet. Selbstverständlich hätte man diesen Ereignis-Unterprozess auch über ein sendendes Kompensations-Zwischenereignis auslösen können, nach dem der Prozess weiterlaufen würde.

Ein solcher kompensierender Ereignis-Unterprozess lässt sich dann einsetzen, wenn außer dem reinen Ausführen der Kompensationsaktivitäten noch weitere Aktivitäten durchgeführt werden sollen.

9.4 Nutzung von Ausnahmen, Transaktionen und Kompensationen

Die in diesem und dem vorangehenden Kapitel beschriebenen Konzepte zur Modellierung von Ausnahmen, Transaktionen und Kompensationen haben ihren Ursprung in der Softwaretechnik. Für die Modellierung ausführbarer Workflows sind sie daher auf jeden Fall interessant. Prinzipiell lassen sie sich auch für fachliche Modelle anwenden, denn Fehler, Ausnahmen, Stornierungen usw. kommen auch in nicht automatisierten Prozessen vor. Es wurden hier zur Erläuterung auch bewusst Beispiele fachlicher Natur gewählt.

Einige BPMN-Experten verweisen darauf, dass sich viele Prozessmodelle fast ausschließlich um die normalen Abläufe kümmern, bei denen alles wie vorgesehen läuft. Ein Großteil der Probleme und des Aufwandes bei der Prozessabwicklung ist jedoch auf Fehler, Ausnahmen und Sonderfälle zurückzuführen. Sie empfehlen daher, sich bei der Modellierung auch um die Ausnahmebehandlungen zu kümmern und hierfür die speziellen Konstrukte der BPMN zu verwenden (vgl. z. B. [Silver 2012]).

Andererseits sind diese Konstrukte im Gegensatz zu den grundlegenden BPMN-Elementen sehr erklärungsbedürftig und nicht ganz einfach anzuwenden. Eine genaue Modellierung sämtlicher Ausnahmefälle führt zu sehr großen und detaillierten Modellen.

Ob diese einen entsprechenden Nutzen für die Zielgruppe bringen und der hierfür erforderliche Aufwand gerechtfertigt ist, muss anhand des Modellierungszwecks entschieden werden.

Manche Konzepte der technischen Ebene lassen sich zwar vom Prinzip her auch auf die fachliche Ebene übertragen, werfen dort aber zusätzliche Probleme und Fragestellungen auf.

So ist etwa die Kompensation einer Buchung in einem Computersystem vergleichsweise einfach durch eine entsprechende Gegenbuchung zu kompensieren. Das oben verwendete Beispiel der Kompensation einer Flug- oder Hotelbuchung ist in der Praxis hingegen nicht immer so einfach. Beispielsweise kann eine Stornierung für bestimmte Tickets ausgeschlossen sein, nur bis zu einem bestimmten Zeitpunkt möglich sein oder eine Gebühr kosten. Oder es ist günstiger, auf ein anderes Datum oder eine andere Person umzubuchen als die Buchung komplett zu stornieren. Jeder dieser Fälle kann unterschiedliche Auswirkungen auf den Prozess haben. Die bloße Modellierung einer Kompensationsaktivität gibt diese Sachverhalte noch längst nicht komplett wieder.

Ob, auf welche Weise und wie detailliert derartige Sachverhalte modelliert werden, sollte im Vorhinein entschieden und in Modellierungskonventionen festgelegt werden.

10 Datenobjekte in Prozessen

10.1 Modellierung von Datenflüssen

Bei der Durchführung eines Prozesses werden Daten, Informationen, Dateien, Dokumente u. ä. verarbeitet und erzeugt. Mit einem Sequenzfluss von einer Aktivität zur nächsten ist häufig die Weitergabe von Daten verbunden. Nachrichtenflüsse dienen zumeist ebenfalls dem Austausch von Daten.

Bei der bisher betrachteten Modellierung von Sequenz- und Nachrichtenflüssen werden diese Daten jedoch nicht weiter betrachtet. Ein Sequenzfluss dient ausschließlich dazu, die nächste Aktivität anzustoßen. Bei einem Nachrichtenfluss geht es nur darum, dass eine bestimmte Nachricht eingeht und somit das zugehörige Ereignis eintritt. Welche Daten im Einzelnen ausgetauscht werden, muss ggf. gesondert modelliert werden.

Bei der ursprünglichen Entwicklung der BPMN als grafischer Notation für ausführbare Prozesse wurde der Idee gefolgt, dass innerhalb eines Prozesses alle Aktivitäten jederzeit auf alle Daten innerhalb eines Pools zugreifen können. Wird dieses Konzept angewandt (z. B. in einer Process Engine), so ist es nicht erforderlich, die Weitergabe von Daten zu modellieren.

In vielen Prozessen gibt es aber keinen gemeinsamen Datenpool, so dass eine explizite Modellierung der weitergegebenen Daten durchaus sinnvoll ist. Und auch bei der Nutzung eines gemeinsamen Datenpools kann es notwendig sein, In- und Outputdaten der Aktivitäten zu modellieren. Dadurch lassen sich datenbezogene Abhängigkeiten erkennen. Beispielsweise muss auch bei der Nutzung eines gemeinsamen Datenpools sichergestellt werden, dass die von einer Aktivität benötigten Informationen vorher im Prozess erzeugt werden.

Abbildung 150 zeigt die Modellierung des Datenflusses in einem Prozess. Hierfür werden Datenobjekte (engl. „Data Object") in Form von Dokumentensymbolen verwendet.

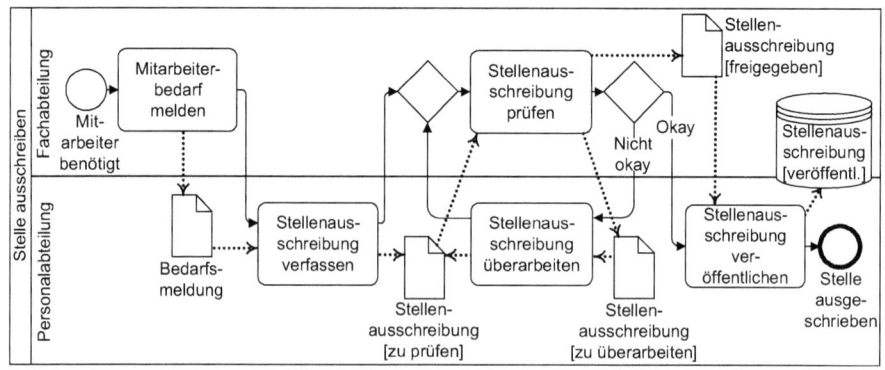

Abbildung 150: Modellierung von Datenflüssen mit Hilfe gerichteter Assoziationen

Bei einem Datenobjekt kann es sich um Daten und Informationen in beliebiger Form handeln, beispielsweise einen elektronischen Datensatz, eine Datei oder auch ein physisches Dokument.

Mit Hilfe von gerichteten Datenassoziationen wird modelliert, aus welcher Aktivität ein Datenobjekt ausgeht, und von welcher Aktivität es verwendet wird. Die Bezeichnung eines Datenobjekts wird häufig um die Angabe des jeweiligen Zustands in eckigen Klammern ergänzt. So kann in Abbildung 150 das Datenobjekt „Stellenausschreibung" im Laufe des Prozesses die Zustände „zu prüfen", „zu überarbeiten" und „freigegeben" annehmen.

Eine Datenassoziation wird als gepunktete Linie dargestellt. Sie sollte nicht mit dem gestrichelten Nachrichtenfluss verwechselt werden.

Datenobjekte existieren nur innerhalb eines Prozesses. Will man darstellen, dass Daten dauerhaft gespeichert werden, so muss man einen Datenspeicher (engl „Data Store") verwenden. In Abbildung 150 wird die veröffentlichte Stellenanzeige ganz am Ende in einem solchen Datenspeicher abgelegt. Sie steht somit auch nach Abschluss des Prozesses noch zur Verfügung.

Die meisten der in Abbildung 150 modellierten Datenflüsse laufen parallel zu einem Sequenzfluss. In solchen Fällen ist es auch einfach möglich, das jeweilige Datenobjekt über eine ungerichtete Assoziation mit dem Sequenzfluss zu verbinden (Abbildung 151). In diesem Beispiel drücken beide Darstellungen das Gleiche aus, so dass man sich für eine der beiden Möglichkeiten entscheiden kann. Allerdings ist es auch möglich, dass ein Datenobjekt, das an einer Stelle erzeugt wird, erst viel später im Prozess verwendet wird. Es wird somit gar nicht mit dem Sequenzfluss an die direkt folgende Aktivität weitergegeben. Dieser Fall lässt sich nur mit Hilfe der gerichteten Assoziationen abbilden, wie dies in Abbildung 152 gemacht wurde.

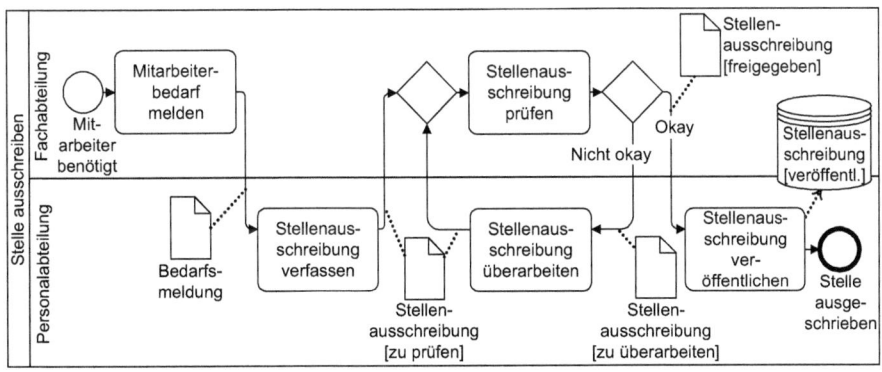

Abbildung 151: Datenobjekte an den Sequenzflüssen

133

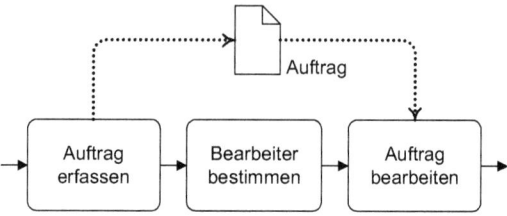

Abbildung 152: Ein Datenobjekt, das erst in einer späteren Aktivität verwendet wird

Das Einzeichnen vieler Datenassoziationen, die sich z. T. über den ganzen Prozess hinziehen, kann unübersichtlich werden. Daher ist es auch zulässig, dasselbe Datenobjekt wie in Abbildung 153 mehrfach einzuzeichnen. Es handelt sich hier nicht um zwei unterschiedliche Datenobjekte, die nur gleich benannt wurden, sondern tatsächlich um ein und dasselbe Objekt.

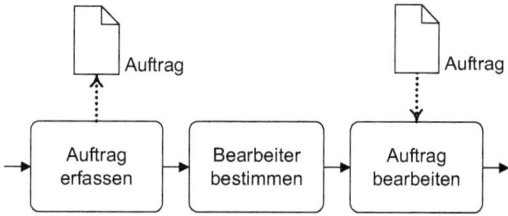

Abbildung 153: Alternative Darstellung zu Abbildung 152

10.2 Mehrfach-Datenobjekte

Oftmals hat man es nicht mit einem einzelnen Datensatz zu tun, sondern einer Menge oder einer Liste. Solche Mehrfach-Datenobjekte können mit den von Mehrfachaktivitäten und -teilnehmern bekannten drei Strichen markiert werden. In dem Prozessausschnitt in Abbildung 154 wird zunächst die Menge der eingegangenen Bewerbungen gesichtet. Hierbei werden die interessanten Bewerbungen herausgesucht, die ebenfalls eine Menge darstellen. Im zweiten Schritt wird dann eine einzige Bewerbung ausgewählt, die dann kein Mehrfachsymbol mehr trägt.

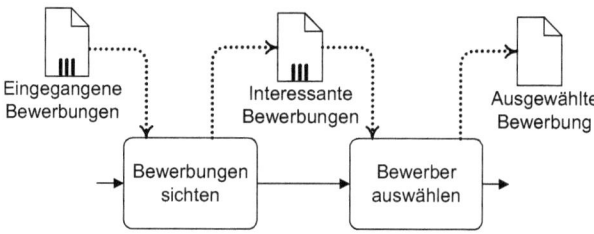

Abbildung 154: Mehrfach-Datenobjekte

10.3 Daten und Ereignisse

Datenobjekte existieren nur innerhalb eines Prozesses. Datenassoziationen können daher keine Poolgrenzen überqueren. Der direkte Datenaustausch mit anderen Prozessen wird mit Hilfe von Nachrichtenflüssen modelliert (vgl. Kapitel 5). Um darzustellen, dass der Inhalt einer empfangenen Nachricht im Prozess in Form eines Datenobjektes verarbeitet wird, kann man aus einem empfangenden Ereignis eine Datenassoziation ausgehen lassen. Umgekehrt kann man eine Datenassoziation zu einem sendenden Ereignis modellieren, damit dieses dann eine Nachricht mit dem Inhalt des betreffenden Datenobjektes verschickt (Abbildung 155).

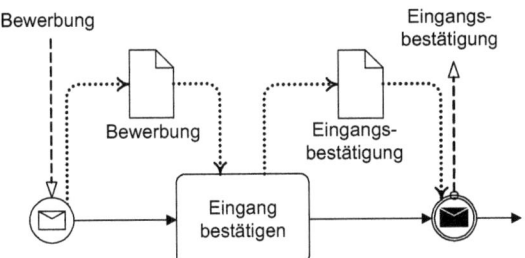

Abbildung 155: Ereignisse können Nachrichten und Datenobjekte ineinander umwandeln.

10.4 Datenspeicher

Ein indirekter Datenaustausch kann auch dadurch erfolgen, dass ein Prozess in einen Datenspeicher schreibt, und ein anderer Prozess diese Daten liest. Voraussetzung dafür ist, dass beide Prozesse Zugriff auf diesen Datenspeicher haben. Dies ist dann oft der Fall, wenn es sich um zwei Prozesse desselben Unternehmens handelt. In Abbildung 156 wird im Konstruktionsprozess eine Stückliste erstellt und in einem Datenspeicher abgelegt. In der Produktionsplanung wird die Stückliste aus diesem Datenspeicher gelesen, um die Bedarfe an Materialien ermitteln zu können.

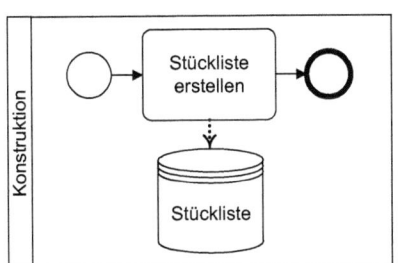 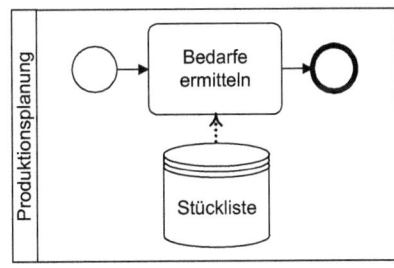

Abbildung 156: Zwei Prozesse greifen auf denselben Datenspeicher zu.

135

10.5 Datenübergabe bei Aufrufaktivitäten

Bindet man einen anderen Prozess über eine Aufrufaktivität in einen Ablauf ein (vgl. Abschnitt 7.5), so kann die Übergabe von Daten ebenfalls mit Hilfe von Datenobjekten modelliert werden.

Mit einer Datenassoziation, die zu einer Aufrufaktivität führt, wird die Übergabe des Datenobjekts an die betreffende Aktivität modelliert. Umgekehrt repräsentiert eine ausgehende Datenassoziation die Rückgabe eines Datenobjekts von der aufgerufenen Aktivität zum aufrufenden Prozess. Es können aber nicht beliebige Datenobjekte übergeben werden. Der aufzurufende globale Task oder Prozess ist ja an anderer Stelle definiert, wobei auch festgelegt ist, welche Daten er benötigt und welche Daten er erzeugt und zurückgibt. Ein globaler Task wird nicht grafisch modelliert, doch für einen Prozess, der aus anderen Prozessen aufgerufen werden soll, lassen sich der benötigte Input und der erzeugte Output modellieren.

In Abbildung 157 wird im Prozess „Schadensbearbeitung" der Prozess „Schaden begutachten" aufgerufen. Dieser ist im unteren Pool abgebildet. Dort sind mit Pfeilen versehene Datenobjekte vorhanden, die den Dateninput und den Datenoutput des Prozesses repräsentieren. Ein Dateninput enthält einen nicht ausgefüllten Pfeil und gibt an, welche Daten der Prozess als Input benötigt, um zu funktionieren. Entsprechend steht ein Datenoutput mit einem ausgefüllten Pfeil für die von dem Prozess erzeugten und an den Aufrufer zurück gegebenen Daten.

Integriert man nun den Prozess über eine Aufrufaktivität in einen anderen Prozess, so muss dieser dafür sorgen, dass die korrekten Dateninputs zur Verfügung gestellt wer-

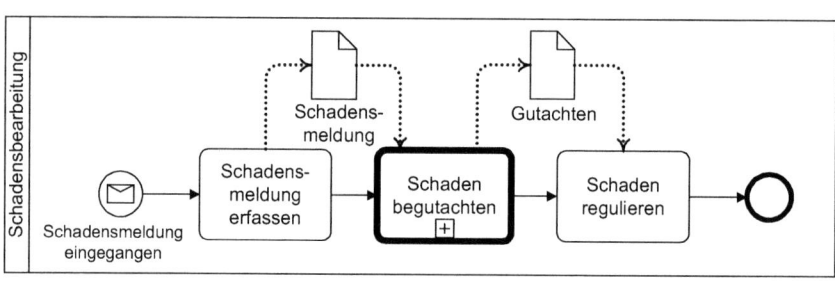

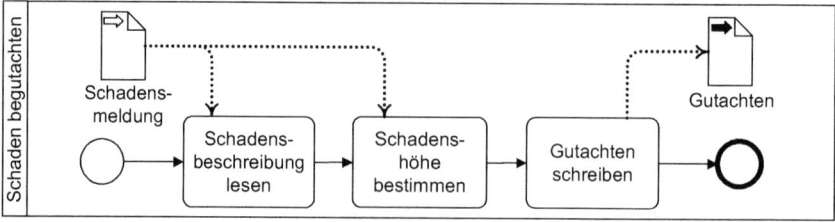

Abbildung 157: Modellierung von Dateninput und -output für aufgerufene Prozesse

den. Umgekehrt kann die Aufrufaktivität nur die definierten Datenoutputs zurückgeben. Im Beispiel übergibt der Schadensbearbeitungsprozess eine Schadensmeldung an den aufgerufenen Prozess und erwartet von diesem ein Gutachten zurück. Das entspricht genau den im Prozess „Schaden begutachten" modellierten Datenin- und -outputs, der Aufruf wird also funktionieren.

Natürlich könnte man im Prozess „Schaden begutachten" zusätzlich weitere Datenobjekte und –assoziationen verwenden. Diese würden aber nur prozessintern verwendet.

Werden für einen Prozess mehrere Dateninputs oder Datenoutputs modelliert, so müssen dem Prozess für all diese Inputs passende Datenobjekte übergeben werden, und er liefert auch Datenobjekte aller Datenoutputs zurück. Die BPMN-Spezifikation sieht auch optionale Dateninputs und -outputs vor, doch ist dies in der grafischen Darstellung nicht sichtbar und muss ggf. über Anmerkungen deutlich gemacht werden. Auch Dateninputs und -outputs können mit drei Strichen als Mehrfach-Datenobjekte gekennzeichnet werden.

10.6 Nutzung von Datenobjekten

Datenobjekte und –assoziationen und insbesondere Definitionen von Dateninputs und –outputs können auch wichtige Informationen für die Prozessausführung tragen. Hierzu werden diese Elemente mit konkreten Datenstrukturen, z. B. XML-Schema-Definitionen verknüpft. Eine Process Engine kann dann bei der Ausführung einer Prozessinstanz beispielsweise anhand der benötigten Dateninputs entscheiden, ob die notwendigen Daten vorliegen und eine bestimmte Aktivität gestartet werden darf. Neben den grafisch modellierten Zusammenhängen wird hierfür aber noch eine Reihe weiterer Detailinformationen benötigt. Die BPMN-Spezifikation erlaubt auch, ausführbare Prozesse ganz ohne Datenobjekte u. ä. zu modellieren und die auszutauschenden Daten in nicht-grafischer Form zu definieren, z. B. über entsprechende Dialoge des Modellierungstools.

Auf fachlicher Ebene bieten Datenobjekte die Möglichkeit, Prozesse hinsichtlich der Erzeugung und Nutzung von Daten zu analysieren und zu optimieren. Auch lässt sich die Prozessmodellierung über diese Elemente mit der Datenmodellierung verknüpfen. So könnte man etwa die in einem Prozess verwendeten Datenobjekte mit Datenmodellen, UML-Klassendiagrammen oder Fachbegriffsmodellen hinterlegen. Hierdurch wird die für eine durchgängige Informationssystem-Entwicklung benötigte Integration der Prozess-Sicht mit der Datensicht erreicht. Dies geht über die BPMN als reine Prozessmodellierungs-Notation hinaus und muss über Konventionen und entsprechende Modellierungstools geregelt werden.

Eine Übersicht über die Möglichkeiten, die verschiedenen Modellierungstools zur Verknüpfung von BPMN-Modellen mit anderen Modellen bieten, findet sich in [Allweyer 2014b].

11 Choreographien

In Kapitel 5 wurde beschrieben, wie man Kollaborationen modelliert. Dazu wurden Nachrichtenflüsse zwischen den Prozessen eingezeichnet. Mit Hilfe der in Kapitel 6 eingeführten Nachrichten-empfangenden Ereignisse und ereignisbasierten Gateways lässt sich abbilden, dass auf eine Nachricht gewartet wird, oder dass auf verschiedene Nachrichten unterschiedlich reagiert wird.

Oftmals geht es darum, die Zusammenarbeit zwischen unterschiedlichen Partnern festzulegen. Dies ist z. B. bei der Business-to-Business-Integration der Fall, wo mehrere Unternehmen ihre Informationssysteme so miteinander verbinden, dass Bestellungen und andere Geschäfte vollautomatisch abgewickelt werden können. In diesem Fall ist jedes Unternehmen für seinen eigenen Prozess verantwortlich. Was aber gemeinsam abgestimmt werden muss, sind die auszutauschenden Nachrichten.

Hierfür gibt es die bereits dargestellte Möglichkeit, Black Box-Pools zu verwenden, d. h. Pools ohne eingezeichnete Prozesse. Abbildung 158 zeigt die Kollaboration für die Erstellung einer Werbeanzeige. Aus dieser lässt sich der Nachrichtenfluss zwischen Kunde, Werbeagentur und mehreren Grafikern ersehen.

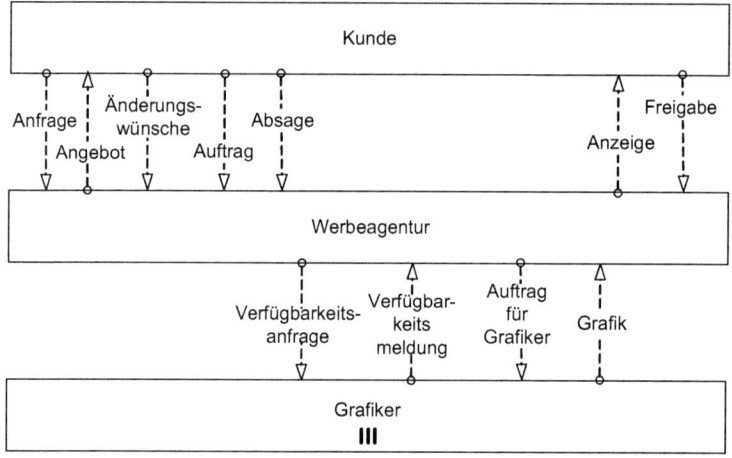

Abbildung 158: Kollaboration für die Erstellung einer Werbeanzeige

Die zeitliche Reihenfolge lässt sich grob aus der Anordnung der Nachrichtenflüsse von links nach rechts entnehmen. Allerdings ist dies nicht wirklich eindeutig, da kein Sequenzfluss eingezeichnet ist und eventuelle Bedingungen oder Wiederholungen nicht sichtbar sind. So wird in dem Beispiel zwar auf eine Anfrage in der Regel auch ein Angebot folgen. Allerdings wird es nicht in jedem Fall Änderungswünsche geben. Wenn es aber Änderungswünsche gibt, könnten evtl. auch mehrere Änderungswünsche nacheinander verschickt werden.

Von den beiden Nachrichten „Auftrag" und „Absage" wird in einem Prozessdurchlauf vermutlich nur eine versandt. Verfügbarkeitsanfragen werden schätzungsweise an mehrere Grafiker geschickt, einen Auftrag sollte sinnvoller Weise aber nur einer dieser Grafiker erhalten.

All diese Abhängigkeiten sind in der Black Box-Pool-Darstellung der Kollaboration nicht sichtbar. Eine Möglichkeit, die beschriebene Logik zu modellieren, besteht darin, ein oder mehrere öffentliche Prozesse einzuzeichnen. Im vorliegenden Beispiel bietet es sich an, den öffentlichen Prozess der Werbeagentur zu modellieren, da alle Nachrichtenaustausche der anderen beiden Partner mit der Werbeagentur erfolgen (Abbildung 159). Würden Kunde und Grafiker auch direkt interagieren, so wäre zumindest ein weiterer öffentlicher Prozess nötig.

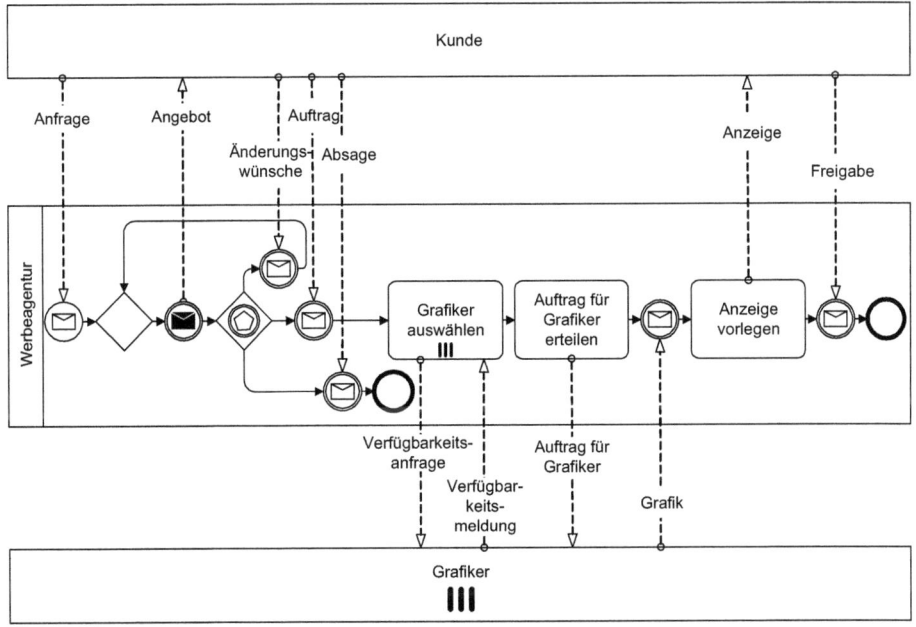

Abbildung 159: Kollaboration mit öffentlichem Prozess der Werbeagentur

Aus Abbildung 159 lässt sich die genaue Reihenfolge der Nachrichtenaustausche ermitteln. So wird beispielsweise deutlich, dass es möglich ist, mehrfach Änderungswünsche zu übermitteln, woraufhin die Werbeagentur jedes Mal ein neues Angebot schickt. Auch sieht man, dass mehrere Verfügbarkeitsanfragen an Grafiker versendet werden, allerdings nur ein Auftrag. Dass der Auftrag nur an einen ausgewählten Grafiker geht (und nicht etwa ein einziger Auftrag an alle Grafiker), lässt sich streng genommen nicht genau aus dem Modell ersehen. Hierfür müsste man entweder einen weiteren Pool für den ausgewählten Grafiker modellieren, oder sich den Prozess der Grafiker ansehen, die z.

B. alle eine gewisse Zeit auf einen Auftrag warten könnten. Nur der Grafiker, der einen Auftrag erhalten hat, schickt dann eine Grafik. Die anderen beenden ihren Prozess.

Im dargestellten Prozess sind noch längst nicht alle Eventualitäten berücksichtigt. So wird davon ausgegangen, dass auf ein Angebot immer eine Reaktion erfolgt, oder dass auf einen Auftrag für den Grafiker hin immer eine Grafik zurückgeliefert wird. Der Fall, dass ein Partner nicht in einem bestimmten Zeitraum reagiert, ließe sich über ereignisbasierte Gateways und Zeitereignisse modellieren.

11.1 Choreographiediagramm

Eine andere Möglichkeit, die zeitliche und logische Reihenfolge der in dem obigen Szenario ausgetauschten Nachrichten zu modellieren, bieten die Choreographiediagramme. In diesen werden die Nachrichtenaustauschvorgänge selbst in den Mittelpunkt gestellt und in Form von Choreographie-Aktivitäten modelliert.

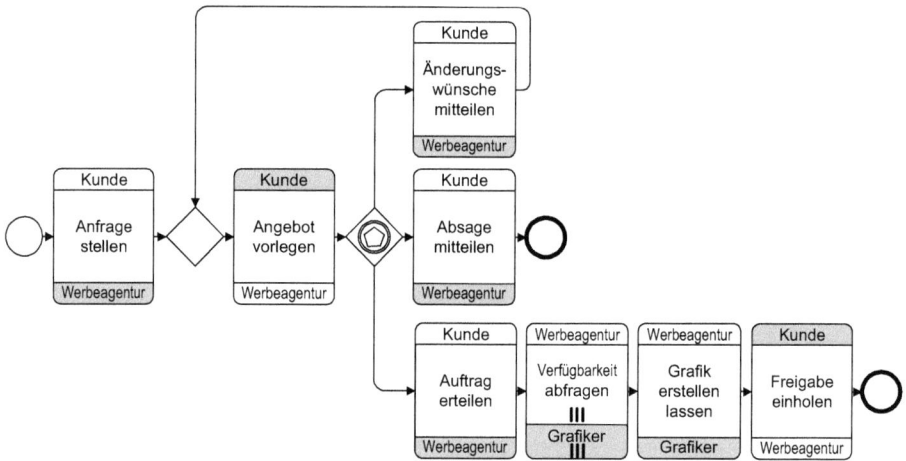

Abbildung 160: Choreographie zur Erstellung einer Werbeanzeige

Abbildung 160 enthält die Choreographie zu dem oben als Kollaboration gezeigten Beispiel der Erstellung einer Werbeanzeige. Eine Choreographie-Aktivität (engl. „Choreography Activity") repräsentiert den Austausch einer oder mehrerer Nachrichten zwischen zwei oder mehr Partnern. Im einfachsten Fall entspricht sie dem Senden einer einzigen Nachricht von einem Partner zu einem anderen. Ein Beispiel ist die Choreographie-Aktivität „Anfrage stellen", bei der der Kunde die Nachricht „Anfrage" an die Werbeagentur sendet. Eine Choreographie-Aktivität kann aber auch mehrere Nachrichtenflüsse umfassen. Z. B. wird in der Choreographie-Aktivität „Freigabe einholen" zunächst eine Nachricht mit einer Anzeige von der Werbeagentur zum Kunden gesendet, und der Kunde sendet anschließend eine Nachricht mit der Freigabe zurück.

Die dargestellte Choreographie ist leicht nachvollziehbar: Zunächst wird eine Anfrage gestellt (vom Kunden an die Werbeagentur), danach wird ein Angebot vorgelegt (von der Werbeagentur zum Kunden). Anschließend gibt es drei Möglichkeiten: Zum einen können Änderungswünsche mitgeteilt werden, worauf es wieder zur Choreographie-Aktivität „Angebot vorlegen" geht. Zum zweiten kann eine Absage mitgeteilt werden, worauf die Choreographie beendet ist. Zum dritten kann ein Auftrag erteilt werden, worauf die Verfügbarkeit abgefragt wird. Das Abfragen der Verfügbarkeit geschieht mehrfach, wobei neben der Werbeagentur als auslösendem Partner jeweils ein Mitglied aus der Menge der Grafiker beteiligt ist. Schließlich folgen die Nachrichtenaustausche „Grafik erstellen lassen" und „Freigabe einholen".

Jede Choreographie-Aktivität wird von einem der beteiligten Partner ausgelöst, indem er die erste Nachricht sendet. Dieser auslösende Partner wird am oberen oder unteren Rand der Choreographie-Aktivität in einem hellen Feld eingetragen. Die Namen des oder der weiteren Beteiligten werden am anderen Rand in einem dunkleren Feld eingetragen. Wer oben und wer unten eingetragen wird, ist dem Modellierer freigestellt. Normalerweise wird man bei mehreren Choreographie-Aktivitäten zwischen denselben Partnern die Anordnung beibehalten. Wenn man zusätzlich noch eine Kollaboration modelliert, ist es naheliegend, die dortige Anordnung der Pools zugrunde zu legen. Entsprechend sind in den Choreographie-Aktivitäten der Abbildung 160 entweder der Kunde oben und die Werbeagentur unten, oder aber die Werbeagentur oben und die Grafiker unten eingezeichnet.

Die Choreographie-Aktivität „Verfügbarkeit abfragen" enthält ein Mehrfachsymbol, d. h. sie wird mehrfach ausgeführt. Da auch der beteiligte Partner mit einem Mehrfachsymbol gekennzeichnet ist, wird der Nachrichtenaustausch mit jedem Grafiker einzeln durchgeführt. Ist anders als hier im Voraus nicht bekannt, wie oft eine Choreographie-Aktivität wiederholt werden muss, so versieht man sie mit dem bereits bekannten Schleifensymbol (Abbildung 161).

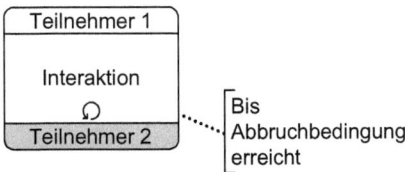

Abbildung 161: Choreographie-Aktivität mit Schleife

Choreographie-Aktivitäten mit mehr als zwei Partnern kommen in diesem Beispiel nicht vor. Hierfür kann man oben bzw. unten mehrere Partner-Felder eintragen. Dabei ist aber immer nur ein Feld hell hinterlegt, da nur einer der Partner den Nachrichtenaustausch durch eine initiale Nachricht in Gang setzt. Ein Beispiel findet sich in Abbildung 165.

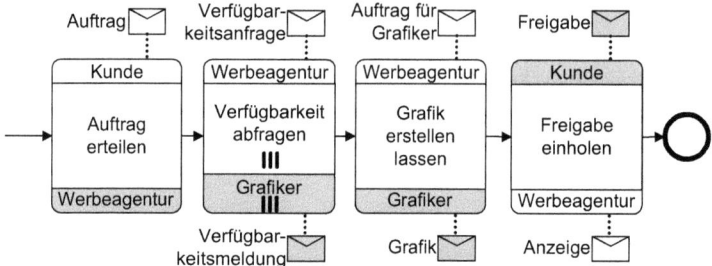

Abbildung 162: Choreographie-Aktivitäten mit eingezeichneten Nachrichten

Für die Choreographie-Aktivitäten ist im Choreographiediagramm ein Sequenzfluss definiert. Seine Modellierung entspricht im Wesentlichen der Sequenzflussmodellierung von gewöhnlichen Prozessen.

Allerdings sind gewisse Elemente der Prozessmodellierung im Zusammenhang mit der Choreographie-Modellierung nicht sinnvoll und daher auch nicht zulässig. So gibt es z. B. keine Nachrichtenereignisse innerhalb des normalen Sequenzflusses, da der Nachrichtenaustausch per Definition Teil der Choreographie-Aktivitäten ist. Entsprechend folgen beispielsweise auf den ereignisbasierten Gateway in Abbildung 160 keine Ereignisse, sondern Choreographie-Aktivitäten. Hierbei wird der Pfad gewählt, dessen Choreographie-Aktivität zuerst durch die jeweilige auslösende Nachricht gestartet wird.

Will man wissen, welche Nachrichten in jeder Choreographie-Aktivität ausgetauscht werden, so können diese in Form kleiner Briefsymbole hinzugefügt und mit dem jeweiligen Partnerfeld verbunden werden (Abbildung 162). Die Briefe sind ebenso wie die beteiligten Partner farblich gekennzeichnet. Ein helles Briefsymbol steht für die Nachricht, mit der eine Choreographie-Aktivität ausgelöst wird. Die Briefsymbole der anderen Nachrichten sind dunkler dargestellt.

11.2 Kollaboration mit eingebetteter Choreographie

Die Choreographie hängt eng mit der zugehörigen Kollaboration zusammen. Möchte man diesen Zusammenhang verdeutlichen, kann man in das Kollaborationsdiagramm eine Choreographie mit aufnehmen. Abbildung 163 zeigt einen Ausschnitt aus dem Werbeanzeigen-Prozess, bei dem die obige Choreographie in das Kollaborationsdiagramm aus Abbildung 159 eingefügt wurde.

Da es sich bei der Choreographie um die Reihenfolge des Nachrichtenaustausches handelt, befinden sich die Choreographie-Aktivitäten zwischen den Pools. Die zugehörigen Nachrichtenflüsse laufen wie in der gewöhnlichen Kollaboration von Pool zu Pool. Dabei laufen sie durch die betreffenden Choreographie-Aktivitäten hindurch. Die Verbindung zwischen Choreographie und Kollaboration wird also über die Nachrichtenflüsse hergestellt.

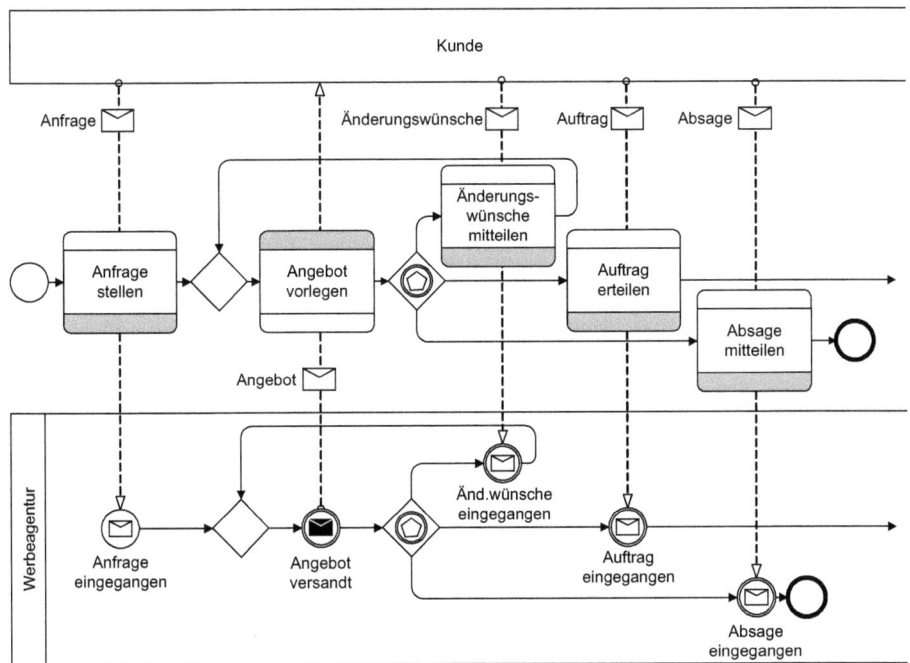

Abbildung 163: Kollaboration mit eingebetteter Choreographie (Ausschnitt)

Die beteiligten Partner können somit über Quelle und Ziel der Nachrichtenflüsse identifiziert werden, weshalb die Namen der Partner in den Choreographie-Aktivitäten weggelassen werden können. Trotzdem behalten die Choreographie-Aktivitäten die Felder für die Beteiligten, so dass sie eindeutig als Choreographie-Aktivitäten erkennbar sind und sich deutlich von gewöhnlichen Aktivitäten unterscheiden. Die Symbole der Nachrichten, die eine Choreographie-Aktivität auslösen, sind wie oben hell, die anderen dunkel eingefärbt (Abbildung 164).

Es kann hilfreich sein, eine Choreographie in eine Kollaboration einzubetten, wenn man überprüfen möchte, ob die Logik des eigenen Prozesses hinsichtlich des Nachrichtenaustausches der Choreographie entspricht.

11.3 Choreographie-Unterprozesse

Choreographie-Aktivitäten lassen sich ebenso wie gewöhnliche Aktivitäten hierarchisieren. Neben den nicht weiter zerlegten Choreographie-Tasks gibt es daher auch Choreographie-Unterprozesse, die jeweils eine weitere, detaillierte Choreographie umfassen. Sie werden mit einem kleinen „+" gekennzeichnet. In Abbildung 165 wurde die oben vorgestellte Choreographie in zwei Unterprozesse aufgeteilt. Sie sind hier in eingeklapptem Zustand dargestellt, d. h. die Interna der Unterprozesse sind nicht gezeigt.

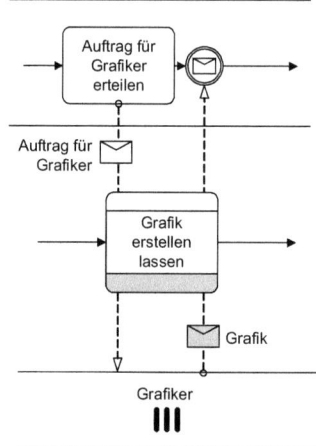

Abbildung 164: Choreographie-Aktivität mit mehreren Nachrichten, eingebettet in eine Kollaboration

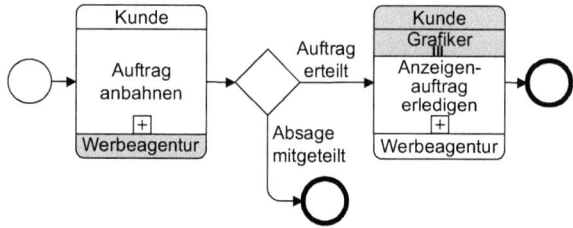

Abbildung 165: Choreographie mit Unterprozessen (eingeklappt)

Am Beispiel des Choreographie-Unterprozesses „Anzeigenauftrag erledigen" ist im Übrigen zu sehen, wie mehr als zwei Teilnehmer in eine Choreographie-Aktivität eingezeichnet werden. Dabei kann immer nur ein Teilnehmer hell dargestellt werden, da nur einer die Choreographie-Aktivität auslöst. Hat man mehrere Teilnehmer, so verteilt man diese so, dass sich die Zahl der oben und unten eingetragenen Teilnehmer um nicht mehr als eins unterscheidet. Ein initiierender, hell dargestellter Teilnehmer kann auch zusammen mit einem oder mehreren dunkel hinterlegten Teilnehmern am selben Rand platziert werden.

Für jeden der beiden Unterprozesse existiert eine detaillierte Choreographie, die entweder jeweils in einem eigenen Choreographiediagramm modelliert, oder wie in Abbildung 166 in das aufgeklappte Unterprozess-Symbol eingezeichnet werden kann. Um die verschiedenen möglichen Ergebnisse des ersten Unterprozesses (Absage mitgeteilt oder Auftrag erteilt) auf der oberen Ebene sichtbar zu machen, wurde ein exklusiver Gateway benutzt, der den Sequenzfluss entsprechend dem im Unterprozess erreichten Ergebnis weiterleitet.

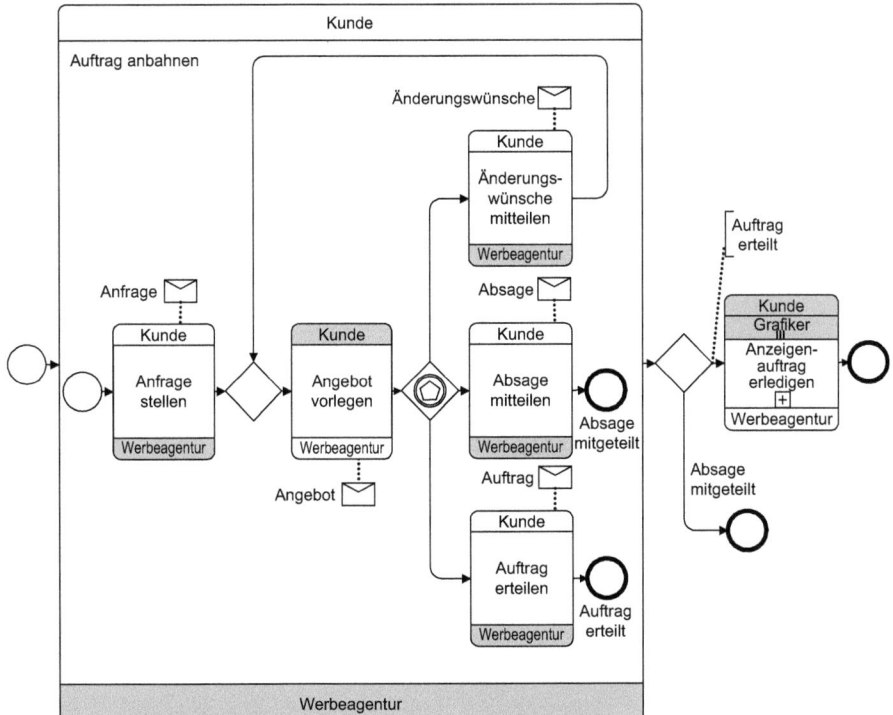

Abbildung 166: Aufgeklappter Choreographie-Unterprozess

Wie bei gewöhnlichen Unterprozessen gibt es auch bei Choreographie-Unterprozessen die Möglichkeit, diese durch an den Rand geheftete, empfangende Zwischenereignisse zu unterbrechen (vgl. Abschnitt 8.1). Außerdem können auch in Choreographien Ereignis-Unterprozesse definiert werden (vgl. Abschnitt 8.5).

11.4 Gateways in Choreographien

Neben dem ereignisbasierten exklusiven Gateway können auch die gewöhnlichen, datenbasierten Gateways in einer Choreographie verwendet werden. So wurde in Abbildung 165 ein exklusiver Gateway benutzt. Auch inklusive, parallele und komplexe Gateways können in einer Choreographie vorkommen.

Die Bedingungen an einem Gateway können sich ausschließlich auf Inhalte vorher im Prozess ausgetauschter Nachrichten beziehen, d. h. es können an dieser Stelle nicht z. B. anderweitige Daten in die Entscheidung mit einbezogen werden. Schließlich spiegelt die Choreographie lediglich die Logik der beteiligten Partnerprozesse wider, wo die Entscheidungen eigentlich getroffen werden und zum Versand unterschiedlicher Nachrichten führen. Im vorliegenden Fall basiert die Entscheidung tatsächlich nur auf den ausgetauschten Nachrichten: Die Bedingung „Auftrag erteilt" trifft zu, wenn eine Nachricht mit einem Auftrag versandt wurde. Die Bedingung „Absage mitgeteilt" ist erfüllt, wenn eine Nachricht mit einer Absage versandt wurde.

Weiterhin müssen die initiierenden Teilnehmer der auf den Gateway folgenden Choreographie-Aktivitäten die für die Entscheidung erforderlichen Daten kennen, damit sie wissen, dass sie eine Nachricht versenden müssen.

Wie in Prozessen kann auch in Choreographien ein Ausgang eines inklusiven oder exklusiven Gateways mit einem schrägen Strich als Standardausgang gekennzeichnet werden. Ebenso ist es möglich, bedingte Sequenzflüsse aus Choreographie-Aktivitäten ausgehen zu lassen.

11.5 Ereignisse in Choreographien

Prinzipiell ist es möglich, in Choreographien neben den bisher verwendeten unbestimmten Start- und Endereignissen auch andere Ereignistypen sowie Zwischenereignisse zu verwenden.

Als Startereignisse können Signale, zeitliche Ereignisse und Merfachereignisse eingesetzt werden, wobei letztere nur mehrere Signale und zeitliche Ereignisse kombinieren dürfen. Tritt ein solches Ereignis ein, wissen alle Teilnehmer darüber Bescheid, so dass sie erfahren, wenn das gemeinsam durchzuführende Zusammenspiel beginnt. Schließlich dürfen auch Bedingungsereignisse genutzt werden, allerdings nur in Ereignis-Unterprozessen. Signale, zeitliche und Mehrfach-Startereignisse dürfen ebenfalls für den Start eines Ereignis-Unterprozesses verwendet werden.

Bei den Endereignissen kann außer der unbestimmten Variante nur das Terminierungsereignis eingesetzt werden. Hierbei muss allerdings darauf geachtet werden, dass alle Teilnehmer während der vorangehenden, die Terminierung auslösenden Choreographie-Aktivität von der Terminierung erfahren. Denn schließlich müssen die Teilnehmer in den abzubrechenden parallelen Pfaden erfahren, dass sie nicht weitermachen sollen.

Im normalen Sequenzfluss einer Choreographie können unbestimmte und zeitliche Zwischenereignisse verwendet werden, ebenso wie Zwischenereignisse vom Typ Bedingung, Link, Signal und Mehrfach. Für ein Bedingungs-Zwischenereignis ist es erforderlich, dass alle Teilnehmer über die notwendigen Informationen verfügen, um es festzustellen, wenn das Ereignis eintritt. Nachrichtenereignisse sind nicht erlaubt. Nachrichtenflüsse sind ja bereits durch die Choreographie-Aktivitäten abgedeckt.

Soll eine Choreographie-Aktivität durch ein Ereignis unterbrochen werden, so kann ein empfangendes Zwischenereignis an seinen Rand geheftet werden. Hierfür können zeitliche Ereignisse, Bedingungsereignisse, Signale und Mehrfachereignisse verwendet werden. Dabei muss sichergestellt sein, dass alle betroffenen Teilnehmer vom Eintreten des jeweiligen Ereignisses erfahren. Auch Nachrichten-, Abbruch- und Kompensationsereignisse können angeheftet werden, allerdings müssen diese an das Teilnehmerfeld desjenigen Teilnehmers geheftet werden, der das betreffende Ereignis empfängt. Bei einem angehefteten Nachrichten-Zwischenereignis muss die Nachricht von einem der anderen an der Choreographie-Aktivität beteiligten Teilnehmer stammen.

11.6 Aufruf von Choreographien und globalen Choreographie-Tasks

In Abschnitt 7.5 wurde das Konzept der Aufrufaktivität erläutert, mit der ein anderswo definierter Prozess oder ein globaler Task aufgerufen werden kann.

Dasselbe Konzept steht auch für Choreographien zur Verfügung. Eine Choreographie-Aktivität, die einen Aufruf durchführt, wird durch einen dicken Rand gekennzeichnet (Abbildung 167). Hierbei wird entweder ein globaler, d. h. ein einmal definierter und mehrfach verwendbarer, Choreographie-Task aufgerufen (links) oder eine anderswo definierte Choreographie. Die aufrufende Choreographie-Aktivität kann hierbei entweder zugeklappt (Mitte) oder aufgeklappt dargestellt werden (rechts).

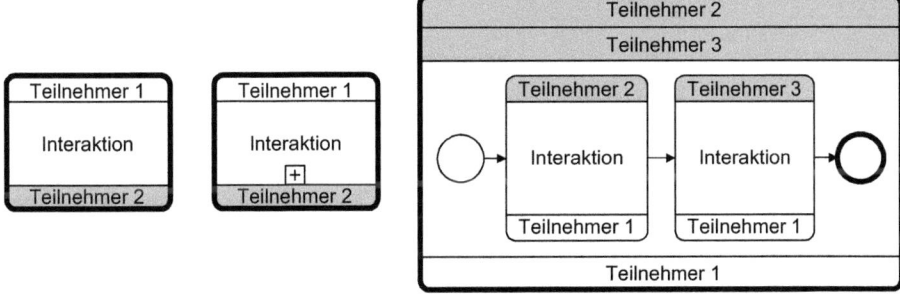

Abbildung 167: Aufruf von globalen Choreographie-Tasks (links) und Choreographien – zugeklappt (Mitte) und aufgeklappt (rechts)

11.7 Verwendung von Choreographien und Kollaborationen

Wie man den Ausführungen zu Beginn des Kapitels entnehmen kann, lassen sich die Inhalte von Choreographien prinzipiell auch mit Hilfe von Kollaborationen darstellen. Dennoch gibt es Gründe, Choreographien zu verwenden:

- Choreographien stellen den Nachrichtenaustausch unabhängig von den Partnerprozessen dar. Damit sind sie eine bessere Grundlage für Vereinbarungen und Verträge zwischen Partnern. Aus ihnen lassen sich die erforderlichen Prozessschnittstellen der Partner ableiten. Sie dienen somit als Grundlage für die

Partner um ihre Prozesse geeignet zu gestalten bzw. anzupassen, so dass das vereinbarte Zusammenspiel korrekt unterstützt wird.

- Die Reihenfolge des Nachrichtenaustauschs inkl. Verzweigungen u. ä. wird deutlicher sichtbar. Bei einer Kollaboration muss man diese Informationen erst aus einem der beteiligten Partnerprozesse ermitteln.

- Insbesondere bei großen Szenarien ist die Darstellung als Choreographie deutlich übersichtlicher als eine Kollaboration mit zumindest einem öffentlichen Prozess.

- Choreographien lassen sich mittels Choreographie-Unterprozessen hierarchisieren, was ebenfalls eine kompaktere Darstellung umfangreicher Abläufe unterstützt.

- Modelliert man komplexe Szenarien ausschließlich mit Hilfe von Kollaborationen, so ist es schwierig zu überprüfen, ob diese von ihrem Verhalten zueinander passen. Leicht kann es zu einer Verklemmung (engl „Deadlock") kommen, wenn z. B. von zwei Prozessen jeder auf eine Nachricht des anderen wartet. Choreographiediagramme lassen sich leichter daraufhin untersuchen, ob die modellierte Reihenfolge des Nachrichtenaustauschs machbar ist.

Insbesondere für komplexere Business-to-Business-Szenarien können Choreographiediagramme daher interessant sein, z. B. im Kontext elektronischer Marktplätze oder bei der Entwicklung von branchenspezifischen Standards und Vorgaben für die Abwicklung bestimmter Interaktionen zwischen verschiedenen Partnern.

Entwirft ein Unternehmen seine internen Prozesse und möchte deren Nachrichtenaustausch mit Partnern darstellen, so wird es jedoch in der Regel ein Kollaborationsdiagramm verwenden.

12 Konversationen

12.1 Konversationsdiagramm

Ein Konversationsdiagramm bietet eine Übersicht darüber, welche Partner eines bestimmten Anwendungsgebiets welche Aufgaben gemeinsam abwickeln. So sieht man in Abbildung 168 drei Konversationen (engl. „Conversation"). Beim Abwickeln eines Anzeigenauftrags arbeiten ein Kunde, eine Werbeagentur und mehrere Grafiker zusammen. Kunde und Werbeagentur können aber auch gemeinsam eine Werbekampagne durchführen, wobei sie zusätzlich noch mit mehreren Medien zusammenarbeiten. Auch ein Grafiker kann noch an einer anderen übergreifenden Aktivität beteiligt sein: Zusammen mit einem Verlag wickelt er Aufträge für Illustrationen ab.

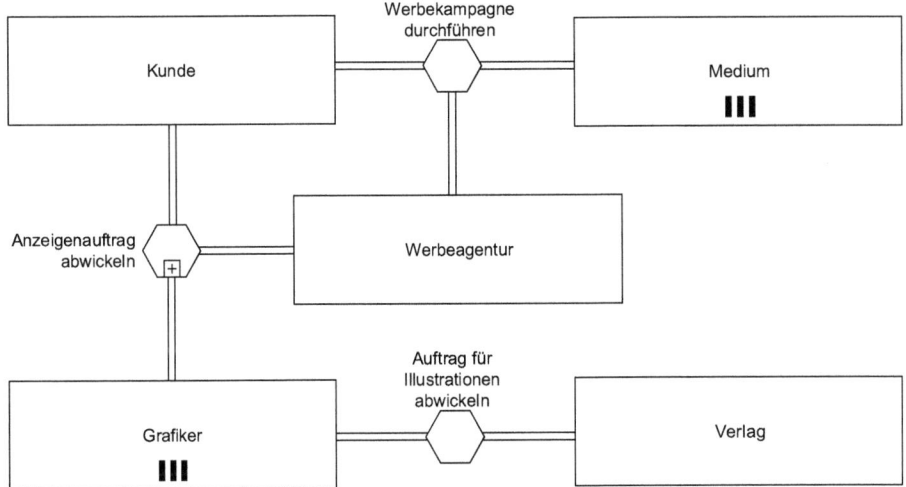

Abbildung 168: Konversationsdiagramm

Realisiert wird eine Konversation letztlich durch eine Folge von Nachrichtenflüssen. Wie diese im Detail aussieht, kann z. B. in einem Choreographie- oder Kollaborationsdiagramm modelliert werden. So wird der Nachrichtenfluss, der der Konversation „Anzeigenauftrag abwickeln" zugrunde liegt, durch das Kollaborationsdiagramm in Abbildung 159 sowie durch das Choreographiediagramm in Abbildung 160 beschrieben. Ein Kollaborations- oder Choreographiediagramm muss aber nicht unbedingt genau eine Konversation spezifizieren, es können z. B. auch die Nachrichtenflüsse von zwei oder mehr Konversationen in einem Diagramm zusammengefasst werden.

12.2 Korrelation von Nachrichten

Die Nachrichtenflüsse, die zu einer Konversation gehören, hängen stets inhaltlich miteinander zusammen. So beziehen sich die Nachrichten, die bei einer einmaligen Durchführung der Konversation „Anzeigenauftrag abwickeln" ausgetauscht werden, alle auf den gleichen Anzeigenauftrag. Die Korrelation, d. h. die Zuordnung der Nachrichten, kann dann etwa über die Auftragsnummer erfolgen. Erhält z. B. der Kunde im Rahmen dieser Konversation eine Anzeige mit der Bitte um Freigabe, so kann er mit Hilfe der in der betreffenden Nachricht angegebenen Auftragsnummer feststellen, zu welchem Auftrag – und damit zu welcher Prozessinstanz – diese Nachricht gehört. Die Nachrichten einer Konversation verfügen immer über eine gemeinsame Korrelation.

Die Verbindung einer Konversation mit einem Teilnehmer wird Konversationsbeziehung genannt (engl. „Conversation Link"). Eine Konversation hat immer Beziehungen zu zwei oder mehr Teilnehmern.

Es können auch mehrere Partner desselben Typs an einer Konversation beteiligt sein. So sind an „Anzeigenauftrag abwickeln" jeweils ein Kunde und eine Werbeagentur beteiligt, aber mehrere Grafiker. Der Pool „Grafiker" enthält entsprechend ein Mehrfachsymbol. Aus dem Mehrfachsymbol geht die allerdings nicht ganz eindeutig hervor, bei welchen Konversationen mehrere Teilnehmer desselben Typs beteiligt sind. So ist der Teilnehmer „Grafiker" auch mit der Konversation „Auftrag für Illustrationen abwickeln" verbunden. Es könnte z. B. sein, dass an dieser jeweils nur immer ein Grafiker

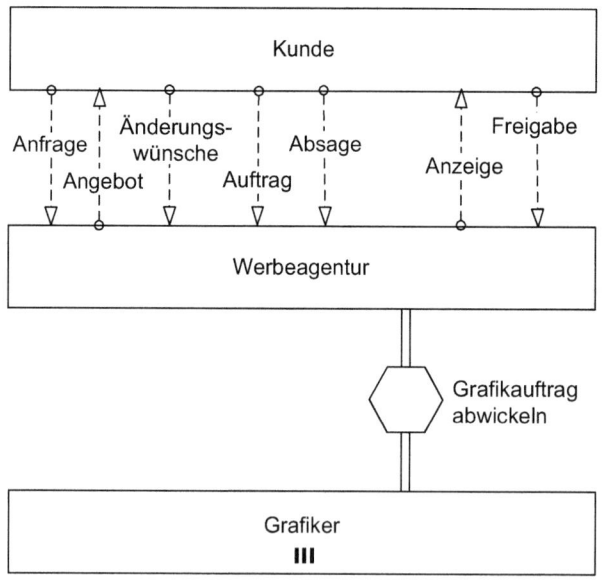

Abbildung 169: Konversationsdiagramm für Unterkonversation „Anzeigenauftrag abwickeln"

beteiligt ist. Das lässt sich hier nicht eindeutig feststellen. Solche Informationen muss man ggf. aus detaillierteren Kollaborations- oder Choreographie-Diagrammen entnehmen.

12.3 Hierarchisierung von Konversationen

Neben einfachen Konversationen können auch Unterkonversationen (engl. „Sub-Conversations") verwendet werden. Ähnlich wie ein Unterprozess wird eine Unterkonversation mit einem „+"-Zeichen gekennzeichnet und kann durch ein weiteres Konversationsdiagramm näher beschrieben werden. In dem Diagramm der Unterkonversation können nur die Teilnehmer verwendet werden, zu denen im übergeordneten Diagramm eine Konversationsbeziehung besteht.

Abbildung 169 zeigt ein detailliertes Konversationsdiagramm für die Unterkonversation „Anzeigenauftrag abwickeln". Wie man hier sieht, kann man in ein Konversationsdiagramm auch direkt Nachrichtenflüsse einzeichnen. Im Gegensatz zu einem Kollaborationsdiagramm dürfen aber keine Prozesse in den Pools oder Choreographien zwischen den Pools dargestellt werden.

In Abbildung 169 sind die Nachrichtenflüsse eingezeichnet, die sich alle auf denselben Auftrag beziehen. Genau genommen beziehen sie sich auf dieselbe Anfrage. Zu Beginn liegt noch kein Auftrag vor, und es wird auch nicht zu jeder Anfrage ein Auftrag erteilt. Daher ist die Anfrage der gemeinsame Bezugspunkt für die Korrelation der Nachrichtenflüsse.

Neben den direkt eingezeichneten Nachrichten zwischen Kunde und Werbeagentur ist zwischen Werbeagentur und Grafiker noch die Konversation „Grafikauftrag abwickeln" eingezeichnet. Zwar beziehen sich alle Nachrichtenflüsse dieser Konversation ebenfalls auf dieselbe Anfrage, doch genügt diese Information noch nicht, um alle eingehenden Nachrichten in der Werbeagentur richtig zuzuordnen. Es können nämlich Verfügbarkeitsanfragen an mehrere Grafiker gesendet werden. Geht nun eine Verfügbarkeits-

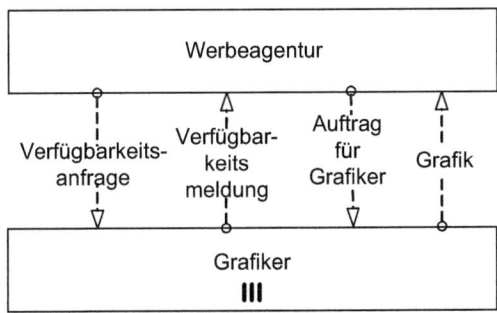

Abbildung 170: Kollaborationsdiagramm für Konversation „Grafikauftrag abwickeln"

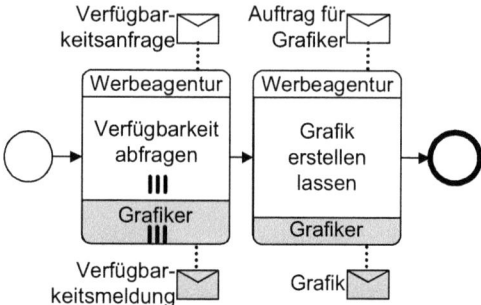

Abbildung 171: Choreographiediagramm für Konversation „Grafikauftrag abwickeln"

meldung in der Werbeagentur ein, soll diese der richtigen Verfügbarkeitsanfrage zugeordnet werden. Zur Korrelation dieser Nachrichten ist daher eine weitere Information notwendig, z. B. die Nummer der Verfügbarkeitsanfrage. Daher wird hier für die Nachrichtenflüsse zwischen Werbeagentur und Grafiker eine eigene Konversation verwendet.

Der Nachrichtenaustausch dieser Konversation kann nun wieder mit Hilfe eines Kollaborationsdiagramms (Abbildung 170) oder eines Choreographiediagramms modelliert werden (Abbildung 171). Selbstverständlich ist es auch möglich, die Nachrichtenflüsse der gesamten Unterkonversation in einem Diagramm darzustellen, (Abbildung 159 bzw. 160 im vorhergehenden Kapitel).

Ebenso wie Unterprozesse dürfen auch Unterkonversationen aufgeklappt dargestellt werden, d. h. das Sechseck wird größer gezeichnet, und die detaillierte Konversation wird in seinem Inneren angezeigt. Allerdings ist es grafisch nicht ganz einfach, etwa die Inhalte von Abbildung 169 in eine aufgeklappte Unterkonversation in Abbildung 168 einzufügen. Auch die BPMN-Spezifikation enthält leider keine Beispiele für aufgeklappte Unterkonversationen.

12.4 Aufruf von Kollaborationen und globalen Konversationen

Wie bei Prozessen und Choreographien ist es auch in Konversationsdiagrammen möglich, anderswo definierte Konversationen aufzurufen. Hierfür können einerseits unabhängig von dem konkreten Konversationsdiagramm definierte, globale Konversationen aufgerufen werden, andererseits Kollaborationen. Die aufrufende Konversation wird mit einem dicken Rand dargestellt (Abbildung 172).

Da die aufgerufenen Konversationen an anderer Stelle definiert sind, müssen die zugeordneten Teilnehmer sowie ggf. die Korrelationsinformationen gegebenenfalls auf die Teilnehmer und Korrelationsinformationen des Diagramms abgebildet werden, aus

Abbildung 172: Aufruf einer Kollaboration (links) und einer globalen Konversation (rechts)

dem heraus der Aufruf stattfindet. Dies ist aber hauptsächlich ein Thema für die Automatisierung unternehmensübergreifende Prozesse. Bei rein fachlichen Modellen ergibt sich diese Abbildung entweder aus dem Zusammenhang, oder man erläutert sie mit Hilfe von Anmerkungen.

12.5 Einsatz von Konversationsdiagrammen

Die genaue Definition von Korrelationen und damit auch die Modellierung von Konversationen werden bei den meisten BPMN-Modellierern zunächst nicht im Vordergrund stehen. Werden Process Engines im Rahmen unternehmensübergreifender Prozesse eingesetzt, und besteht dabei ein komplexes Zusammenspiel verschiedener Partner, dann ist dieses Thema freilich von großer Bedeutung. Die Darstellung von Konversationen kann hierbei einen nützlichen Überblick über das Gesamtszenario liefern.

Doch auch dort wo detailliert ausgearbeitete Korrelationsmechanismen zunächst keine Rolle spielen, bietet ein Konversationsdiagramm einen ersten Überblick über den Gesamtzusammenhang eines Partnernetzwerkes. Es ist zu erkennen, welche Partner bzgl. welcher Fragestellungen miteinander kommunizieren. Die Details lassen sich dann in Choreographie- oder Kollaborationsdiagrammen darstellen.

13 Artefakte und Erweiterungen der BPMN

13.1 Artefakte

Im Fokus von BPMN-Modellen stehen der Sequenz- und der Nachrichtenfluss, sowie die ausgetauschten Daten. Um auch andere Aspekte und Informationen abzubilden, die im Zusammenhang mit einem Geschäftsprozess von Bedeutung sind, können sogenannte Artefakte (engl. „Artifact") verwendet werden.

Durch die BPMN-Spezifikation sind bislang drei Standardtypen von Artefakten definiert worden: Anmerkungen (engl. „Annotation"), Gruppierungen (engl. „Group") und Assoziationen (engl. „Association"). Daneben steht es Modellierern bzw. Toolherstellern frei, weitere eigene Artefakte zu definieren und so die BPMN um benötigte Konstrukte zu erweitern. Anmerkungen und Gruppierungen wurden bereits in einigen Beispielen verwendet, z. B. in Abbildung 10 und Abbildung 146.

Abbildung 173: Anmerkung

Eine Anmerkung ermöglicht es, Erläuterungen, Bemerkungen u. ä. zu einem bestimmten Modell-Element hinzuzufügen (Abbildung 173). Anmerkungen dienen damit nur dem besseren Verständnis eines Modells. Für die Ablauflogik des Modells haben sie an sich keine Bedeutung.

Andererseits können Anmerkungen auch verwendet werden, um beispielsweise Abbruchbedingungen einer Schleife zu dokumentieren (vgl. z. B. Abbildung 110). Die Abbruchbedingungen selbst haben natürlich eine Auswirkung auf die Ablauflogik des Prozesses. Allerdings sieht die BPMN eigentlich vor, dass Abbruchbedingungen u. ä. den Modell-Elementen in Form von Attributwerten hinterlegt werden. Die Darstellung im Modell mit Hilfe von Anmerkungen dient lediglich der Dokumentation. Sie werden z. B. von Process Engines in der Regel nicht ausgewertet.

Eine Anmerkung wird mit einer öffnenden rechteckigen Klammer dargestellt. Sie wird über eine gepunktete Assoziation mit einem beliebigen Element in einem BPMN-Modell verbunden, um z. B. einen Kommentar oder eine Erläuterung zu diesem Element hinzuzufügen. Assoziationen sind von Sequenz- und Nachrichtenflüssen zu unterscheiden.

Die Darstellung durch eine gepunktete Linie ist die gleiche wie die der Datenassoziation. Zwar unterscheidet die BPMN-Spezifikation Assoziationen und Datenassoziationen, doch ist diese Unterscheidung hauptsächlich im Zusammenhang mit der Prozessausführung von Bedeutung. Falls die Richtung von Bedeutung ist, kann eine Assoziation auch mit einem Pfeil versehen werden. Für die Zuordnung einer Kompensationsaktivität zu einer anderen Aktivität wird eine solche gerichtete Assoziation verwendet (vgl. Abbildung 147).

Abbildung 174: Gruppierung

Die Gruppierung wird als abgerundetes Rechteck mit einer Linie aus Strichen und Punkten gezeichnet (Abbildung 174). Die Striche und Punkte sollten deutlich erkennbar sein, denn ansonsten besteht Verwechslungsgefahr mit einem Unterprozess.

Wie alle Artefakte ist eine Gruppierung ein rein grafisches Objekt ohne Bedeutung für die Logik eines BPMN-Diagramms. Es kann daher beliebig in ein Modell eingezeichnet werden, um interessante Stellen hervorzuheben oder in einem Zusammenhang stehende Elemente einzurahmen.

Gruppierungen können auch über die Grenzen von Pools und Bahnen hinweg gezeichnet werden. Als rein grafisches Element kann eine Gruppierung z. B. auch kein Ziel oder keine Quelle für Nachrichten- oder Sequenzflüsse sein. Vielmehr überqueren Flüsse die Begrenzungen einer Gruppierung nach Belieben.

13.2 Erweiterungsmöglichkeiten der BPMN

Wie bereits erwähnt, können alle BPMN-Konstrukte grafisch verändert und angepasst werden, solange ihre ursprüngliche BPMN-Form noch klar erkennbar und eine Verwechslung ausgeschlossen ist. So sind verschiedene Einfärbungen und Schriftarten möglich. Bei der Verwendung von Farben ist zu berücksichtigen, dass manche Informationen durch Füllungen dargestellt werden. Im Falle von Choreographie-Aktivitäten werden auslösende und beteiligte Partner in der Spezifikation durch weiße und graue Füllungen unterschieden. Verwendet man andere Farben, so muss die Unterscheidung durch helle und dunklere Einfärbung deutlich werden.

Kritisch ist außerdem die Veränderung von Linienstilen und -breiten, da diese zumeist eine Bedeutung haben. Z. B. muss ein Endereignis eine deutlich breitere Umrandung als ein Start- oder Zwischenereignis haben. Ebenso müssen durchgezogene, gestrichelte und gepunktete Linien klar erkennbar sein, damit sich Sequenz- und Nachrichtenflüsse sowie Assoziationen unterscheiden lassen. Auch die durchgezogene und die strichpunktierte Umrandung von Unterprozessen bzw. Gruppierungen müssen erhalten bleiben.

Es sind auch Erweiterungen der Modellierungselemente um grafische Symbole möglich. Allerdings müssen auch hierbei die BPMN-Grundsymbole erkennbar bleiben. Eine Aktivität kann zwar mit einem Icon versehen werden, muss aber stets durch ein abgerundetes Rechteck dargestellt werden. Ebenso wäre es nicht zulässig, das Briefsymbol eines Nachrichtenereignisses durch ein ganz anderes Symbol zu ersetzen. Auch muss deutlich werden, ob das Icon in einem Ereignis ausgefüllt ist, oder nicht, denn daran wird unterschieden, ob es sich um ein sendendes oder ein empfangendes Ereignis handelt.

Weiterhin können eigene Attribute für BPMN-Elemente definiert werden. Dies ist insbesondere interessant, weil die vordefinierten Attribute hauptsächlich auf die Ausführung durch eine Process Engine ausgerichtet sind. Attribute für fachliche Informationen, wie z. B. Kostensätze, können mit dem von der BPMN bereitgestellten Erweiterungsmechanismus hinzugefügt werden.

Schließlich ist es auch möglich, weitere Artefakte zu definieren und über Assoziationen mit den vorhandenen BPMN-Elementen zu verbinden. Vielleicht soll dargestellt werden, welche Leistungen eine Aktivität erzeugt oder auf welchem Anwendungssystem bzw. welcher Maschine sie ausgeführt wird.

In vielen Fällen wird auch die Verwendung von Bahnen für die Zuordnung von Organisationseinheiten oder Bearbeitern nicht genügen. Beispielsweise können Aktivitäten gemeinsam von mehreren Bearbeitern durchgeführt werden, oder es soll zwischen dem für eine Aktivität Verantwortlichen und dem Ausführenden unterschieden werden. Für die Integration derartiger Elemente aus anderen Sichten eines Unternehmensmodells stellt die BPMN im Standard bisher keine Konstrukte zur Verfügung. Über selbst definierte Artefakte kann diese Verbindung leicht hergestellt werden.

Die BPMN sieht explizit vor, dass man Artefakte mit Objekten aus anderen Modelltypen, wie z. B. Organigrammen oder UML-Modellen verbinden kann. Bei der Verwendung eines Modellierungswerkzeuges ist zu prüfen, ob es derartige Erweiterungen bereits anbietet, oder aber die Definition eigener Artefakte ermöglicht (vgl. hierzu [Allweyer 2014b]).

Die vorgestellten Erweiterungsmöglichkeiten der BPMN sind so beschaffen, dass jeder, der den BPMN-Standard kennt, auch ein derart erweitertes BPMN-Modell problemlos lesen kann. Nur die in den individuellen Erweiterungen enthaltene Zusatzinformation erschließt sich ihm nicht ohne Erläuterung.

Macht man allerdings sehr umfangreichen Gebrauch von individuellen Erweiterungen, dann steckt unter Umständen ein sehr großer Teil relevanter Informationen in diesen Erweiterungen. In diesem Fall verliert man viele Vorteile eines Standards, wie das gemeinsame Verständnis und die Austauschbarkeit zwischen verschiedenen Tools.

14 BPMN-Modellierungsmuster

Es gibt zahlreiche Sachverhalte bei der Prozessmodellierung, die in ähnlicher Form immer wieder vorkommen. Modellierungsmuster stellen Vorschläge dar, wie sich solche wiederkehrenden Fälle sinnvoll modellieren lassen. Anstatt jedes Mal selbst überlegen zu müssen, wie sich eine bestimmte Fragestellung gut abbilden lässt, kann man an vielen Stellen auf vorhandene und bewährte Lösungen zurückgreifen. Nutzen die Modellierer eines Unternehmens alle denselben Musterkatalog, so wird erreicht, dass gleiche Sachverhalte auch immer gleich dargestellt werden. Dies erhöht die Verständlichkeit der Modelle.

Es empfiehlt sich daher, eine solche Sammlung an Mustern aufzubauen und kontinuierlich um Muster zu erweitern, die bei der täglichen Modellierung neu gefunden werden. Je nach Anwendungsbereich und Modellierungszweck kann es sich um ganz unterschiedliche Muster handeln.

Im Folgenden werden einige allgemeine Muster für Fragestellungen vorgestellt, die in vielen Unternehmen eine Rolle spielen dürften. Ein Teil dieser Muster entstand in Zusammenarbeit mit BPMN-Trainern der Firma AXON IVY AG.

14.1 Vier Augen-Prinzip

Das Vier Augen-Prinzip wird für wichtige Dokumente, Briefe, Angebote etc. angewandt. Diese dürfen nicht von einer einzigen Person erstellt und freigegeben oder versandt werden. Die Prüfung durch einen zweiten Mitarbeiter soll sicherstellen, dass Firmenrichtlinien eingehalten, Fehler rechtzeitig entdeckt und Betrugsversuche verhindert werden.

Die Anwendung dieses Prinzips in einem Prozess lässt sich recht einfach modellieren (Abbildung 175). Nach dem Verfassen des betreffenden Dokuments durch den Autor wird es von einem anderen Mitarbeiter geprüft. Ist dieser mit dem Inhalt einverstanden,

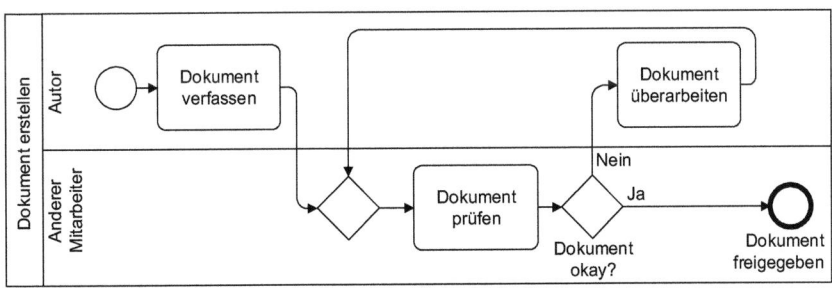

Abbildung 175: Vier Augen-Prinzip

so ist das Dokument anschließend freigegeben. Ist das Dokument hingegen nicht okay, so wird es vom Autor überarbeitet und anschließend erneut geprüft.

Statt eines Dokuments kann es sich bei dem erstellten Objekt auch um ein Angebot, einen Vertrag, eine Berechnung oder ähnliches handeln.

Wichtig bei diesem Muster ist, dass die beiden durch die Lanes repräsentierten Rollen tatsächlich von unterschiedlichen Personen wahrgenommen werden müssen. Während es bei vielen anderen Prozessen durchaus in Ordnung ist, wenn ein und dieselbe Person einmal zwei oder mehrere Rollen in Personalunion wahrnimmt, muss dies hier ausgeschlossen werden. Daher wurde die untere Lane explizit mit „Anderer Mitarbeiter" bezeichnet. Werden bei der Anwendung des Musters in einem konkreten Prozess andere Lane-Bezeichnungen verwendet (z. B. „Entwickler" und „Qualitätsprüfer"), kann man ggf. in einer Anmerkung notieren, dass es sich um unterschiedliche Personen handeln muss.

Bei genauer Betrachtung kann man an dem Modell in Abbildung 175 bemängeln, dass es keine Abbruchmöglichkeit vorsieht. Können sich der Autor und der andere Mitarbeiter nicht einigen, so werden die Arbeitsschritte „Dokument prüfen" und „Dokument überarbeiten" in einer endlosen Schleife immer wieder durchlaufen. In der Praxis wird man diese irgendwann abbrechen – auch wenn es im Prozessmodell nicht explizit beschrieben ist.

Möchte man es genauer modellieren, so kann man am verzweigenden Gateway einen dritten Ausgang modellieren, der ebenfalls zu einem Endereignis führt, das den erfolglosen Abschluss des Prozesses markiert. Dies ist in Abbildung 176 dargestellt. Hier trifft der andere Mitarbeiter bei der Prüfung des Dokuments ggf. die Entscheidung, das Dokument komplett zu verwerfen. Genauso könnte man aber auch vorsehen, dass der Autor entscheiden kann, ob er das Dokument ggf. verwerfen möchte. Dann müsste man

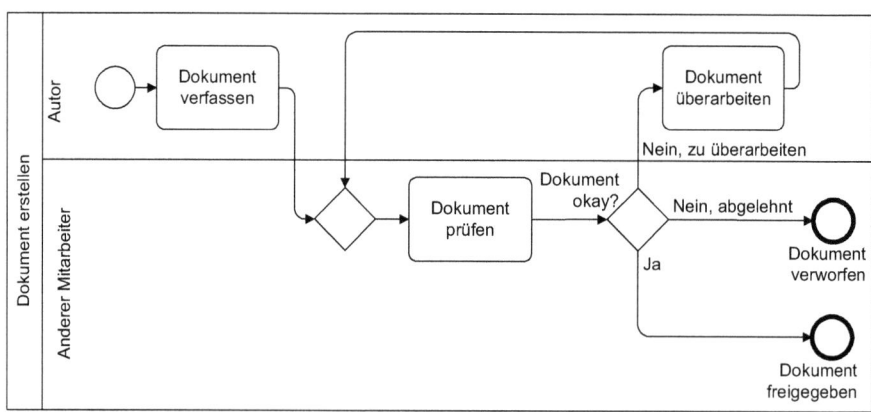

Abbildung 176: Vier Augen-Prinzip mit Abbruchmöglichkeit

nach „Dokument überarbeiten" eine weitere Verzweigung zum Endereignis „Dokument verworfen" einfügen.

Das Muster lässt sich leicht erweitern. So könnte man aus dem Vier Augen- ein Sechs Augen-Prinzip machen, indem man noch eine Prüfung durch einen dritten Mitarbeiter hinzufügt. Diese zweite Prüfung kann parallel zur ersten Prüfung durchgeführt werden, wie dies im Muster „Parallele Prüfungen" (Kapitel 14.4) beschrieben wird. Auch kann man für den Fall, dass sich Autor und Prüfer nicht einig werden, zu einem von einer dritten Person auszuführenden Entscheidungs-Task verzweigen.

14.2 Entscheidung durch Unterprozess

Häufig hat ein Unterprozess mehrere mögliche Ergebnisse, die anschließend im übergeordneten Prozess zu unterschiedlichen Pfaden führen. Durch das Muster „Entscheidung durch Unterprozess" wird der Bezug zwischen der im Unterprozess getroffenen Entscheidung und dem gewählten Pfad deutlich. Eine Anwendung dieses Musters findet sich bereits bei der Besprechung von Unterprozessen in Kapitel 7.1 (Abbildung 107).

Im Unterprozess kann ein beliebiger Ablauf modelliert werden. Der in Abbildung 177 dargestellte Ablauf innerhalb von „Antrag evaluieren" ist nur beispielhaft zu sehen. Wichtig für das Muster ist nur, dass jedes mögliche Ergebnis des Unterprozesses durch ein eigenes Endereignis dargestellt wird. Gleichartige Ergebnisse werden jeweils zu einem Endereignis zusammengefasst. So führen im Unterprozess in Abbildung 177 die beiden „Nein"-Zweige der Gateways zu einem gemeinsamen Endereignis „Antrag abgelehnt". Alle Endereignisse sind am rechten Rand des Unterprozesses platziert.

Im übergeordneten Prozess folgt auf den Unterprozess ein verzweigender exklusiver Gateway. Er hat für jedes Unterprozess-Endereignis einen Ausgang. Aus der Beschriftung der aus dem Gateway herausführenden Sequenzflüsse wird deutlich, welcher

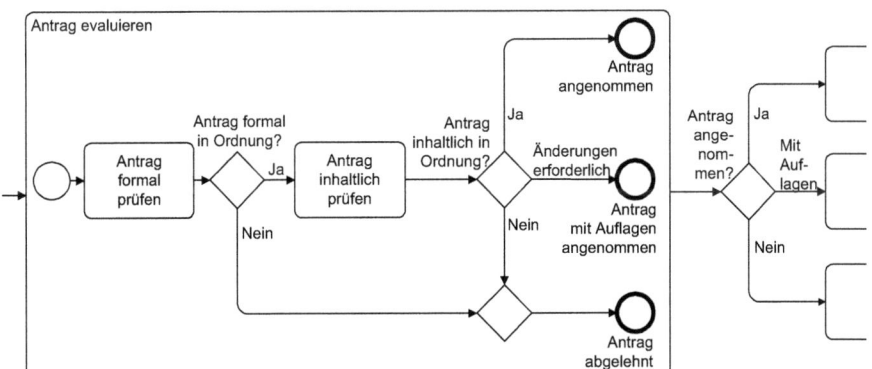

Abbildung 177: Zu jedem Endereignis des Unterprozesses gibt es einen Pfad am exklusiven Gateway.

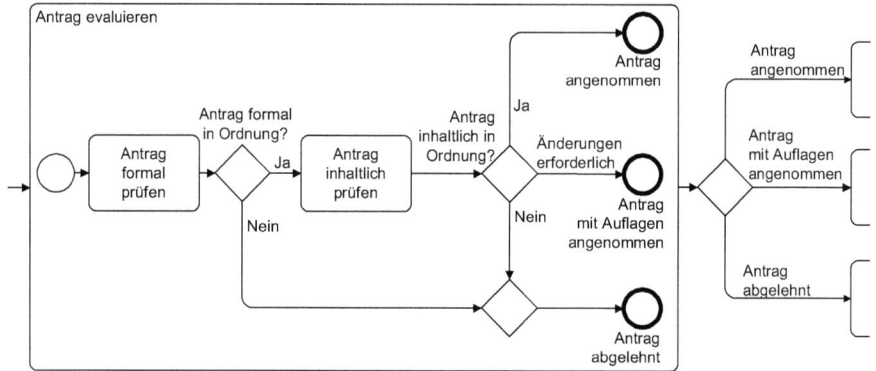

Abbildung 178: Beschriftung der Gateway-Ausgänge mit den Bezeichnungen der Unterprozess-Endereignisse

Zweig welchem Endereignis entspricht. In Abbildung 177 wurde der Beschriftungsstil mit einer Frage am Gateway gewählt. Durch die Antworten wird klar, welchem Endereignis jeder Zweig entspricht. Als Alternative kann man auf die Frage am Gateway verzichten und die Namen der Endereignisse als Beschriftungen verwenden (Abbildung 178).

In beiden Fällen ist es zudem sinnvoll, die Zweige von oben nach unten genauso wie die Endereignisse anzuordnen. Der oberste Zweig entspricht dann dem obersten Endereignis, usw.

Nutzt man statt dem verzweigenden Gateway bedingte Sequenzflüsse, so kann man die zu den Endereignissen gehörenden Sequenzflüsse auch direkt aus dem Unterprozess herausgehen lassen (Abbildung 179). Bei einem aufgeklappt dargestellten Unterprozess kann man jeden bedingten Sequenzfluss auf derselben Höhe wie das zugehörige Ender-

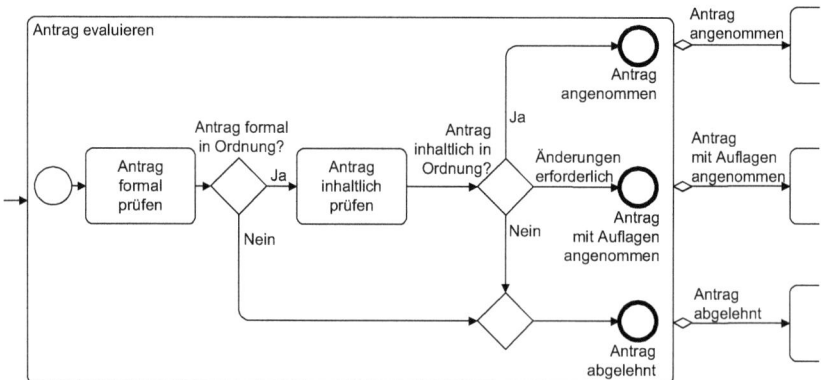

Abbildung 179: Entscheidung in Unterprozess, gefolgt von bedingten Sequenzflüssen

eignis anordnen, so dass er rein optisch wie die Weiterführung des jeweiligen Sequenz-flusses aussieht. Zwar sind es unterschiedliche Marken, die in Unterprozess und über-geordnetem Prozess bewegt werden, doch gibt es einen starken inhaltlichen Zusammen-hang, der durch das grafische Layout gut verdeutlicht wird.

14.3 Tasks mit mehreren Akteuren

Typischerweise wird jeder Task von einem Akteur bearbeitet. Um dies darzustellen wird der Task in die Lane des betreffenden Akteurs platziert. Gelegentlich kommt es aber auch vor, dass ein Task von mehreren Akteuren gemeinsam durchgeführt wird. Dies ist in BPMN nicht so einfach zu modellieren, da eine Aktivität immer nur in maximal einer Lane liegen kann. Es ist also nicht erlaubt, ein Aktivitätssymbol so zu zeichnen, dass es mehrere Lanes überspannt.

Für dieses Problem gibt es verschiedene Lösungsansätze (vgl. [Chinosi 2012]). Im Fol-genden werden zwei dieser Ansätze vorgestellt.

Im Vertriebsplanungsprozess in Abbildung 180 führt zunächst jede der drei beteiligten Rollen – Vertriebsleiter, Vertriebsbeauftragter Privatkunden und Vertriebsbeauftragter Firmenkunden – je einen eigenen Task durch. Anschließend soll der Task „Vertriebsplan abstimmen" von allen drei Rollen gemeinsam durchgeführt werden.

Da der Task nicht alle drei Lanes überspannen darf, wurde eine vierte Lane eingeführt, die das gesamte Vertriebsteam repräsentiert. Tasks in dieser Lane werden von allen Mitgliedern dieses Teams gemeinsam durchgeführt. Dass es sich dabei um die von den

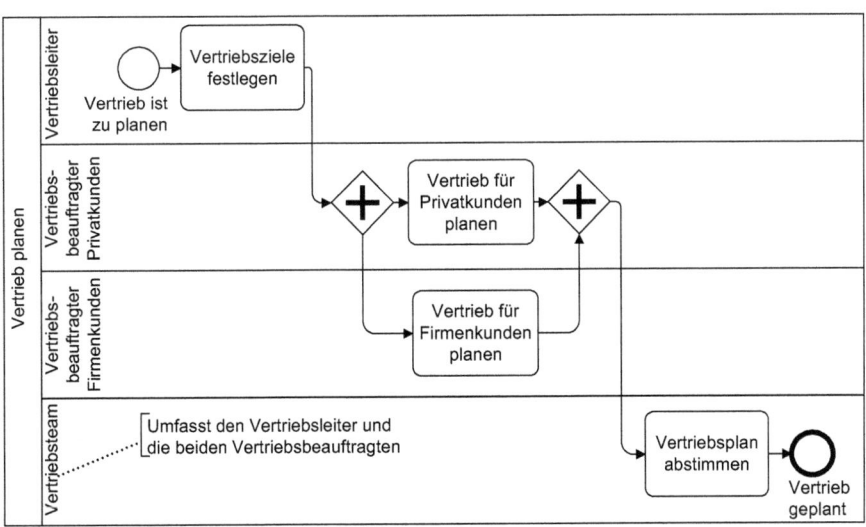

Abbildung 180: Eine eigene Lane für gemeinsam durchgeführte Aktivitäten

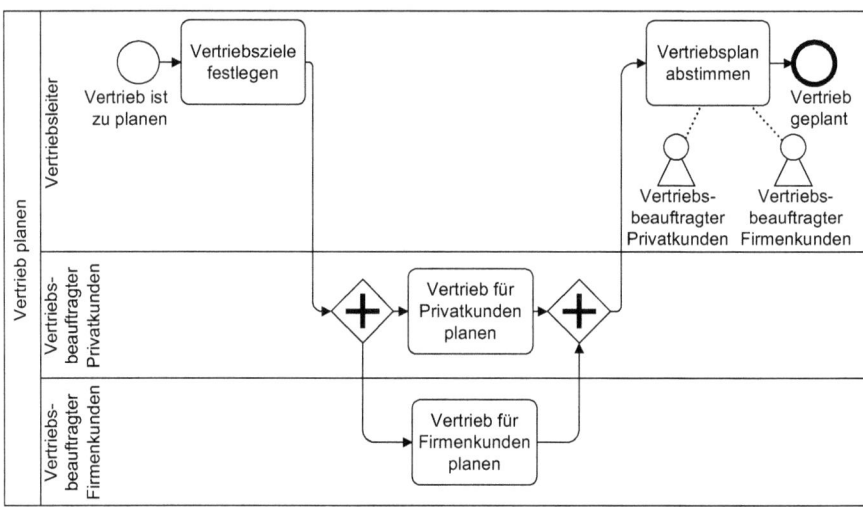

Abbildung 181: Nutzung eines selbst definierten Artefakts „Zusätzlicher Beteiligter"

anderen drei Lanes repräsentierten Rollen handelt, wird aus dem Diagramm nicht direkt ersichtlich. Daher wurde die Zusammensetzung des Teams in einer Anmerkung notiert.

In [Freund und Schrepfer 2012] wird eine weitere Möglichkeit zur Darstellung von gemeinsam ausgeführten Tasks beschrieben. Sie macht von selbst definierten Artefakten Gebrauch. In Abbildung 181 wurde der gemeinsam durchgeführte Task in die Lane des Vertriebsleiters gelegt. Die beiden unterschiedlichen Vertriebsbeauftragten wurden mit Hilfe des Artefakts „Zusätzlicher Beteiligter" modelliert und über Assoziationen mit dem Task verbunden. Dieses Artefakt ist nicht Bestandteil des BPMN-Standards, sondern eine individuelle Erweiterung. Wie in Kapitel 13.1 erläutert, erlaubt die BPMN explizit solche zusätzlichen Artefakte.

Dass es sich um dieselben Rollen handelt, die auch durch die beiden unteren Lanes repräsentiert werden, geht aus der Bezeichnung hervor. Die Zuordnung der drei Beteiligten ist nun von der Darstellung her recht unterschiedlich: Bei der einen Rolle erfolgt sie über die Lane, bei den anderen über die als Männchen dargestellten Artefakte. Es stellt sich die Frage, welchen der verschiedenen Beteiligten man mit Hilfe der Lane zuordnen sollte, und welche als Artefakte. Zumeist wird die Lane für denjenigen verwenden, der bei der Durchführung eine führende Rolle spielt.

Oftmals unterscheidet sich die Art der Beteiligung an einem Task. Die Einteilung kann nach dem RACI-Schema erfolgen. Die Buchstaben dieser Abkürzung stehen für die unterschiedlichen Beteiligungsarten:

R	Responsible	Zuständig, d. h. die Rolle führt die Aktivität durch
A	Accountable	Verantwortlich
C	Consulted	Beratend

| I | Informed | Wird über die Aktivität und ihr Ergebnis informiert |

Nutzt man das Artefakt „Zusätzlicher Beteiligter", so kann man beispielsweise definieren, dass mittels der Platzierung in der Lane der Durchführende festgelegt wird. Dies entspricht der Beteiligungsart „Responsible". Die anderen Beteiligungsarten können jeweils an die Assoziationen zu den zusätzlichen Beteiligten geschrieben werden, wie dies in Abbildung 182 gemacht wurde.

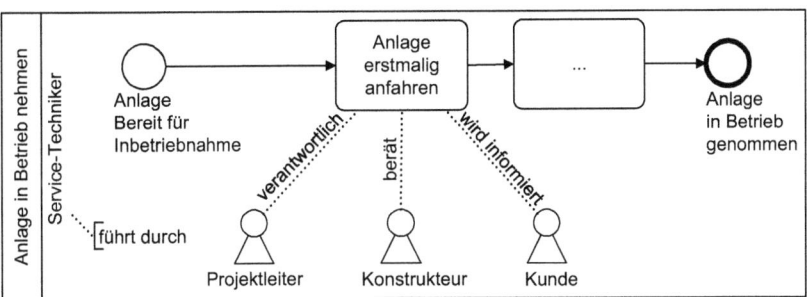

Abbildung 182: Unterschiedliche Arten der Beteiligung

Möchte man diese Art der Darstellung nutzen, so muss man darauf achten, dass das verwendete Modellierungswerkzeug die Definition eigener Artefakte ermöglicht. Es gibt auch Modellierungstools, die bereits ein Artefakt „Zusätzlicher Beteiligter" enthalten. Eine Übersicht über diesbezügliche Möglichkeiten einiger BPMN-Modellierungstools findet sich in [Allweyer 2014b].

14.4 Parallele Prüfungen

Wenn Anträge, Bewerbungen o. ä. nach unterschiedlichen Kriterien oder von mehreren Personen geprüft werden müssen, so können diese Prüfungen parallel durchgeführt werden. In Kapitel 6.3 wurde bei der Besprechung des Terminierungs-Endereignisses bereits ein Beispiel mit parallelen Prüfungen verwendet.

Zunächst wird aber eine einfache Möglichkeit ohne Terminierungs-Endereignis gezeigt. Da jede einzelne Prüfung sowohl positiv als auch negativ ausfallen kann, muss man im Prinzip jede Kombination von Prüfungsergebnissen betrachten. Dies führt schnell zu unübersichtlichen Modellen. Da es im Endeffekt meist gar nicht interessiert welche Prüfungen positiv und welche negativ ausgefallen sind, genügt es eigentlich, nur zwei Fälle zu betrachten: Entweder sind alle Prüfungen positiv ausgefallen oder mindestens eine Prüfung ist negativ ausgefallen.

Abbildung 183 enthält daher nicht nach jeder Prüfung direkt eine Verzweigung. Stattdessen werden die parallelen Pfade erst wieder zusammengeführt, bevor anschließend an einem exklusiven Gateway unterschieden wird, ob alle Prüfungen positiv ausgefallen sind, oder nicht.

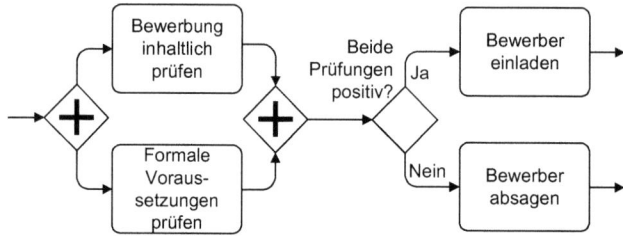

Abbildung 183: Parallele Prüfungen

Bei diesem Modell werden immer alle parallelen Prüfungen durchgeführt, auch wenn vielleicht schon eine Prüfung negativ ausgefallen ist und die anderen Prüfungen daher gar nicht mehr notwendig wären.

Dies kann durch das Terminierungs-Endereignis vermieden werden. Abbildung 184 zeigt noch einmal die betreffende Lösung. Dabei wurden die parallelen Prüfungen in einem Unterprozess zusammengefasst. Dies ist erforderlich, damit der Prozess nach dem Eintreten des Terminierungs-Endereignisses noch weiterlaufen kann. Befände sich dieses Ereignis auf der obersten Prozessebene, so würde es den gesamten Prozess be-enden. Da es sich im Unterprozess befindet, wird nur dieser Unterprozess terminiert, und es geht im übergeordneten Prozess gemäß dem in Kapitel 14.2 beschriebenen Muster „Entscheidung durch Unterprozess" weiter.

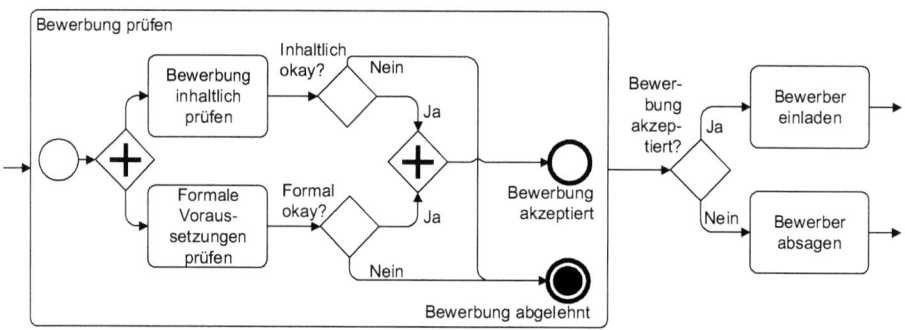

Abbildung 184: Parallele Prüfungen mit Terminierungs-Endereignis

An dieser Stelle noch ein Hinweis zur Verwendung von Lanes in Unterprozessen. Sollen die parallelen Prüfungs-Tasks von unterschiedlichen Rollen wahrgenommen werden, so liegt es nahe, die Tasks im Unterprozess in verschiedenen Lanes zu platzieren. Allerdings befindet sich der gesamte Unterprozess selbst in genau einer Lane, weshalb die enthaltenen Tasks automatisch auch in dieser Lane sind und nicht einfach in anderen Lanes platziert werden dürfen. Insbesondere wenn man den Unterprozess in einem eigenen Diagramm zeichnet, wird dies oft übersehen und es werden fälschlicherweise weitere Lanes eingezeichnet.

Eine Möglichkeit besteht darin, verschachtelte Bahnen („Nested Lanes") zu verwenden, d. h. Lanes, die in Unter-Lanes unterteilt sind (siehe Kapitel 2.4). Im übergeordneten Diagramm befindet sich der Unterprozess in genau einer Lane, die dann im Diagramm des Unterprozesses in weitere Lanes aufgeteilt werden. Eine andere Möglichkeit ist es, über eine Aufrufaktivität einen separaten Prozess anstelle eines gewöhnlichen Unterprozesses einzubinden (vgl. Kapitel 7.5). Da es sich um einen komplett eigenständigen Prozess handelt, können darin beliebige Lanes verwendet werden.

14.5 Prozesswegweiser

In manchen Prozessmodellierungsnotationen gibt es das Konstrukt des Prozesswegweisers. Hat ein Prozess mehrere alternative Endereignisse, so kann man über einen Prozesswegweiser angeben, in welchem Prozess es bei Erreichen des jeweiligen Endereignisses weitergeht. Ebenso kann man bei Prozessen mit unterschiedlichen Startereignissen modellieren, welcher vorangehende Prozess das jeweilige Ereignis erzeugt.

Ein solches Konstrukt ist in BPMN nicht vorgesehen. Handelt es sich bei den aufeinanderfolgenden Prozessen um komplett unabhängige Prozesse, so kann man diese in unterschiedlichen Pools darstellen und die zusammengehörigen End- und Startereignisse als Nachrichtenereignisse markieren und über Nachrichtenflüsse miteinander verbinden.

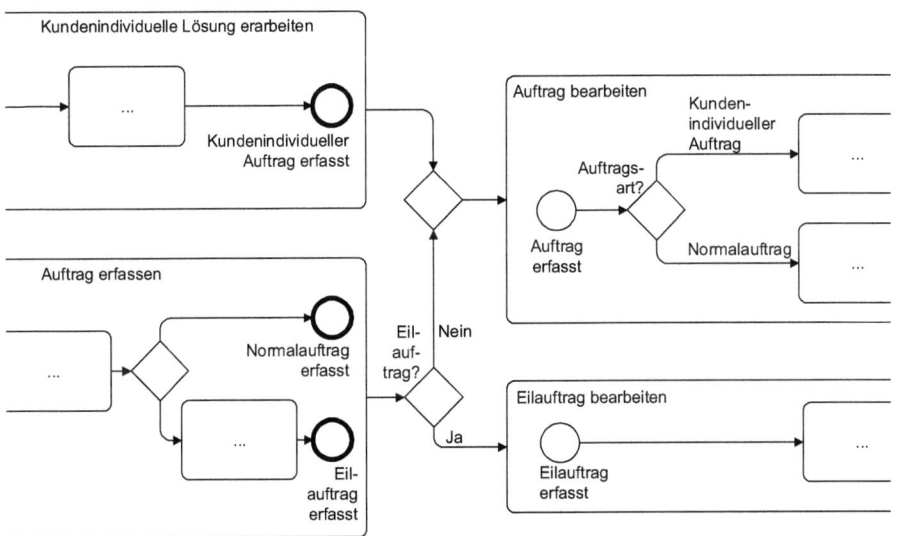

Abbildung 185: Unterschiedliche Endereignisse führen zu unterschiedlichen Pfaden in unterschiedlichen Folge-Unterprozessen.

Wenn es sich hingegen um Unterprozesse desselben Prozesses handelt, bietet BPMN keine speziellen Konstrukte um derartige Verbindungen zu markieren. Entsprechend den Erläuterungen in Kapitel 6.2 gibt es verschiedene Möglichkeiten, wie man dies in BPMN-Modellen darstellen kann.

Sollen unterschiedliche Endereignisse dazu führen, dass anschließend unterschiedliche andere Unterprozesse folgen, so muss im übergeordneten Prozess eine exklusive Verzweigung folgen. Dies entspricht dem Muster „Entscheidung durch Unterprozess" (Kapitel 14.2).

So führt in Abbildung 185 das Erreichen des Endereignisses „Normalauftrag erfasst" dazu, dass der Unterprozess „Auftrag bearbeiten" folgt. Auf „Eilauftrag erfasst" folgt entsprechend der Unterprozess „Eilauftrag bearbeiten".

Wenn der Prozess „Auftrag bearbeiten" je nach vorangehendem Unterprozess unterschiedlich beginnen soll, dann kann dies über einen verzweigenden Gateway am Anfang des Unterprozesses erreicht werden. Aus den Beschriftungen an den alternativen Sequenzflüssen lässt sich ableiten, welches Endereignis in welchem Vorgänger-Unterprozess voranging.

Deutlicher wird der Zusammenhang jedoch, wenn wie in Abbildung 186 statt der Verzweigung mehrere unbestimmte Startereignisse verwendet werden, die jeweils eine An-

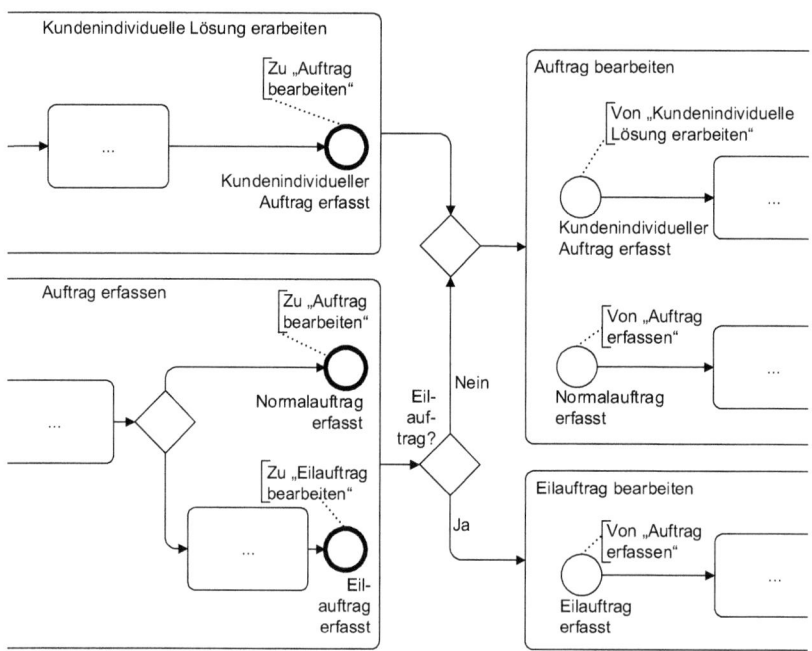

Abbildung 186: Darstellung von Verbindungen zwischen Prozessen

merkung mit dem Namen des Vorgängerprozesses tragen. Ebenso erhalten die Endereignisse Anmerkungen mit den Namen der jeweiligen Nachfolgerprozesse. Soll der Prozess durch ein BPMS ausgeführt werden, führt diese Art der Modellierung allerdings zu Problemen, da die Process Engine beim Start des Unterprozesses „Auftrag bearbeiten" nicht weiß, mit welchem der beiden unbestimmten Startereignisse er begonnen werden soll.

14.6 Synchronisation paralleler Pfade

Die Kommunikation zwischen unterschiedlichen Prozessen erfolgt mit Hilfe von Nachrichtenflüssen. So wird mit Hilfe eines empfangenden Nachrichten-Zwischenereignisses modelliert, dass ein Prozess wartet und erst fortgesetzt werden kann, wenn ein anderer Prozesses eine bestimmte Nachricht geschickt hat. Wie stellt man aber einen solchen Sachverhalt innerhalb eines Prozesses dar? Nachrichtenflüsse müssen immer zu einem anderen Pool gehen, sie dürfen nicht im selben Pool beginnen und enden.

Im Normalfall lässt sich das Warten auf einen parallelen Task mit Hilfe von Sequenzflüssen abbilden. In Abbildung 187 soll im oberen der parallelen Pfade der Task „Feinkonzept erstellen" erst durchgeführt werden, wenn im unteren Pfad „Finanzierung sicherstellen" abgeschlossen ist. Das lässt sich leicht mit Hilfe von parallelen Gateways erreichen. In Abbildung 188 wird die Marke des unteren Pfades nach „Finanzierung sicherstellen" am parallelen Gateway dupliziert. Im oberen Pfad müssen am zusammenführenden parallelen Gateway sowohl die Marke von „Grobkonzept erstellen" als auch eine Marke vom unteren Pfad eingehen, bevor „Feinkonzept erstellen" starten kann.

Wenn in einem großen Diagramm viele solcher Synchronisationen zwischen verschiedenen Pfaden dargestellt werden sollen, kann es unter Umständen recht unübersichtlich werden.

Richtig problematisch wird es, wenn eine Kommunikation zwischen Unterprozessen stattfinden soll, da Sequenzflüsse keine Unterprozess-Grenzen überqueren können. So

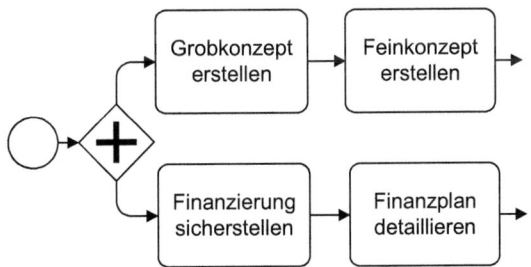

Abbildung 187: Parallele Pfade, die synchronisiert werden sollen

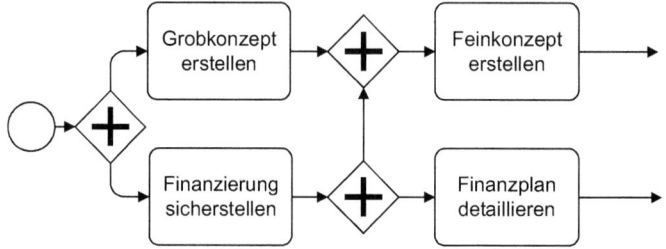

Abbildung 188: Synchronisation mit parallelen Gateways

kann in Abbildung 189 kein Sequenzfluss vom unteren zum oberen Pfad laufen. Auch die in Kapitel 6.4 besprochenen Link-Ereignisse helfen hier nicht weiter, da es sich lediglich um Layout-Elemente handelt, die es erlauben, einen Sequenzfluss unterbrochen zu zeichnen.

Gelegentlich wird vorgeschlagen, für diese Problematik Signalereignisse zu verwenden. In den unteren Unterprozess wird nach „Finanzierung sicherstellen" ein sendendes Signal-Zwischenereignis „Finanzierung sichergestellt" eingefügt. Im oberen Unterprozess wird im Anschluss an „Grobkonzept erstellen" an einem empfangenden Signal-Zwischenereignis darauf gewartet, dass dieses Signal eingeht.

Leider gibt es dabei ein Problem. Im Gegensatz zu Nachrichten, die immer an einen bestimmten Empfänger gerichtet sind, werden Signale grundsätzlich überall hin gesendet. Wird also das Signal „Finanzierung sicherstellen" ausgelöst, so wird dies nicht nur in derselben Prozessinstanz empfangen, sondern auch in allen anderen Instanzen dieses Prozesses. Es wird also auch in allen anderen wartenden Prozessinstanzen mit der Erstellung eines Feinkonzepts begonnen, bei denen noch keineswegs die Finanzierung sichergestellt wurde.

Es wird daher die in Abbildung 190 gezeigte Lösung vorgeschlagen. Im oberen Prozess wird an einem Bedingungsereignis „Finanzierung sichergestellt" gewartet. Diese Be-

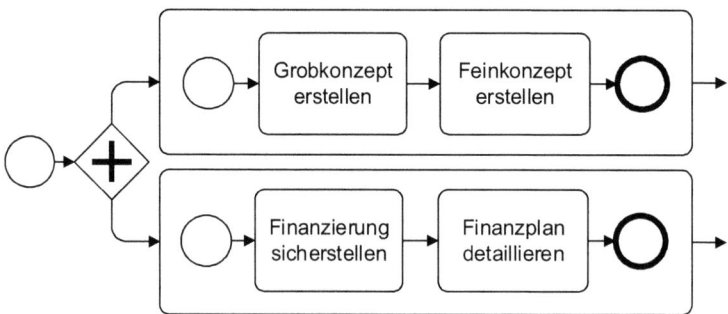

Abbildung 189: Zwischen Unterprozessen ist keine Synchronisation über Sequenzflüsse möglich.

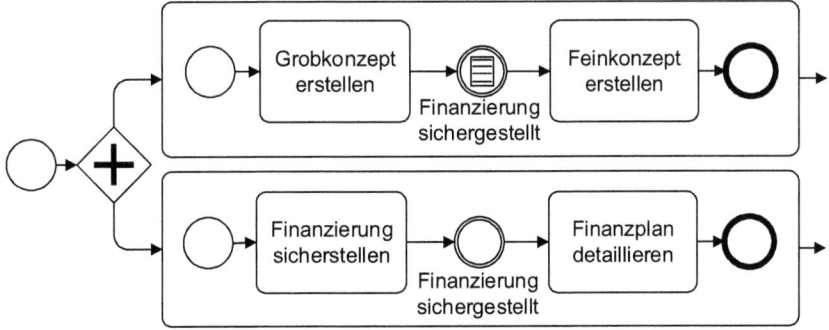

Abbildung 190: Synchronisation mit Hilfe eines Bedingungsereignisses

dingung wird dann erfüllt, wenn im unteren Pfad „Finanzierung sicherstellen" abgeschlossen wurde. Damit dies im Modell sichtbar wird, wurde ein unbestimmtes Zwischenereignis eingefügt. Dies hat für den Ablauf selbst keine Bedeutung. Es wird jedoch für den Betrachter die Verbindung zu dem gleichnamigen Bedingungsereignis deutlich.

Soll dieses Muster softwaretechnisch umgesetzt werden, so kann der Task „Finanzierung sicherstellen" den Wert einer booleschen Prozessvariable auf „true" setzen. In der Bedingung des wartenden Ereignisses wird der Wert dieser Variablen überprüft.

14.7 Anfrage mit unterschiedlichen Antworten

Eine in einer Kollaboration versandte Nachricht kann meist unterschiedlich beantwortet werden. So kann man als Reaktion auf ein versandtes Angebot seine Annahme oder Ablehnung erhalten. Es hängt von der Art der Antwort ab, wie der weitere Prozess verläuft.

Dies lässt sich auf zwei unterschiedliche Arten modellieren. In Abbildung 191 können als Reaktion auf den Versand einer Anfrage zwei unterschiedliche Nachrichten eingehen, entweder eine Zusage oder eine Absage. Der ereignisbasierte Gateway sorgt dafür, dass der Pfad gewählt wird, dessen Ereignis zuerst eintritt. Im Falle einer Zusage ist dies der obere, im Falle einer Absage der untere Pfad. Bei dieser Art der Modellierung wird optisch gut deutlich, welche unterschiedlichen Antwortmöglichkeiten es gibt.

In Abbildung 192 wurde der gleiche Sachverhalt anders modelliert. Hier werden für die verschiedenen Antwortmöglichkeiten keine unterschiedlichen Nachrichten vorgesehen.

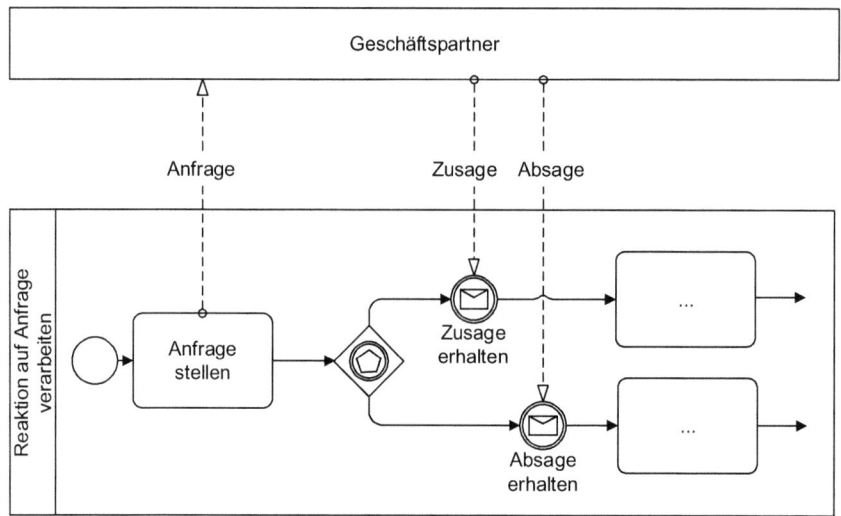

Abbildung 191: Unterschiedliche Nachrichten für die Antwort auf eine Anfrage

Stattdessen gibt es nur eine Nachricht „Antwort". Ob es sich um eine Zusage oder Absage handelt, steht im Inhalt der Nachricht. Auf das empfangende Nachrichten-Zwischenereignis folgt ein datenbasierter Gateway, an dem anhand des Nachrichteninhalts der obere oder der untere Pfad gewählt wird.

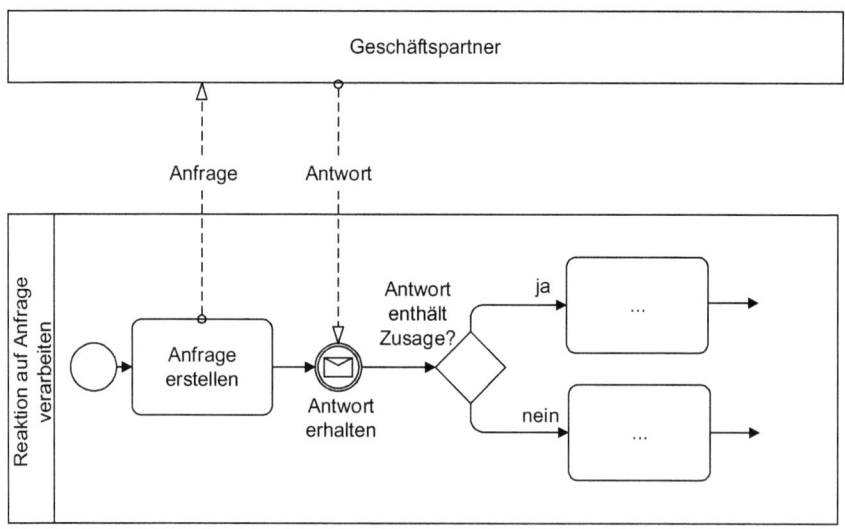

Abbildung 192: Die Art der Antwort geht aus dem Inhalt der Antwortnachricht hervor.

Diese Art der Modellierung entspricht dem tatsächlichen Ablauf, wenn der Nachrichtenaustausch nicht automatisiert ist. So kann man als Reaktion auf eine Anfrage eine E-Mail oder einen Brief erhalten. Erst wenn man die Mail oder den Brief öffnet, sieht man anhand des Inhalts, ob die Antwort positiv oder negativ ist. Zudem ist das Modell für Nicht-BPMN-Experten leichter verständlich, da man das Konstrukt des ereignisbasierten Gateways nicht kennen muss.

14.8 Stornierungen verarbeiten

Das Beispiel der Stornierung eines Auftrags wurde bereits bei der Einführung der angehefteten Ereignisse in Kapitel 8.1 und der Diskussion von Kompensationen in Kapitel 9.1 verwendet. Insofern ist die Grundstruktur in Abbildung 193 dargestellten Musters bekannt: Das angeheftete Nachrichtenereignis sorgt dafür, dass beim Eintreffen einer Stornierungsnachricht der komplette Unterprozess abgebrochen und eine Marke zum unteren Ausnahme-Sequenzfluss ausgegeben wird.

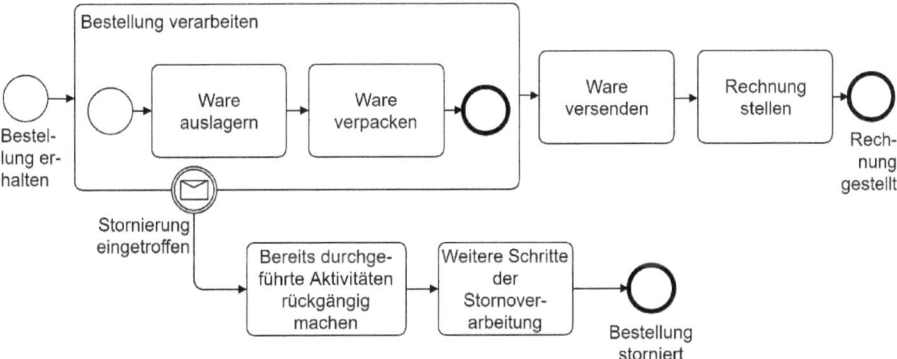

Abbildung 193: Stornierung

In Kapitel 9.1 wurde erläutert, wie man mit Hilfe von Kompensationsaktivitäten modellieren kann, dass bei einer Stornierung die Wirkung von bereits durchgeführten Aktivitäten rückgängig gemacht wird. In Abbildung 193 wurde auf die genaue Modellierung von kompensierenden Aktivitäten verzichtet. Stattdessen wird die pauschale Aktivität „Bereits durchgeführte Aktivitäten rückgängig machen" verwendet. Hierbei wird davon ausgegangen, dass der zuständige Mitarbeiter aufgrund des aktuellen Bearbeitungsstandes selbst entscheidet, was genau zu tun ist.

Häufig ist es gerade für Ausnahmen und Sonderfälle nicht sinnvoll oder möglich, alle Eventualitäten vorauszudenken. Man leitet diese Ausnahmen und Sonderfälle daher an einen entsprechend kompetenten Mitarbeiter weiter, der die jeweilige Situation analysiert und über die notwendigen Schritte entscheidet.

Sind im vorliegenden Fall Stornierungen sehr häufig und erfolgt die Prozesssteuerung automatisch, dann ist hingegen eine genauere Modellierung der entsprechenden Kompensationen sinnvoll. Stornierungen können dann genauso effizient und standardisiert abgewickelt werden wie der normale Ablauf.

14.9 Frist überwachen

Die Überwachung von Antwortfristen ist ein typischer Anwendungsfall für den ereignisbasierten Gateway. In Abbildung 194 wird zunächst eine Anfrage an einen Geschäftspartner gestellt. Antwortet der Partner innerhalb des festgelegten Zeitraums, so wird die Antwort verarbeitet und der Prozess ist beendet. Verstreicht die Frist hingegen ohne eine Antwort, so tritt zuerst das Ereignis „Antwortfrist verstrichen" ein. Ist eine vorher festgelegte Maximalzahl von Nachfragen noch nicht erreicht, so wird dem Partner eine Nachricht mit einer Nachfrage geschickt, und es wird erneut auf das Eintreffen der Antwort gewartet.

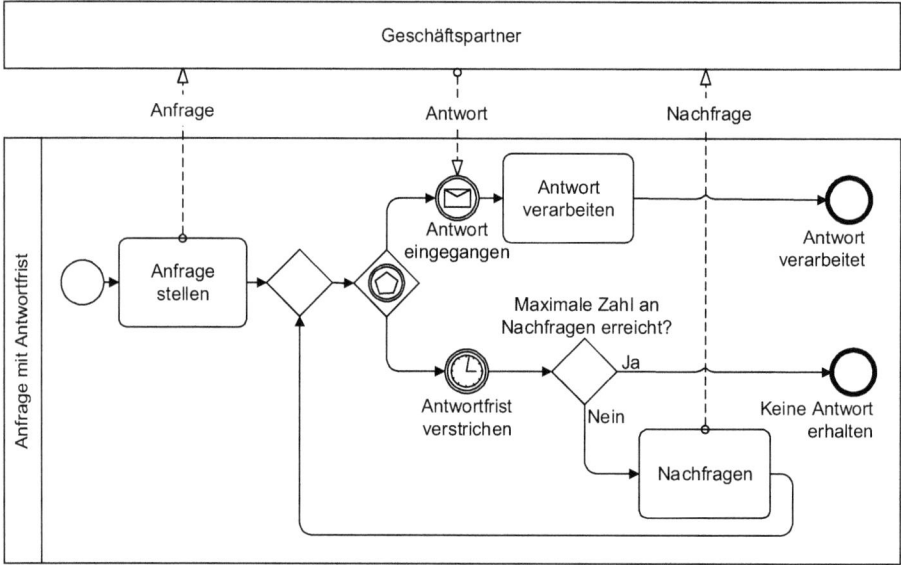

Abbildung 194: Fristüberwachung

Ist die Maximalzahl an Nachfragen erreicht, so endet der Prozess erfolglos. In diesem Fall wird man z. B. einen anderen Geschäftspartner suchen. Das ist nicht mehr Bestandteil dieses Musters. Ohne eine Maximalzahl an Nachfragen wäre es theoretisch möglich, dass endlos immer wieder neue Nachfragen gesendet würden, wenn der Geschäftspartner nicht antwortet.

Das Muster lässt sich gut mit dem in Kapitel 14.7 beschriebenen Muster „Anfrage mit unterschiedlichen Antworten" kombinieren. Hierzu werden entweder im Anschluss an den ereignisbasierten Gateway weitere empfangende Nachrichtenereignisse modelliert, oder es folgt auf „Antwort eingegangen" ein exklusiver Gateway mit unterschiedlichen Ausgängen, je nach Inhalt der Antwort-Nachricht.

14.10 Mahnverfahren

Das Prinzip des Musters „Frist überwachen" kann auch für die Modellierung eines mehrstufigen Mahnverfahrens angewandt werden. Anstatt den Ablauf für die erste Mahnung, die zweite Mahnung usw. separat auszumodellieren, wird in dem Prozess in Abbildung 195 jeweils eine Schleife durchlaufen. Darin wird zunächst die gerade anstehende Mahnstufe bestimmt und die hierfür gewährte Frist festgelegt. Anschließend wird die betreffende Mahnung versandt.

Am ereignisbasierten Gateway wird anschließend auf den Zahlungseingang gewartet. Läuft die Frist ohne vorherigen Zahlungseingang ab, so kommt es darauf an, ob bereits die maximale Anzahl an Mahnungen erreicht ist. Ist dies noch nicht der Fall, so wird die nächste Mahnstufe erreicht und eine neue Mahnung versandt. Wurde bereits die maximale Zahl von Mahnungen versandt, so ist das Mahnverfahren erfolglos beendet. Anschließend werden in der Praxis weitere Schritte folgen, wie z. B. die Einleitung eines Gerichtsverfahrens.

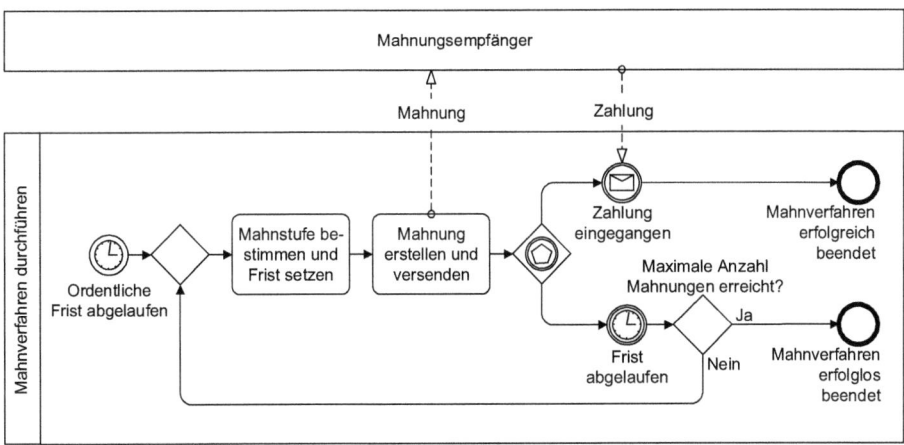

Abbildung 195: Mehrstufiges Mahnverfahren

Um die wievielte Mahnung es sich jeweils handelt und bis wann eine Zahlung erfolgen muss, sieht man in diesem Modell nicht. Diese Information wird dem Mahnungsempfänger als Inhalt der Nachricht übermittelt. Vorteil des Musters ist es, dass es Mahnverfahren mit beliebig vielen Stufen recht kompakt darstellt.

14.11 Ausschreibung

Eine Ausschreibung wird an mehrere Anbieter versandt. Jeder Anbieter kann bis zu einem festgelegten Zeitpunkt ein Angebot einreichen. Anschließend wird das beste Angebot ausgewählt.

Das Modell in Abbildung 196 ähnelt wiederum dem der Fristüberwachung. Im Unterschied zu diesem wird die Ausschreibung jedoch nicht nur an einen, sondern an mehrere Anbieter geschickt. Hierzu wird eine Mehrfachaktivität verwendet. Der Anbieter-Pool ist als Mehrfachteilnehmer gekennzeichnet, da er für alle angefragten Anbieter steht.

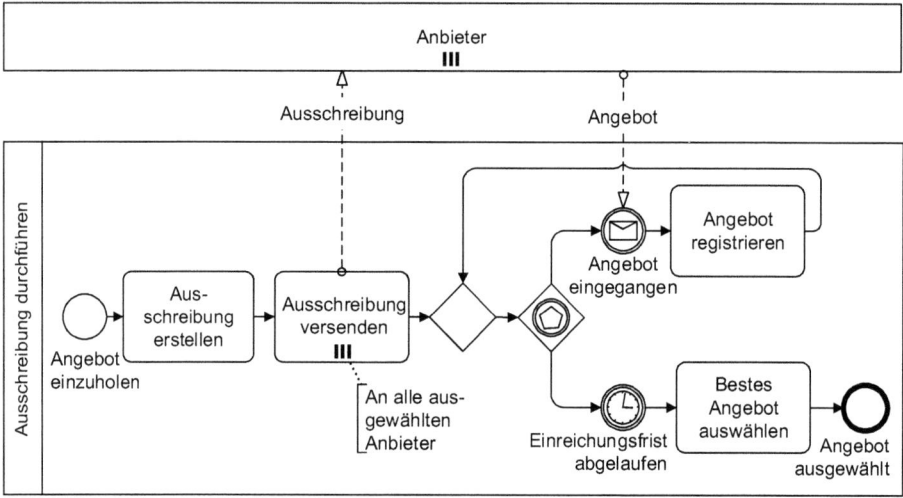

Abbildung 196: Ausschreibung

Nach dem Versand der Ausschreibungen wird am ereignisbasierten Gateway darauf gewartet, dass Angebote eingehen. Jedes Mal, wenn ein Angebot eingegangen ist, wird es registriert. Anschließend wird erneut auf eingehende Angebote der weiteren Anbieter gewartet. Tritt das zeitliche Ereignis „Einreichungsfrist abgelaufen" ein, so wird das beste Angebot ausgewählt und der Prozess ist beendet.

Angebote, die erst nach Ablauf der Einreichungsfrist eingehen, werden hier nicht mehr berücksichtigt.

Das Muster lässt sich variieren. Beispielsweise könnte man es mit dem Muster „Fristüberwachung" kombinieren und nach dem Ende der Frist denjenigen Anbietern eine Nachfrage schicken, die noch kein Angebot eingereicht haben.

A Literatur

Adam S, Koch M, Neffgen F, Riegel N, Weidenbach J (2014) Business Process Management – Marktanalyse 2014. BPM Suites im Test. Fraunhofer IESE, Kaiserslautern

Allweyer T (2012) Human-Readable BPMN Diagrams. In: Fischer L (Hrsg.) BPMN 2.0 Handbook. 2. Auflage. Future Strategies, Lighthouse Point, S. 217-232

Allweyer T (2014a) BPMS Einführung in Business Process Management-Systeme. BoD, Norderstedt

Allweyer T (2014b) BPMN-Prozessmodelle und Unternehmensarchitekturen. Untersuchung von Ansätzen zur Methodenintegration und ihrer Umsetzung in aktuellen Modellierungstools. Forschungsbericht. Hochschule Kaiserslautern https://www.kurze-prozesse.de/blog/wp-content/uploads/2014/11/BPMN-Prozessmodelle-und-Unternehmensarchitekturen.pdf

Chinosi M (2012) Collaborative Activities Inside Pools. In: Fischer L (Hrsg.) BPMN 2.0 Handbook. 2. Auflage. Future Strategies, Lighthouse Point, S. 151-164

Debevoise T, Taylor J (2014) The MicroGuide to Process and Decision Modeling in BPMN/DMN: Building More Effective Processes by Integrating Process Modeling with Decision Modeling. BookSurge, Charleston

Fischli S, Fischer M, Hadrian D, Lienhard H, Mayer E, Meister B, Schaffroth M (2016) Geschäftsprozesse grafisch darstellen – Der Einsatz von BPMN aus Geschäftssicht. eCH-0074. Version 2.1. Verein eCH, Zürich http://www.ech.ch/de/standards/38683

Freund J, Rücker B (2019) Praxishandbuch BPMN. Mit Einführung in DMN. 5. Auflage. Hanser, München

Freund J, Schrepfer M (2012) Best Practice Guidelines for BPMN 2.0. In: Fischer L (Hrsg.) BPMN 2.0 Handbook. 2. Auflage. Future Strategies, Lighthouse Point, S. 203-215

Göpfert J, Lindenbach H (2012) Geschäftsprozessmodellierung mit BPMN 2.0. Business Process Model and Notation. De Gruyter Oldenbourg, München

Grosskopf A, Decker G, Weske M (2009) The Process. Business Modeling Using BPMN. Meghan-Kiffer, Tampa

Herrera E (2015) The BPMN Graphic Handbook. CreateSpace, Charleston

ISO (2013) ISO/IEC 19510:2013: Information technology – Object Management Group Business Process Model and Notation
http://standards.iso.org/ittf/PubliclyAvailableStandards/
c062652_ISO_IEC_19510_2013.zip

Kossak F, Illibauer C, Geist V, Kubovy J, Natschläger C, Ziebermayr T, Kopetzky T, Freudenthaler B, Schewe K (2014) A Rigorous Semantics for BPMN 2.0 Process Diagrams. Springer, Cham Heidelberg New York Dordrecht London

Lindner S, Solomon L, Carawan-Hubin N (2016) NRS Business Process Standards and Guidelines using BPMN. Version 1.0.1. British Columbia Corporate Services for the Natural Resource Sector Information Management Branch
https://www2.gov.bc.ca/assets/gov/british-columbians-our-governments/
services-policies-for-government/information-technology/standards/natural-resource-sector/sdlc/standards/nrs_business_process_standards_and_
guidelines.pdf

Lübbe A, Schnägelberger S. (2015) BPM Toolmarktmonitor 2015. Umfrage unter Anwendern von BPM Software für Design & Analyse von Geschäftsprozessen. BPM&O, Köln
https://bpm-expo.com/publikationen/anwenderumfrage/

Lübbe A, Schnägelberger S. (2016) BPM Toolmarktmonitor 2016. Marktübersicht zu BPM Software für Design & Analyse von Geschäftsprozessen. BPM&O, Köln.
https://bpm-expo.com/publikationen/software-fuer-das-unternehmensweite-prozessmanagement/

OASIS (2007) Web Services Business Process Execution Language Version 2.0. OASIS Standard
http://docs.oasis-open.org/wsbpel/2.0/OS/wsbpel-v2.0-OS.pdf

OMG (2013) Business Process Model and Notation (BPMN). Version 2.0.2. OMG Document Number: formal/2013-12-09
https://www.omg.org/spec/BPMN/2.0.2/

Queensland Government Chief Information Office (2016) BPMN 2.0 Guideline. Recommended Business Process Model and Notation 2.0 Elements. V3.0.0
https://www.qgcio.qld.gov.au/documents/business-process-modelling-notation-guideline

Silver B (2012) BPMN Methode und Stil. 2. Auflage. Cody-Cassidy Press, Aptos

Stiehl, V. (2013) Prozessgesteuerte Anwendungen entwickeln und ausführen mit BPMN. Wie flexible Anwendungsarchitekturen erreicht werden können. dpunkt, Heidelberg

B BPMN im Internet

BPMN.org

Neben der BPMN-Spezifikation finden sich hier einige einführende Artikel, Weblinks sowie eine Liste von BPMN-Tools (Englisch).

http://www.bpmn.org

BPMN Poster

Übersicht über die Notation, erstellt von der BPM Offensive Berlin.

http://www.bpmb.de/images/BPMN2_0_Poster_DE.pdf

BPMN Tool Matrix

Umfangreiche Zusammenstellung von BPMN-Tools (Englisch).

https://bpmnmatrix.github.io

Kurze Prozesse

Weblog zu allen Facetten des Geschäftsprozessmanagements – von der Strategie bis zur Implementierung. Die BPMN-Modellierung ist hier immer wieder ein Thema, es stehen auch einige Artikel zum Download.

http://www.kurze-prozesse.de

Method and Style

Weblog von Bruce Silver über BPMN und DMN – Decision Model and Notation (Englisch).

https://methodandstyle.com/blog/

Workflow Patterns

Homepage der Workflow-Patterns-Initiative unter Leitung von Professor Wil van der Aalst (RWTH Aachen) und Professor Arthur te Hofstede (Queensland University of Technology). Hier finden sich Beschreibungen der verschiedenen Workflow Patterns, u. a. auch Artikel über ihre Darstellung in BPMN (Englisch).

http://www.workflowpatterns.com

Diskussionsgruppen in Social Networks

Diskussionsgruppen zu BPMN gibt es unter anderem auf XING, LinkedIn und Facebook.

Index

Über den Autor

Thomas Allweyer studierte Ingenieurwissenschaften an der Universität Stuttgart und der Brunel University in London. Er promovierte am Institut für Wirtschaftsinformatik an der Universität des Saarlandes in Saarbrücken zum Thema „Adaptive Geschäftsprozesse". Danach war er bei IDS Scheer (heute Software AG) als Produktmanager im Bereich der ARIS-Modellierungswerkzeuge und als Berater tätig. Es folgte eine Tätigkeit als Prozessmanager bei emaro, einem Joint Venture von Deutsche Bank und SAP. Seit 2001 ist er Professor für Unternehmensmodellierung an der Hochschule Kaiserslautern.

Neben seiner Hochschultätigkeit ist er auch beratend tätig. Außerdem hält er regelmäßig Seminare und Schulungen für namhafte Firmen, u. a. zum Thema Geschäftsprozessmanagement und IT – und natürlich BPMN.

In seinem Weblog „Kurze Prozesse" schreibt er regelmäßig über aktuelle Entwicklungen zum Thema Geschäftsprozessmanagement (*www.kurze-prozesse.de*).

Weitere Bücher des Autors:

- Geschäftsprozessmanagement –
  Strategie, Entwurf, Implementierung, Controlling.
  W3L, Herdecke 2005. ISBN 978-3-9371-3711-7

- BPMS – Einführung in Business Process Management-Systeme.
  BoD, Norderstedt 2014. ISBN 978-3-7357-4030-4